交通职业教育教学指导委员会推荐教材
中等职业院校公路施工与养护专业教学用书

U0891655

全国技工学校通用教材

Gonglu Gongcheng Jichu

公路工程基础

刘治新　主编
梁柱义　主审

人民交通出版社

内 容 提 要

本书是全国技工学校通用教材，由交通职业教育教学指导委员会公路（技工）专业指导委员会组织编写。内容包括：公路发展概况，路基工程，路面工程，桥涵工程，公路交叉。

本书是中等职业院校公路施工与养护专业教学用书，也可供相关专业教学使用，或作为职业技能培训教材。

图书在版编目（CIP）数据

公路工程基础／刘治新主编．—北京：人民交通出版社，2008.9
ISBN 978-7-114-07291-8

Ⅰ．公…　Ⅱ．刘…　Ⅲ．道路工程—基本知识　Ⅳ．U41

中国版本图书馆 CIP 数据核字（2008）第 106806 号

书　　名：公路工程基础
著 作 者：刘治新
责任编辑：周往莲　韩亚楠
出版发行：人民交通出版社
地　　址：(100011) 北京市朝阳区安定门外外馆斜街 3 号
网　　址：http://www.ccpress.com.cn
销售电话：(010) 59757973
总 经 销：人民交通出版社发行部
经　　销：各地新华书店
印　　刷：北京鑫正大印刷有限公司
开　　本：787×1092　1/16
印　　张：10.5
字　　数：256 千
版　　次：2008 年 9 月　第 1 版
印　　次：2019 年 1 月　第 8 次印刷
书　　号：ISBN 978-7-114-07291-8
定　　价：21.00 元
（有印刷、装订质量问题的图书由本社负责调换）

前　言

全国交通技工学校公路施工与养护专业第一轮通用教材于2001年5月出版，至今已经7年，为本专业的人才培养起到了极其重要的作用。但随着教学模式的变革及知识与技术的更新，该套教材已显陈旧。为此，经交通职业教育教学指导委员会公路（技工）专业指导委员会研究，决定对公路施工与养护专业的教学计划和课程内容进行修订，并在此基础上编写第二轮教材。在本套教材编写过程中我们力求做到以下几点：

第一、立足行业。从用人单位的岗位要求入手，分析现代公路建设对专业技术工人的能力结构要求，确定课程体系，明确教学目标，强化教材的针对性和实用性。

第二、立足国家职业标准。本教材以国家职业标准为依据，使教材涵盖了公路施工与养护职业或工种的相关要求，便于双证书制度在人才培养过程中的落实。

第三、立足学生的实际基础情况和学习规律。本教材充分考虑了技工学校学生的基础和学习特点，尽力摒弃冗长的理论叙述和复杂的公式，力求做到以图代文、通俗易懂、简明扼要。

第四、根据公路施工和养护技术的发展趋势，适当地加入了新知识和新技术的内容，使全书教学内容更趋合理。

第五、本套教材的每门课程都配有复习题，便于学生对知识的学习和巩固。

《公路工程基础》是全国技工学校公路施工与养护专业通用教材之一，内容包括：公路发展概况、路基工程、路面工程、桥涵工程、公路交叉。

参加本书编写工作的有：广西公路技工学校张磊（编写单元一、六），山东省公路高级技工学校刘治新（编写单元二），河南省南阳市公路技工学校时红燕（和刘治新共同编写单元三、四），唐山市公路技工学校顾红丽（编写单元五）。全书由刘治新担任主编，辽宁省公路技工学校梁柱义担任主审。公路（技工）专业指导委员会聘请山东省公路高级技工学校刘治新担任本套教材的总统稿人。

本套教材在编写过程中得到了全国17个省市交通技工学校领导的大力支持和帮助，共有80余名教师参加了教材的编审工作，在此表示感谢！

由于我们的业务水平和教学经验有限，书中难免有不妥之处，恳请使用本书的广大读者批评指正，并给出宝贵的建议。

交通职业教育教学指导委员会
公路（技工）专业指导委员会
二〇〇八年九月

目　录

单元一　总　　论

知识点：

1. 公路发展概况和规划；

2. 公路运输的特点、公路分级与组成、公路勘测设计的依据和设计阶段。

技能点：

区分和选用公路的等级。

课题一　绪　　论

一、概述

交通运输是我国国民经济的重要组成部分，是国民经济的命脉。它把国民经济各领域和各个地区联系起来，担负着国家建设中原材料与产品的集散、城乡间的物质交流运输任务，并满足人们在物质文化生活上的需要，是联系工业和农业、城市和乡村、生产和消费的纽带。在国家的政治、经济、军事、文化建设中具有重要的作用。

道路是供各种车辆（无轨）和行人通行的工程设施。它包括公路、城市道路、林区道路、厂矿道路、乡村道路等。

公路是连接城市、乡村和工矿基地等主要供汽车行驶具有一定技术条件和设施的道路。它是一种建筑在大地上的供行车使用的带状空间结构物；它主要承受汽车车轮荷载的重复作用和经受各种自然因素的长期影响。

现代交通运输方式有铁路运输、水运、航空运输、管道运输和公路运输等5种。

(1)铁路运输适用于远程的大宗货物及旅客运输，其特点是运量大、迅速，一般只在远距离运输上占有优势，受限大（车站、轨道），属线性运输。

(2)水路运输是通航地区最廉价的运输方式，包括内河及海洋（近海、远洋）运输；速度慢，并受自然因素制约大，运量大、运价低（最经济），但受限大（江、河、湖、海）。

(3)航空运输适于快速运送旅客、紧急物资及邮件等；速达，成本高，能耗大（需大量服务设施）。

(4)管道运输是用于液态、气态及散装粉状材料运输的专用方式，如石油部门采用管道运输液体、气体等。

(5)公路运输适用于旅客及货物各种运距的批量运输。公路运输与其他运输方式比较，具有如下特点：

①机动灵活，能做到人流、货物直达运输，不需中转；可以实现直接“门到门”的运输，节约时间和费用，减少货损。

②适应性强，受地形、地物和地质条件的影响小。

③服务面广,可服务到山区、农村、城市、机关、学校、工矿企业,直至家庭。

④公路运输投资少,资金周转快,社会效益高。

⑤对短距离运输,公路运输最迅速、最方便。

⑥与铁路、水运比较,由于汽车燃料较贵,服务人员多,单位运量少,故运输成本相对较高。

二、我国公路发展概况

1. 我国公路建设历史回顾

1906 年,中国在广西友谊关修建第一条公路。1949 年有 13 万 km 公路,通车里程 8.1 万 km,5.1 万辆民用汽车。

我国公路发展主要经历以下几个阶段:

1)国民经济恢复时期(1949 ~ 1952 年)

这一时期,逐步建立了公路管理机构及设计、施工和养护队伍,建设了川藏、青藏等重点公路。1952 年底,公路通车里程 12.6 万 km,路面 5.5 万 km。

2)第一个五年计划时期(1953 ~ 1957 年)

公路通车里程 25.4 万 km,路面 12.1 万 km;1954 年 12 月 25 日,“两藏”公路通车,揭开西藏建设新的一页,使天堑变通途,周恩来总理题词“工程艰险,意义重大”。青藏公路:西宁至拉萨长 1 948km,平均海拔 4 000m 以上,整条公路铺筑于“世界屋脊”的青藏高原山高谷深、空气稀薄、气候严寒,被国外探险家称为“人类生活的禁区”。川藏公路:成都至拉萨长 2 416km,平均海拔 3 000m 以上。

3)“大跃进”和国民经济调整时期(1958 ~ 1965 年)

这个时期,公路猛增,并进入巩固阶段。1965 年底,公路通车里程 51.4 万 km,路面 30.5 万 km,其中高级、次高级路面 5 547km。

4)10 年“文革”时期(1966 ~ 1976 年)

渣油路面发展较快,1975 年底,公路通车里程 82.3 万 km,路面 58 万 km,其中高级、次高级路面 10.8 万 km,但当时工程质量和交通事故相当严重。

5)社会主义经济建设起步时期(1977 ~ 1983 年)

调整恢复时期,加强养护管理扭转路况差的局面,7 年新增 9 万 km,建成北京—密云 、沈阳—抚顺、南京—六合等一、二级公路。1983 年底,公路通车里程 92 万 km,路面 71 万 km。

6)向现代化迈进的新时期(1984 至今)

1988 年 10 月 31 日沪嘉(上海 ~ 嘉定县)高速 20.5km 通车,实现大陆高速公路零的突破。1990 年 9 月 1 日沈大(沈阳 ~ 大连)高速公路 375km 通车,被誉为“神州第一路”。

我国各年份公路通车里程见表 1-1。

2. 我国公路发展规划

1)公路主骨架

(1)首都放射线(G101 ~ G112)

如:G101 京沈线:858km 北京—承德—沈阳。

(2)南北纵线(G201 ~ G228)

如:G206 烟汕线:2 324km 烟台—徐州—景德镇—汕头。

(3)东西横线(G301 ~ G330)

如:G309 荣兰线:1 961km 荣城—兰州。

我国公路通车里程一览表　　表 1-1

年　份	通车里程(万 km)	高速公路里程(km)	备　注
1992	105.6	652	
1993	107.5	1 145	高速公路里程突破千公里
1994	110	1 603	
1995	115	2 141	
1996	118.58	3 422	
1997	122.6	4 771	高速公路里程居世界第 39 位
1998	126	8 733	高速公路里程居世界第 6 位
1999	130.6	11 605	高速公路里程突破万公里
2000	140.27	16 314	
2001	143.5	19 437	
2002	176.5	25 130	高速公路里程居世界第 2 位
2003	180.98	29 000	高速公路里程居世界第 2 位
2004	187.07	34 288	高速公路里程居世界第 2 位
2005	193.05	41 005	高速公路里程居世界第 2 位
2006 *	348	45 400	高速公路里程居世界第 2 位
2007 *	357.3	53 600	高速公路里程居世界第 2 位
2008 *	373	60 302	高速公路里程居世界第 2 位

*:从 2006 年起,交通运输部将村道正式纳入公路统计里程。

2)"五纵七横"12 条国道主干线(3.699 万 km)

"五纵":

(1)G010 同三线:5 700km 同江—哈尔滨—长春—沈阳—大连—烟台—青岛—连云港—上海—宁波—福州—深圳—广州—湛江—海安—海口—三亚;

(2)G020 京福线:2 540km 北京—天津—济南—徐州—合肥—南昌—福州;

(3)G030 京珠线:2 310km 北京—石家庄—郑州—武汉—长沙—广州—珠海;

(4)G040 二河线:3 610km 二连浩特—集宁—大同—太原—西安—成都—昆明—河口;

(5)G050 渝湛线:1 430km 重庆—贵阳—南宁—湛江。

"七横":

(1)G015 绥满线:1 280km 绥芬河—哈尔滨—满洲里;

(2)G025 丹拉线:4 590km 丹东—沈阳—唐山—北京—集宁—呼和浩特—银川—兰州—拉萨;

(3)G035 青银线:1 610km 青岛—济南—石家庄—太原—银川;

(4)G045 连霍线:3 980km 连云港—徐州—郑州—西安—兰州—乌鲁木齐—霍尔果斯;

(5)G055 沪蓉线:2 970km 上海—南京—合肥—武汉—重庆—成都;

(6)G065 沪瑞线:4 090km 上海—杭州—南昌—贵阳—昆明—瑞丽;

(7)G075 衡昆线:1 980km 衡阳—南宁—昆明。

3)国家高速公路网布局规划及高速公路编号

国家高速公路网规划采用放射线与纵横网格相结合的布局方案,形成由中心城市向外放射以及横连东西、纵贯南北的大通道,由 7 条首都放射线、9 条南北纵向线和 18 条东西横向线组成,简称为"7918 网",总规模约 8.5 万 km,其中:主线 6.8 万 km,地区环线、联络线等其他路线约 1.7 万 km。

全国高速公路编号(不含省级高速公路)如下:

(1)首都放射线。

G1:京哈高速(北京—哈尔滨);G2:京沪高速(北京—上海);G3:京台高速(北京—台北);G4:京港澳高速(北京—香港、澳门);G5:京昆高速(北京—昆明);G6:京藏高速(北京—拉萨);G7:京新高速(北京—乌鲁木齐)。

(2)南北纵向线(由东至西)。

G11:鹤大高速(鹤岗—大连);G15:沈海高速(沈阳—海口);G25:长深高速(长春—深圳);G35:济广高速(济南—广州);G45:大广高速(大庆—广州);G55:二广高速(二连浩特—广州);G65:包茂高速(包头—茂名);G75:兰海高速(兰州—海口);G85:渝昆高速(重庆—昆明)。

(3)东西横向线(从北至南)。

G10:绥满高速(绥芬河—满洲里);G12:珲乌高速(珲春—乌兰浩特);G16:丹锡高速(丹东—锡林浩特);G18:荣乌高速(荣成—乌海);G20:青银高速(青岛—银川);G22:青兰高速(青岛—兰州);G30:连霍高速(连云港—霍尔果斯);G36:宁洛高速(南京—洛阳);G40:沪陕高速(上海—西安);G42:沪蓉高速(上海—成都);G50:沪渝高速(上海—重庆);G56:杭瑞高速(杭州—瑞丽);G60:沪昆高速(上海—昆明);G70:福银高速(福州—银川);G72:泉南高速(泉州—南宁);G76:厦蓉高速(厦门—成都);G78:汕昆高速(汕头—昆明);G80:广昆高速(广州—昆明)。

课题二　公路等级与设计依据

公路等级是表示公路通车能力和技术水平的指标。一般地讲,公路等级越高,允许汽车安全行驶的速度越高,可以适应的交通量和车辆荷载也越大;反之公路等级越低,公路的通行能力和行车速度也都越低。我国公路等级的划分有两种:一是按行政划分,二是按技术划分。

一、公路等级

1. 公路行政等级

我国公路按行政划分为四个等级,即国家干线公路(国道)、省级干线公路(省道)、县级公路(县道)、乡级公路(乡道)。各级连接成一个整体,共同形成国家公路网。

1)国道(G)

(1)国道是以行政、经济和文化中心等大城市为重点,再加上省区首府,用高等级公路连接起来,形成公路网的主干,常称公路干线(国道)。如G104、G206、G308等即为我国主干线。国道公里桩见图1-1。

图1-1　国道公里桩

(2)国道的编号

①以北京为中心的放射线,共12条,以“1”开头,表示为G101 ~ G112;

②南北方向线,共28条,以“2”开头,表示为G201 ~ G228;

③东西方向线,共30条,以“3”开头,表示为G301 ~ G330。

2）省道（S）

省道是以省区为中心，连接省内各地市的等级公路，其公路干线在全国公路网中属于一般支线，一般由中级或中级偏高的公路组成。其编号方法与国道的编号方式类似，如 S101、S242 等。省道公里桩见图 1-2。

图 1-2　省道公里桩

3）县道（X）

各地州连接县城和主要乡镇的公路，一般由中级和低级公路组成。

4）乡道（Y）

各县以下连接每一个村庄的低等级公路。

2. 公路技术等级

我国公路根据功能和适应的交通量分为高速公路、一级公路、二级公路、三级公路、四级公路五个等级。

1）高速公路

高速公路为专供汽车高速、分向、分车道行驶并应完全控制出入的多车道公路，分为双向四车道、双向六车道、双向八车道等，如图 1-3 所示。

图 1-3　四车道高速公路实例

四车道能适应各种汽车折合成小客车的年平均日交通量为 25 000 ~ 55 000 辆。

六车道能适应各种汽车折合成小客车的年平均日交通量为 45 000 ~ 80 000 辆。

八车道能适应各种汽车折合成小客车的年平均日交通量为 60 000 ~ 100 000 辆。

2）一级公路

一级公路为供汽车分向、分车道行驶，并可根据需要控制出入的多车道公路，分为双向四车道、双向六车道等。一级公路是连接高速公路或是某些大城市的城乡结合部、开发区经济带及人烟稀少地区的干线公路。它实际上有两种不同的任务和功能：一种是具有干线功能，部分控制出入；另一种是可以采用平交的距离不长的连接线等，如图 1-4 所示。

图 1-4　六车道一级公路实例

四车道能适应各种汽车折合成小客车的年平均日交通量为 15 000 ~ 30 000 辆。

六车道能适应各种汽车折合成小客车的年平均日交通量为 25 000 ~ 55 000 辆。

3）二级公路

二级公路为供汽车行驶的双车道公路。二级公路为中等以上城市的干线公路或者是通往大工矿区、港口的公路。为保证汽车的行驶速度和交通安全，在混合交通量大的路段，可设置慢车道供非汽车交通行驶。如图 1-5 所示。

双车道二级公路应能适应各种汽车折合成小客车的年平均日交通量为 5 000 ~ 15 000 辆。

图 1-5　双车道二级公路实例

4）三级公路

三级公路为供汽车行使的双车道公路。如图 1-6 所示。

双车道三级公路应能适应各种车辆折合成小客车的年平均日交通量为 2 000 ~ 6 000 辆。

图 1-6 双车道三级公路实例

5）四级公路

四级公路为供汽车行驶的双车道或单车道公路。

双车道四级公路应能适各种车辆折合成小客车的年平均日交通量 2 000 辆以下；单车道应能适各种车辆折合成小客车的年平均日交通量 400 辆以下。

在一定区域内，相互联络交织成网状分布的公路系统称为公路网。在公路网中，高速公路、一级公路为骨干线，二、三级公路为基本线，四级公路为支线。

3. 公路等级选用

公路等级的选用应根据公路功能、路网规划和交通量，并充分考虑项目所在地区的综合运输体系、远期发展等，经论证后确定。

（1）各级公路设计交通量的预测应符合下列规定：

①高速公路和具干线功能的一级公路的设计交通量应按 20 年预测。

②具集散功能的一级公路，以及二、三级公路的设计交通量应按 15 年预测。

③四级公路根据实际情况确定。

④设计交通量预测的起算年应为该项目可行性研究报告中的计划通车年。

⑤设计交通量的预测应充分考虑走廊带范围内远期社会、经济的发展和综合运输体系的影响。

（2）当一条因设计交通量不同，而在同一地形分区范围内分段采用不同的公路等级时，相邻设计路段的计算行车速度之差不宜超过 20km/h。不同设计衔接路段应设必要交通标志。

（3）当一条公路通过不同地形分区时，因相邻路段的计算行车速度之差较大，应设置过渡段，避免突变。

（4）不同行车速度设计的路段长度不宜过短，一般情况下：高速公路、一级公路不小于 20km，二级公路不小于 15km，三级公路不小于 10km，四级公路不小于 5km。

（5）位于城市出入口的一级公路，其横断面可采用城市道路的断面形式。

（6）对不符合《公路工程技术标准》（JTG B01—2003）规定的已有公路，应规划设计达到标准。

（7）对分期修建的公路工程，应统筹安排，高速公路不提倡半幅修建。

二、公路设计依据

公路最基本的设计依据有设计车辆、交通量和设计行车速度。

1. 设计车辆

公路路上行驶的车辆主要是汽车。对于混合交通的公路还有一部分非机动车。汽车的物理特性及行驶于路上各种大小车辆的组成对于公路几何设计有决定意义，因此选择有代表性的车辆作为设计的依据（即设计车辆）是必要的。

作为公路设计依据的汽车可分为三类，即：小客车、载重汽车、鞍式列车。公路设计所采用的设计车辆外廓尺寸（我国国家标准《汽车外廓尺寸限界》（GB 1589—89））规定见表1-2。

设计车辆外廓尺寸 表1-2

类型	总长（m）	总宽（m）	总高（m）	前悬（m）	轴距（m）	后悬（m）
小客车	6	1.8	2	0.8	3.8	1.4
载货汽车	12	2.5	4	1.5	6.5	4
鞍式列车	16	2.5	4	1.2	4 + 8.8	2

2. 公路设计速度

公路设计速度是指在气候和交通量正常的情况下，汽车运行只受公路自身条件（几何要素、路面、附属设施等）影响时，一般驾驶员能保证安全和舒适行驶的最大行驶速度。注意与行车速度的区别，行车速度是汽车在公路上的实际行驶速度，其与气候、地形、交通密度、公路本身条件以及驾驶员的技术有关。各级公路的设计速度见表1-3。

各级公路设计速度 表1-3

公路等级	高速公路			一级公路			二级公路		三级公路		四级公路
设计速度（km/h）	120	100	80	100	80	60	80	60	40	30	20

公路设计速度的选用应根据公路的功能，结合地形、交通组成等条件综合评价来确定，不应仅考虑地形条件。

（1）在高速公路特殊困难的局部路段，且因新建工程可能诱发工程地质病害时，经论证，该局部路段的设计速度可采用60km/h，但其长度不宜大于15km，或仅限于相邻两互通式立体交叉之间，与其他相邻路段的设计速度不应大于80km/h。

（2）一级公路作为干线公路时，设计速度宜采用100km/h或80km/h；作为集散公路时，根据混合交通量、平面交叉间距等因素，设计速度宜采用60km/h或80km/h。

（3）二级公路作为干线公路时，设计速度宜采用80km/h；作为集散公路时，混合交通量较大、平面交叉间距较小的路段，设计速度宜采用60km/h。二级公路位于地形、地质等自然条件复杂的山区，经论证该路段的设计速度可采用40km/h。

（4）三级公路作为干线公路时，设计速度宜采用40km/h；地形、地质自然条件复杂路段，设计速度可采用30km/h。

（5）四级公路地形、地质自然条件复杂的山区，或交通量很小的路段，设计速度可采用20km/h。

3. 交通量

交通量是指单位时间（每小时或昼夜）内通过公路某断面往返车辆折合成设计标准车型的交通流量（即单位时间通过公路某断面的车辆总数）。

1）年平均日交通量（AADT）

一年365天交通量观测结果的平均值。

$$N = \sum Q_i / 365$$

式中：N——年平均日交通量，辆/日；

Q_i——年内的日交通量，辆/日。

2）设计交通量

修建公路达到远景设计年限时能达到的年平均日交通量。

$$N_d = N_0 (1 + r)^{t-1}$$

式中：N_d——远景设计年平均日交通量，辆/日；

N_0——起始年平均日交通量，辆/日；

r——年平均增长率，%；

t——远景设计年限。

3）各级公路设计交通量预测应符合的规定

（1）高速公路和具干线功能的一级公路的设计交通量应按 20 年预测；

（2）具集散功能的一级公路，以及二、三级公路的设计交通量应按 15 年预测。

（3）四级公路根据实际情况确定。

（4）设计交通量预测的起算年应为该项目可行性研究报告中的计划通车年。

（5）设计交通量的预测应充分考虑走廊带范围内远期社会、经济的发展和综合运输体系的影响。

课题三　公路组成及设计阶段

一、公路组成

公路是一种建筑在大地上的供各种汽车车轮荷载的重复作用和经受各种自然因素的长期影响的一条带状空间结构物。因此，公路不仅要有平顺的线形、缓和的纵坡，而且还要有坚固稳定的路基、平整和抗滑性好的路面、牢固可靠的桥涵以及必要的防护工程和附属设施，以满足公路交通的要求。

公路工程由路线工程和结构工程两大部分组成。

1. 路线工程

公路路线工程是由公路的平面线形、公路的纵断面线形、公路的横断面组成立体空间线形，见图 1-7。公路的路线是指公路的中心线。

- 公路线形
  - 平面线形
    - 直线
    - 曲线
      - 圆曲线
      - 回旋线（缓和曲线）
  - 纵断面线形
    - 平坡线
    - 上坡线
    - 下坡线
    - 竖曲线
  - 横断面　具有一定几何形状

图 1-7　公路线形

1）公路的平面线形

公路的平面线形表示公路的走向，由直线、曲线（圆曲线、回旋线）组成。

2）公路纵断面线形

公路纵断面线形表示公路的起伏情况，由平坡线、上坡线、下坡线和竖曲线组成。

3）公路的横断面

公路的横断面表示公路横断面的尺寸布置及路面的结构组成。

公路线形设计原则是安全、迅速、经济、舒适和美观。公路平、纵、横三方面设计要综合考虑，做到平面顺适、纵坡均衡、横面合理。

2. 结构工程

公路结构组成主要包括：路基、路面、桥涵、隧道、防护工程（护栏、挡土墙、护脚等）、排水设施（边沟、截水沟、盲沟、跌水、急流槽、渡水槽、过水路面、渗水路堤等）以及线路交叉工程和公路其他沿线设施。

3. 公路的基本要求

(1) 平顺的平面线形；

(2) 缓和的纵坡；

(3) 合理的横断组成；

(4) 坚实稳定的路基；

(5) 平整和防滑的路面；

(6) 牢固可靠的桥涵；

(7) 必要的防护工程；

(8) 良好的排水设施；

(9) 满足公路交通要求的沿线设施。

二、公路勘测设计程序和设计阶段

1. 公路工程基本建设程序

公路工程基本建设从计划到竣工交付使用的全过程大致可分为规划与研究阶段、设计阶段、施工阶段、交付使用阶段。公路工程基本建设程序见图 1-8。

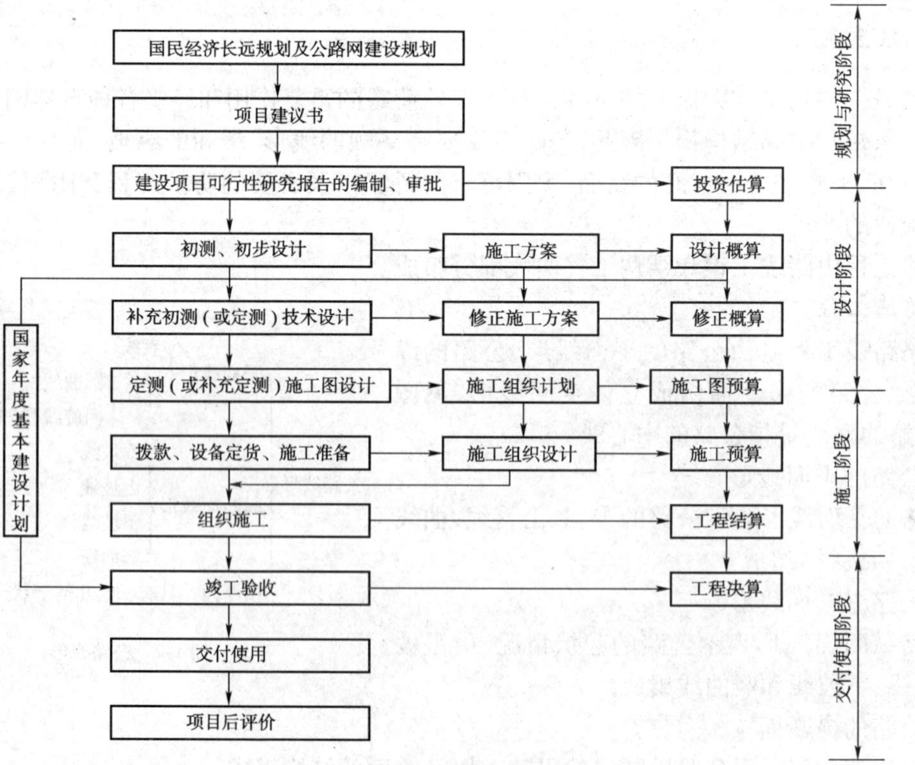

图 1-8　公路工程基本建设程序

2. 公路设计阶段

公路工程基本建设项目，根据路线性质和要求，可分为一阶段设计、两阶段设计和三阶段设计。

(1)一阶段设计：根据批准的设计任务书，进行定线测量，编制施工图设计文件和施工预算。它适用于技术简单、方案明确的小型建设项目。

(2)两阶段设计：根据批准的设计任务书，经过初步测量，编制初步设计和设计概算，再根据批准的初步设计，进行定线测量，编制施工图设计文件和施工预算。一般公路均采用两阶段设计，即初步设计和施工图设计。

(3)三阶段设计：在初步设计文件和设计概算批准后，通过补充测量，编制测量；然后编制技术设计文件和修正概算；最后根据批准的技术设计文件经定测，编制施工图设计文件和施工预算。对技术复杂而缺乏经验的建设项目的个别路段、特大桥、互通立交桥、隧道等，多采用三阶段设计，即初步设计、技术设计、施工图设计。

复习思考题

1. 什么是道路和公路？
2. 现代交通运输方式有哪些？特点如何？
3. 了解我国公路发展的历史。
4. 了解我国公路发展规划。
5. 我国公路按行政等级和技术等级分别划分为哪几类？各级公路的功能如何？
6. 什么是公路网？
7. 何为公路设计速度？如何选用 ？
8. 各级公路设计年限和最小长度是多少？
9. 何为交通量、年平均日交通量？
10. 简述公路路线工程的组成。
11. 简述公路结构工程的组成。
12. 对公路的基本要求有哪些？
13. 公路勘测设计可分为哪几个阶段？简述各阶段的主要任务。

单元二　公路线形

知识点：

1. 公路平面线形组成及其标准要求；
2. 公路纵断面线形组成及其标准要求；
3. 公路横断面组成及其标准要求。

技能点：

1. 识读公路平面、纵断面、横断面图；
2. 公路平曲线要素和竖曲线要素计算。

课题一　公路平面

公路在水平面上的投影，称为公路的平面。公路中心线在水平面上的投影，称为公路的平面线形。汽车在公路表面上，沿着公路中心线的方向行驶，公路的中心线就是汽车运动的轨迹。组成公路平面线形的主要要素是直线、圆曲线、回旋线。公路路线的平面组成如图 2-1 所示。

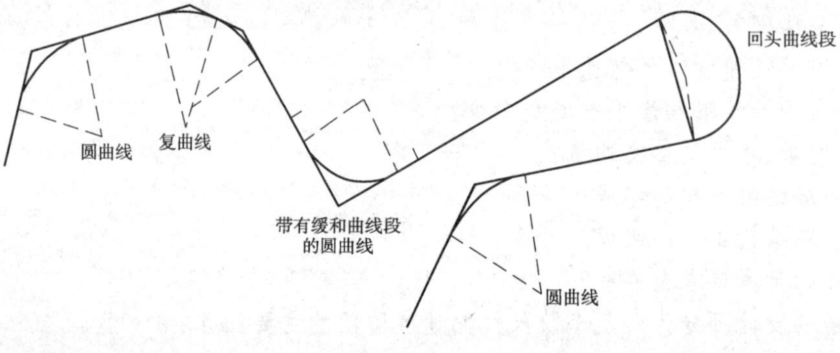

图 2-1　公路路线的平面组成

一、直线

(1)公路平面的直线不宜过长。受地形条件或其他特殊情况限制而采用长直线时,应结合沿线具体情况采取相应的技术措施。

(2)两圆曲线间以直线相连接时,直线长度不宜过短。

①设计速度大于或等于60km/h,同向曲线间最小直线长度(以 m 计)以不小于设计速度(单位为 km/h)的 6 倍为宜;反向圆曲线间的最小直线长度(单位为 m)以不小于设计速度(单位为 km/h)的 2 倍为宜。

②设计速度小于或等于 40 km/h 时,参照上述规定执行。

二、圆曲线

在公路平面上的曲线称为平曲线。圆曲线是平曲线的主要组成部分,其主要的技术指标是圆曲线半径。

1.决定圆曲线半径大小的主要因素

决定圆曲线半径大小因素主要有 3 个方面:

(1)汽车在曲线上行驶的横向稳定性(侧向滑移、倾覆);

(2)汽车在曲线上停车时的稳定性;

(3)汽车与路面表面面层的摩阻系数。

2.圆曲线最小半径

圆曲线最小半径包括极限最小半径、一般最小半径和不设超高的最小半径,见表2-1。

圆曲线半径 表2-1

设计速度(km/h)		120	100	80	60	40	30	20
极限最小半径(m)		650	400	250	125	60	30	15
一般最小半径(m)		1 000	700	400	200	100	65	30
不设超高的最小半径(m)	路拱≤2%	5 500	4 000	2 500	1 500	600	350	150
	路拱>2%	7 500	5 250	3 350	1 900	800	450	200

1)极限最小半径

是指圆曲线半径采用的最小极限值,不要轻易采用最小极限值,当地形困难或条件受限时,方可采用。

2)一般最小半径

是指在通常情况下采用的最小半径,它介丁极限最小半径与不设超高的最小半径之间,使用时需设置超高,其超高值随半径增大而减少。

3)不设超高的最小半径

是指公路曲线半径较大、离心力较小时,汽车沿双向路拱外侧行驶的路面摩擦力是以保证汽车行驶安全稳定所采用的最小半径。

3.圆曲线半径选择时应注意的问题

(1)一般情况下尽量选大于或等于一般最小半径,只有地形受限及特殊困难才可采用极限最小半径。

(2)桥位处两端设置圆曲线,一般大于一般最小半径。

(3)隧道内必须设置圆曲线时,应大于不设超高的最小圆曲线半径;

(4)长直线或陡坡尽头,不得采用小半径曲线;

(5)各级公路平面不论转角大小,均应设置圆曲线;

(6)半径过大也无实际意义,故一般宜小于10 000m。

4. 圆曲线要素(图2-2)

1)圆曲线要素计算

切线长: $T=R\tan\frac{\alpha}{2}$

曲线长: $L=\frac{\pi}{180°}\alpha R$

外距: $E=R(\sec\frac{\alpha}{2}-1)$

超距: $D=2T-L$

式中:T——切线长,m;

L——曲线长,m;

E——外距,m;

D——校正数或超距,m;

R——圆曲线半径,m;

α——转角,(°)。

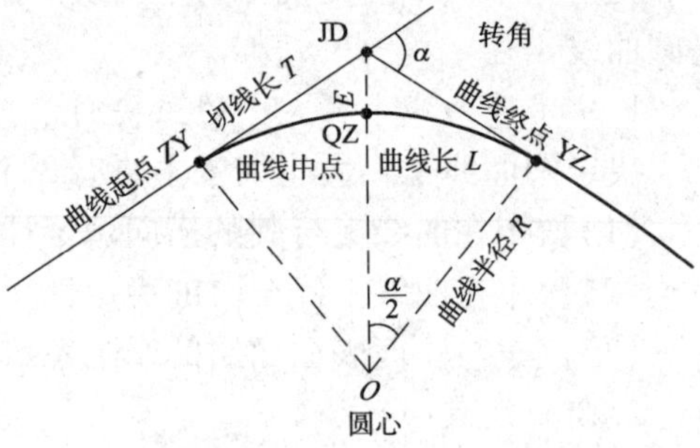

图2-2 圆曲线几何要素

2)例题

已知交点的里程桩号为K3+182.76,测得路线转角$\alpha_{右}=25°48'$,圆曲线半径$R=300$m,试计算圆曲线要素。

解:圆曲线要素的计算:

$$T=R\tan\frac{\alpha}{2}=300\times\tan\frac{25°48'}{2}=68.71\text{m}$$

$$L=\frac{\pi}{180°}\alpha R=\frac{\pi}{180°}\times25°48'\times300=135.09\text{m}$$

$$E=R\left(\sec\frac{\alpha}{2}-1\right)=300\times\left(\sec\frac{25°48'}{2}-1\right)=7.77\text{m}$$

$$D=2T-L=2\times68.71-135.09=2.33\text{m}$$

三、回旋线

回旋线是设置在直线与小半径圆曲线之间或大半径圆曲线与小半径圆曲线之间,由较大半径圆曲线向较小半径圆曲线过渡的线形,如图2-3所示。

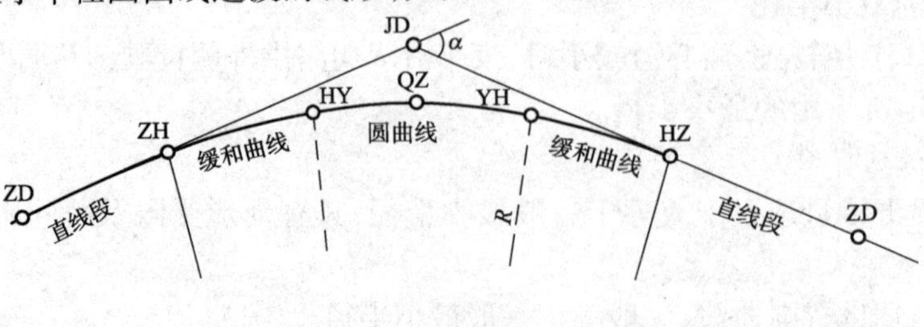

图2-3 有回旋线的平曲线

1. 回旋线的作用

(1)便于驾驶员操纵方向盘;

(2)满足乘客乘车的舒适与稳定,减少离心力变化(减少离心力的突变);

(3)满足超高、加宽缓和段的过渡,有利于平稳行车;

(4)与圆曲线配合得当,增加线形美观。

2. 回旋线设置的条件

(1)高速公路、一级公路、二级公路、三级公路的直线与小于不设超高的圆曲线最小半径相连接处,应设置回旋线。

(2)半径不同的同向圆曲线径相连接处,应设置回旋线。但符合下列条件时可不设置回旋线:

①小圆半径大于不设超高的圆曲线最小半径时。

②小圆半径大于临界圆曲线半径(表 2-2),且符合下列条件之一者:

a. 小圆按最小回旋线长度设回旋线,其大圆与小圆的内移值之差不超过 0.10m;

b. 计算行车速度≥80km/h,大圆半径与小圆半径之比小于 1.5 时;

c. 计算行车速度<80km/h,大圆半径与小圆半径之比小于 2 时。

复曲线中小圆临界圆曲线半径 表 2-2

设计速度(km/h)	120	100	80	60	40	30
临界圆曲线最小半径(m)	2100	1500	900	500	250	130

3. 回旋线设置的要求

(1)回旋线最小长度见表 2-3。

回旋线最小长度 表 2-3

设计速度(km/h)	120	100	80	60	40	30	20
回旋线最小长度(m)	100	80	70	50	35	25	20

(2)回旋线长度应随圆曲线半径的增大而增长。

(3)圆曲线按规定需设置超高时,回旋线长度还应大于超高过渡段长度。

4. 回旋线要素计算

采用圆心不动平行移动法,未设回旋线时曲线半径为 $R+p$,插入回旋线,向内移动距离 p,圆曲线半径正好为 R,如图 2-4 所示。

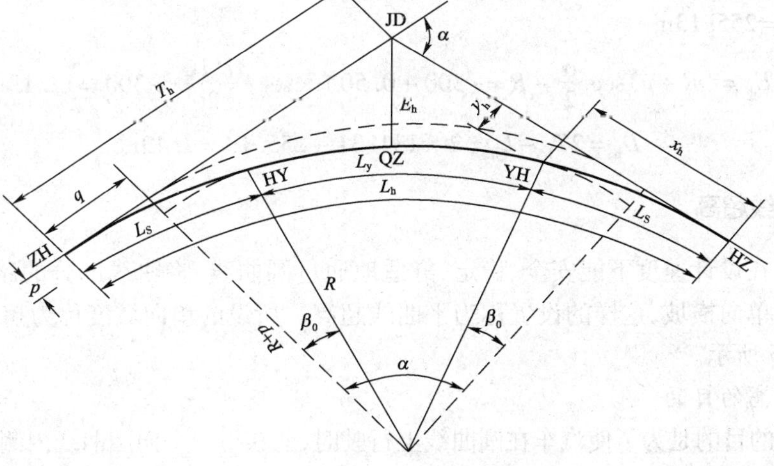

图 2-4 回旋线

1)回旋线要素

切线长 $T_h=(R+p)\tan\frac{\alpha}{2}+q$

曲线长 $L_h=R(\alpha-2\beta_0)\frac{\pi}{180°}+2L_s$(主曲线长度 $L_y=R(\alpha-2\beta_0)\frac{\pi}{180°}$)

外距 $E_h=(R+p)\sec\frac{\alpha}{2}-R$

切曲差 $D_h=2T_h-L_h$

其中:原有圆曲线内移值 $p=\frac{l_s^2}{24R}$

切线增长值 $q=\frac{l_s}{2}-\frac{l_s^3}{240R^2}$

回旋线角:$\beta_0=\frac{180°}{\pi}\times\frac{l_s}{2R}$

2)例题

已知平原微丘区三级公路,交点JD的里程桩号为K15+476.21,转角 $\alpha_{右}=37°16'$,圆曲线半径 $R=300$m,回旋线长 $l_s=60$m,试计算回旋线要素。

解:(1)计算回旋线基本要素

$$\beta_0=\frac{180°}{\pi}\times\frac{l_s}{2R}=\frac{180°\times60}{\pi\times2\times300}=5°43'46''$$

$$p=\frac{l_s^2}{24R}=\frac{60^2}{24\times300}=0.5\text{m}$$

$$q=\frac{l_s}{2}-\frac{l_s^3}{240R^2}=\frac{60}{2}-\frac{60^3}{240\times300^2}=29.99\text{m}$$

(2)计算回旋线元素值

$$T_h=(R+p)\tan\frac{\alpha}{2}+q=(300+0.5)\times\tan\frac{37°16'}{2}+29.99=131.31\text{m}$$

$$L_h=R(\alpha-2\beta_0)\frac{\pi}{180°}+2l_s=300\times(37°16'-2\times5°43'46'')\times\frac{\pi}{180°}+2\times60$$

$$=255.13\text{m}$$

$$E_h=(R+p)\sec\frac{\alpha}{2}-R=(300+0.50)\times\sec\frac{37°16'}{2}-300=17.12\text{m}$$

$$D_h=2T_h-L_h=2\times131.31-255.13=7.49\text{m}$$

四、圆曲线超高

为使汽车在设计速度下能安全、稳定,舒适地通过圆曲线,将曲线部分的路面做成与内侧路面同坡度的单向横坡,这样的设置称为平曲线超高。所设的单向坡度称为超高横坡度,用 i_b 表示,如图2-5所示。

1.设置超高的目的

超高设置的目的是为了使汽车在圆曲线上行驶时,能获得一个向圆曲线内侧的横向分力,用以克服离心力,减少横向力。i_b 值为一定值,称为圆曲线上的全超高横坡度。如图2-6所示。

图 2-5　平曲线超高实例

2. 设置超高的规定和要求

(1)圆曲线半径小于不设超高的最小圆曲线半径时，应在曲线上设置超高；

(2)各级公路的超高横坡度应根据设计速度、路面类型、自然条件、车辆组成等经计算确定，但最大超高值应符合表 2-4 及表 2-5 规定；

(3)最小超高横坡度为将外侧的横坡度变成与内侧相同的横坡度($i_b = i_1$)；

(4)从圆曲线的起点到终点整个曲线上都设置超高，即为全超高；

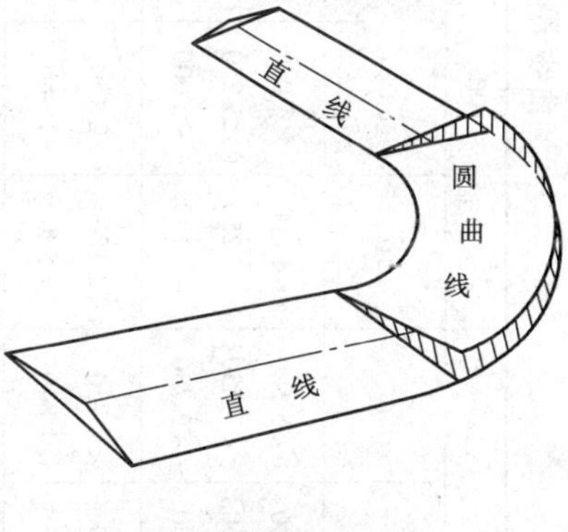

图 2-6　圆曲线上全超高

(5)当圆曲线半径介于最小半径与不设超高的半径之间时，其超高横坡度应根据设计速度、圆曲线半径、自然条件等，按表 2-6 选用。

各级公路圆曲线最大超高值　　表 2-4

公路等级	高速公路、一级公路	二级公路、三级公路、四级公路
一般地区(%)	8 或 10	8
积雪冰冻地区(%)	6	

车速受限制时最大超高值　　表 2-5

设计速度(km/h)	80	60	40、30、20
超高值(%)	6	4	2

圆曲线半径与超高值　　表 2-6

设计速度(km/h)	120			100			80			60			
最大超高(%) / 圆曲线半径(m) / 超高(%)	10	8	6	10	8	6	10	8	6	10	8	6	4
2	<5 500 (<7 550) ~2 950	<5 500 (<7 550) ~2 860	<5 500 (<7 550) ~2 730	<4 000 (<5 250) ~2 180	<4 000 (<5 250) ~2 000	<4 000 (<5 250) ~2 000	<2 500 (<3 350) 1 460	<2 500 (<3 350) ~1 410	<2 500 (<3 350) ~1 360	<1 500 (<1 900) ~900	<1 500 (<1 900) ~870	<1 500 (<1 900) ~800	<1 500 (<1 900) ~610
3	<2 950 ~ 2 080	<2 860 ~ 1 990	<2 730 ~ 1 840	<2 180 ~ 1 520	<2 150 ~ 1 480	<2 000 ~ 1 320	<1 460 ~ 1 020	<1 410 ~ 960	<1 360 ~890	<900 ~620	<870 ~590	<800 ~500	<610 ~270
4	<2 080 ~1 590	<1 990 ~1 500	<1 840 ~1 340	<1 520 ~1 160	<1 480 ~1 100	<1 320 ~920	<1 020 ~770	<960 ~710	<890 ~600	<620 ~470	<590 ~430	<500 ~320	<270 ~150
5	<1 590 ~1 280	<1 500 ~1 190	<1 340 ~970	<1 160 ~920	<1 100 ~860	<920 ~630	<770 ~610	<710 ~550	<600 ~400	<470 ~360	<430 ~320	<320 ~200	
6	<1 280 ~1 070	<1 190 ~980	<970 ~710	<920 ~760	<860 ~690	<630 ~440	<610 ~500	<550 ~420	<400 ~270	<360 ~290	<320 ~240	<200 ~135	
7	<1 070 ~910	<980 ~790		<760 ~640	<690 ~530		<500 ~410	<420 ~320		<290 ~240	<240 ~170		
8	<910 ~790	<790 ~650		<640 ~540	<530 ~400		<410 ~340	<320 ~250		<240 ~190	<170 ~125		
9	<790 ~680			<540 ~450			<340 ~280			<190 ~150			
10	<680 ~570			<450 ~360			<280 ~220			<150 ~115			

续上表

设计速度(km/h)	40				30				20			
圆曲线半径(m) 最大超高(%) 超高(%)	8	6	4	2	8	6	4	2	8	6	4	2
2	<600 (<800) ~470	<600 (<800) ~410	<600 (<800) ~330	<600 (<800) ~75	<350 (<450) ~250	<350 (<450) ~230	<350 (<450) ~150	<350 (<450) ~40	<150 (<200) ~140	<150 (<200) ~110	<150 (<200) ~70	<150 (<200) ~20
3	<2 950 ~ 2 080	<2 860 ~ 1 990	<2 730 ~	1 840	<250 ~170	<230 ~140	<150 ~60		<140 ~90	<110 ~70	<70 ~30	
4	<310 ~220	<250 ~150	<130 ~70		<170 ~120	<140 ~80	<60 ~35		<90 ~70	<70 ~40	<30 ~15	
5	<220 ~160	<150 ~90			<120 ~90	<80 ~50			<70 ~50	<40 ~30		
6	<160 ~120	<90 ~60			<90 ~60	<50 ~35			<50 ~40	<30 ~15		
7	<120 ~80				<60 ~40				<40 ~30			
8	<80 ~55				<40 ~30				<30 ~15			
9												
10												

注:括号内的值为路拱大于2%时,不设超高最小半径。

3. 超高缓和段

从直线段的双向路拱横断面逐渐过渡到圆曲线段的全超高单向横断面，其间必须设置超高缓和段，如图 2-7 所示。

1）超高缓和段的过渡方式

（1）无中间带公路

①超高横坡度等于路拱横坡度时，将外侧车道绕路中线旋转，直至超高横坡度。

②超高横坡度大于路拱坡度时，分别采用以下 3 种方式过渡，如图 2-8 所示。

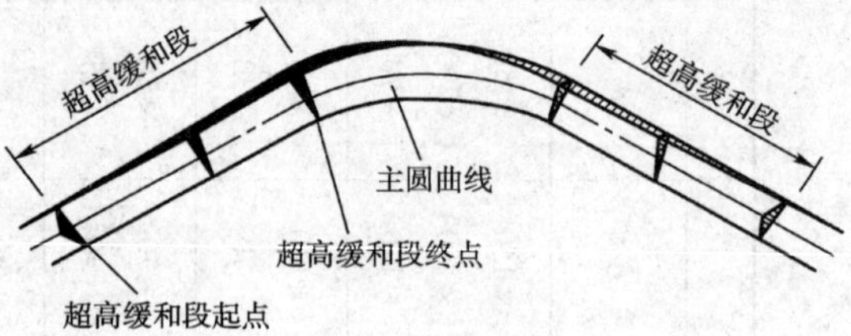

图 2-7　超高缓和段

a. 绕内侧车道边缘旋转：图 2-8a），新建工程宜采用此种方式；

b. 绕中线旋转：图 2-8b），改建工程可采用此种方式；

c. 绕外侧车道边缘旋转：图 2-8c），路基外缘高程受限制或路容美观有特殊要求时可采用此种方式。

（2）有中间带的公路

①绕中央分隔带两侧边缘分别旋转：图 2-8d），各种宽度中间带的公路均可使用；

②绕中央分隔带的中心线旋转：图 2-8e），中间带宽度小于等于 4.5m 的公路可采用；

③绕中央分隔带两侧行车道中线旋转：图 2-8f），车道数大于 4 条的公路可采用。

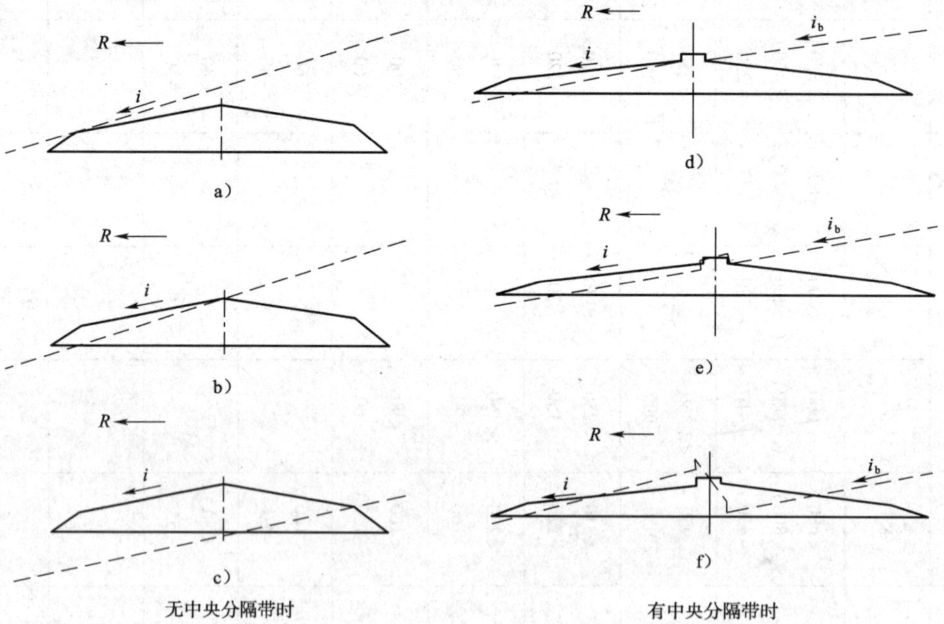

图 2-8　超高缓和段过渡方式

2）无中央分隔带的公路超高缓和段的构成

（1）绕内边轴旋转，如图 2-9 所示。

形成过程：

①两侧路肩分别旋转至 i_1：$i_0 \sim i_1$ 所需长度 L_0（一般 1 ~ 2m）；

②外侧路面绕中轴旋转到内外一直横坡 i_1，形成单向横坡（i_1），所需长度 L_1；

③由单向横坡 i_1 绕内边轴旋转到全超高横坡度 i_b，所需长度 L_2；

超高缓和段长度 $$L_c = L_1 + L_2$$

（2）绕中轴旋转，如图 2-10 所示。

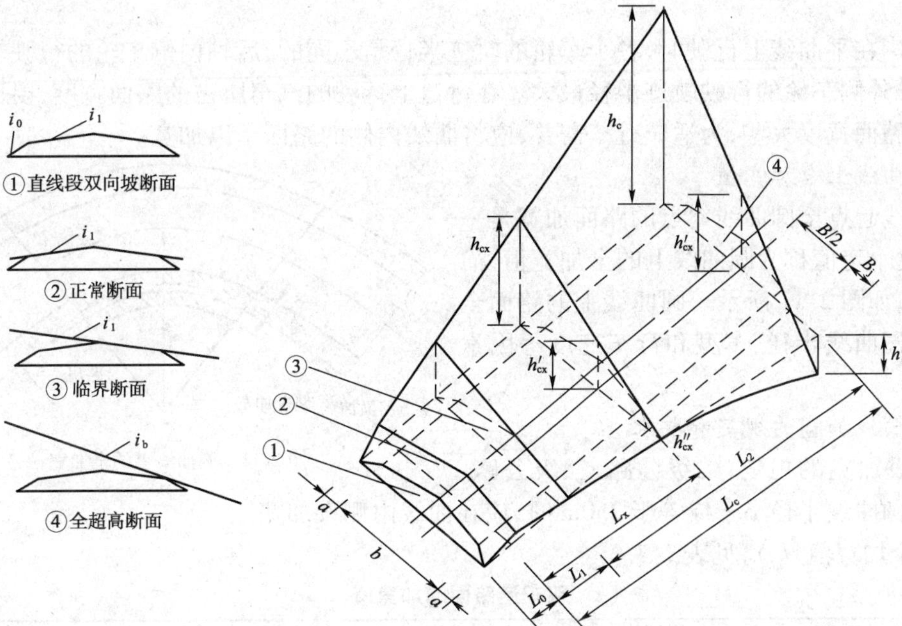

图 2-9　绕内边轴旋转的超高缓和段过渡

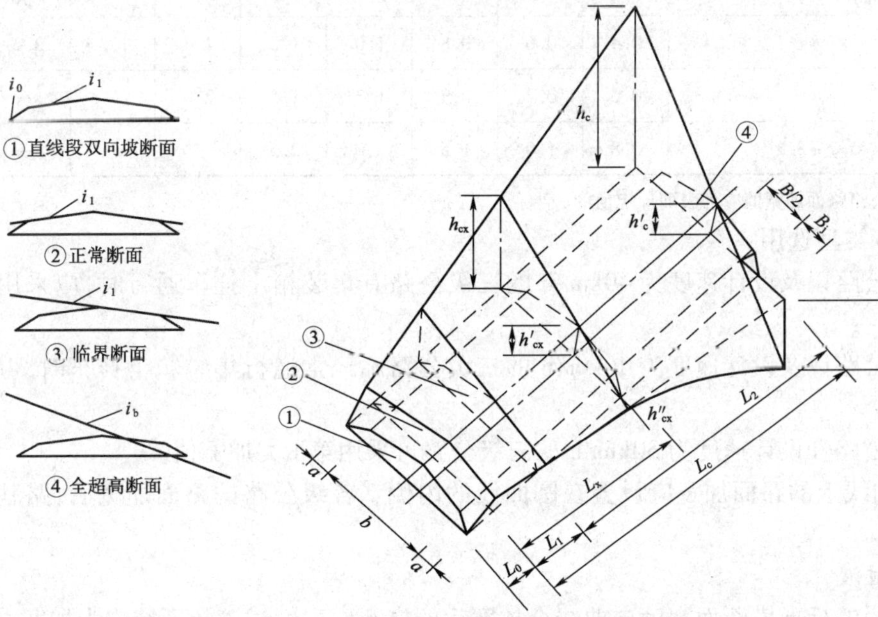

图 2-10　绕中轴旋转的超高缓和段过渡

形成过程：

①两侧路肩分别旋转至 $i_1 : i_0 \sim i_1$ 所需长度 L_0（一般 1 ~ 2m）；

②外侧路面绕中轴旋转到内外一直横坡 i_1，形成单向横坡（i_1），所需长度 L_1；

③由单向横坡 i_1 绕路面中轴旋转到全超高横坡度 i_b，所需长度 L_2。

超高缓和段长度 $$L_c = L_1 + L_2$$

五、圆曲线加宽

当汽车在平曲线上行驶时，各个车轮的轨迹半径是不同的，后轴内侧车轮的行驶轨迹半径最小，前轴外侧车轮的行驶轨迹半径最大。在弯道上行驶的汽车所占的路面宽度，要比在直线上所占的路面宽度大些，为适应行车需要，应将曲线内侧的路面予以加宽。

1. 圆曲线上全加宽值

圆曲线起点至圆曲线终点的路面加宽是一个定值，这个定值称为圆曲线上的全加宽值，简称加宽值，如图 2-11 所示。圆曲线上的路面全加宽值与圆曲线半径、车型和行车速度等因素有关。

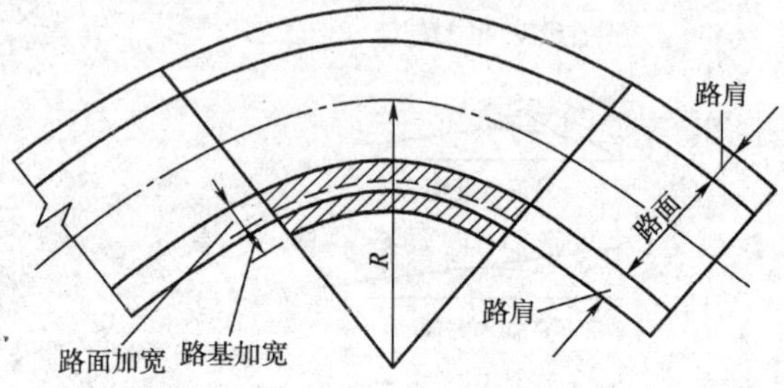

图 2-11 圆曲线上的全加宽

2. 圆曲线加宽的规定和要求

（1）设加宽的规定：二级公路、三级公路、四级公路圆曲线半径小于或等于 250m 时，应在曲线内侧设加宽。

（2）全加宽值（b_j），见表 2-7。

双车道路面的加宽值 表 2-7

加宽类别	加宽值(m) 圆曲线半径(m) / 汽车轴距加前悬(m)	250~200	200~150	150~100	100~70	70~50	50~30	30~25	25~20	20~15
Ⅰ	5	0.4	0.6	0.8	1.0	1.2	1.4	1.8	2.2	2.5
Ⅱ	8	0.6	0.7	0.9	1.2	1.5	2.0	—	—	—
Ⅲ	5.2+8.8	0.8	1.0	1.5	2.0	2.5	—	—	—	—

注：单车道公路路面加宽值应为表列规定值的一半。

（3）加宽类型选用：

①二级公路以及设计速度为 40km/h 的三级公路有集装箱半挂车通行时，应采用第Ⅲ类加宽值；

②二级公路以及设计速度为 40km/h 的三级公路不经常通行集装箱半挂车时，可采用第Ⅱ类加宽值；

③四级公路和设计速度为 30km/h 的三级公路可采用第Ⅰ类加宽值。

（4）圆曲线上的路面加宽应设置在圆曲线的内侧。各级公路的路面加宽后，路基也相应加宽。

3. 加宽过渡

从直线段的标准横断面宽度向曲线全加宽后的横断面宽度过渡的区域称为加宽过渡段。

1）加宽缓和段长度（L_j）确定

（1）设置回旋线或超高过渡段时，加宽过渡段长度应采用与回旋线或超高过渡段长度相同的数值；

(2)不设置回旋线或超高过渡段时，加宽过渡段长度应按渐变率为1:15，且长度不小于10m的要求设置。

2)加宽过渡方式

二级公路、三级公路、四级公路的加宽过渡段的设置，应采用在相应的回旋线或超高、加宽过渡段全长范围内，按其长度成比例增加的方式。如图2-12所示。

$$b_{jx}=\frac{L_x}{L_j}b_j$$

式中：b_{jx}——缓和段上加宽值，m；

L_x——缓和段上任意点至缓和段起点之间的距离，m；

L_j——加宽缓和段的长度，m；

b_j——全加宽值，m。

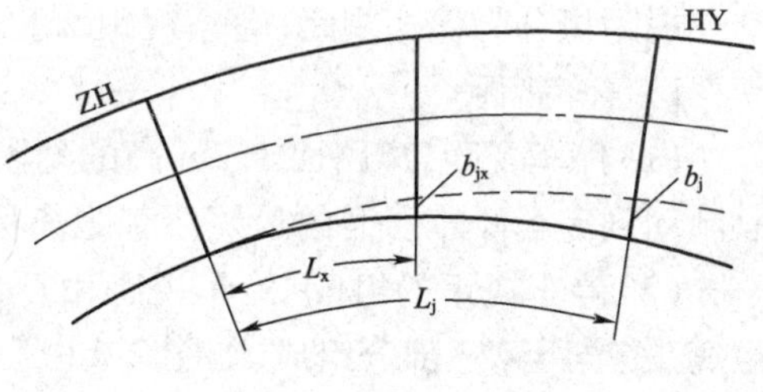

图2-12　加宽过渡方式

六、平曲线长度

1. 平曲线的长度

平曲线的长度是指从曲线起点到曲线终点的曲线长度。

2. 平曲线最小长度设置原因

平曲线最小长度如果太短，驾驶员频繁操作方向盘，加速度变化频繁，乘客感觉不舒适。因此，平曲线的最小长度应考虑以下因素：

(1)满足驾驶员操纵转向盘的需要，操纵转向盘不感到困难所需的时间至少要有6s。

(2)满足离心加速度变化的要求：乘客感到不舒服的离心加速度变化率为$0.6m/s^2$，在$0.5m/s^2$乘客感到舒适。

(3)平曲线转向角过小而影响视觉的要求：平曲线转角$\alpha<7°$时，容易产生错觉，即识别不出曲线，采用较长平曲线可以满足此要求。

3. 平曲线长度的规定和要求

(1)公路的转角不论大小均应设置平曲线；

(2)平曲线长度应满足表2-8和表2-9的要求；

平曲线最小长度　　表2-8

设计速度(km/h)		120	100	80	60	40	30	20
平曲线最小长度(m)	一般值	600	500	400	300	200	150	100
	最小值	200	170	140	100	70	50	40

公路转角等于或小于7°时的平曲线长度　　表2-9

设计速度(km/h)	120	100	80	60	40	30	20
平曲线长度(m)	1 400/Δ	1 200/Δ	1 000/Δ	700/Δ	500/Δ	350/Δ	280/Δ

注：表中Δ为路线转角值(°)，当Δ<2°时，按Δ=2°计算。

(3)当有回旋线时，平曲线的最小长度不应小于2倍回旋线长。

七、视距

1. 行车视距

为了确保行车安全,应使驾驶员能看到前方一定距离的公路路面,以便在发现路面上的障碍物或迎面来车时,能在一定的车速下及时制动或绕过它们而在路上行驶所必需的安全距离,称为行车视距。

2. 视距的种类

视距可分为停车视距、会车视距、超车视距。

1)停车视距

(1)停车视距:离路面 1.2m 高的驾驶员视线看到障碍物(10cm 高的物体顶点),从开始采取制动到完全停车所需的最短行车距离称停车视距。

(2)停车视距的组成:停车视距由反应距离、制动距离、安全距离三部分组成,如图 2-13 所示。

$$S_{停} = S_1 + S_2 + S_0$$

式中:$S_{停}$——汽车的停车视距,m;

S_1——汽车驾驶员的反应距离,m,(一般为 3s);

S_2——汽车制动距离,m;

S_0——安全距离,m ,一般取 5 ~ 10m。

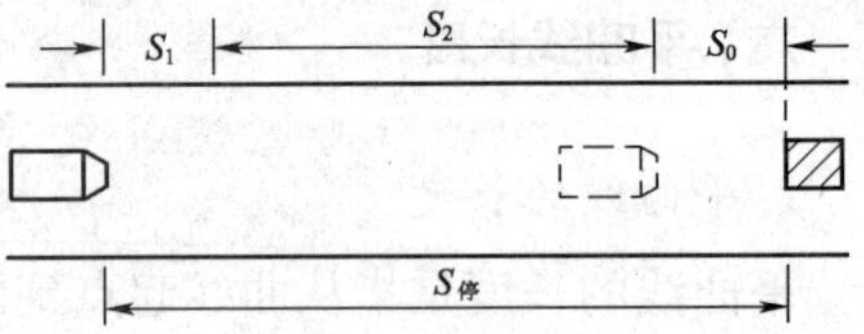

图 2-13 停车视距

(3)停车视距的大小:各级公路在平曲线和竖曲线上的停车视距应满足表 2-10 和表 2-11 的规定要求。

高速公路、一级公路停车视距　表 2-10

设计速度(km/h)	120	100	80	60
停车视距(m)	210	160	110	75

二、三、四级公路的停车视距、会车视距与超车视距　表 2-11

设计速度(km/h)	80	60	40	30	20
停车视距(m)	110	75	40	30	20
超车视距(m)	550	350	200	150	100

2)会车视距

在同一车道上两对向汽车相遇,从相互发现时起,至同时采取制动措施使两车安全停止,所需的最短距离称为会车视距。会车视距由反应距离、制动距离和安全距离 3 部分组成。会车视距的长度不应小于停车视距的 2 倍。

3)超车视距

在双车道公路上,后车超越前车时,从开始驶离原车道之处起,至可见逆行车并能超车后安全驶回原车道所需的最短距离称为超车视距,如图 2-14 所示。

3. 视距的保证

公路平面上、纵断面上都应保证必要的视距,视距长度沿行车道中心线量得。汽车在弯道上行驶时,弯道内侧树木、路堑边坡及建筑物等可能会阻挡行车视线,要保证汽车的平面视距,必须清除弯道内侧一定范围内的障碍物，如图 2-15 所示。公路纵断面上，上、下坡的转折处应设凸形竖曲线来保证视距。

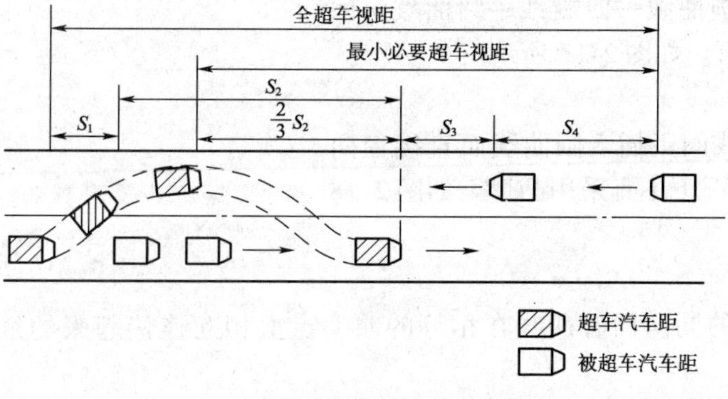

图 2-14　超车视距

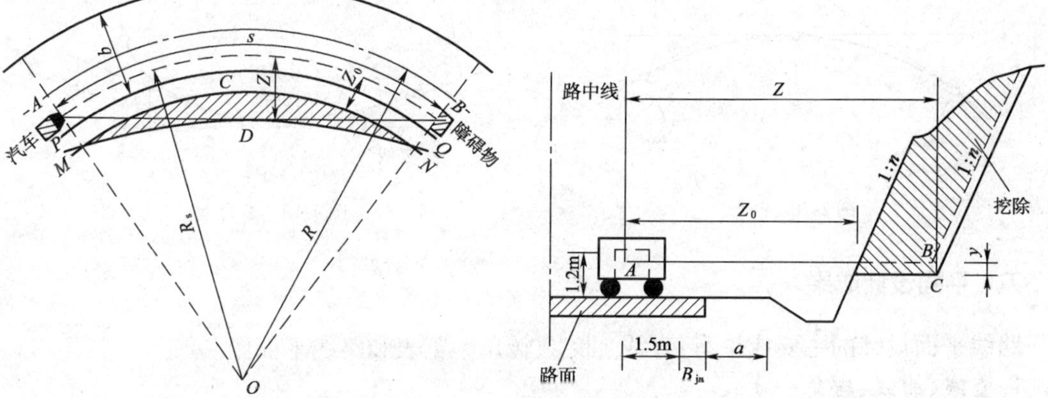

图 2-15　弯道平面视距保证

八、平面线形的基本组合

平面线形的基本组成部分为直线、圆曲线、回旋线。

1. 基本型

直线—回旋线—圆曲线—回旋线—直线的线形，见图 2-3。

2. S 形

两个反向圆曲线用回旋线连接起来的线形。直线—回旋线—圆曲线—回旋线—回旋线—圆曲线—回旋线—直线的线形。如图 2-16 所示。

图 2-16　S 形组合

3. 卵形

用一个回旋线连接两个同向圆曲线的线形。直线—回旋线—圆曲线—回旋线—圆曲线—回旋线—直线的线形。如图2-17所示。

4. 凸形

两同向回旋线间不插入圆曲线而直接径向连接组合，一般情况下不宜采用凸形。如图2-18所示。

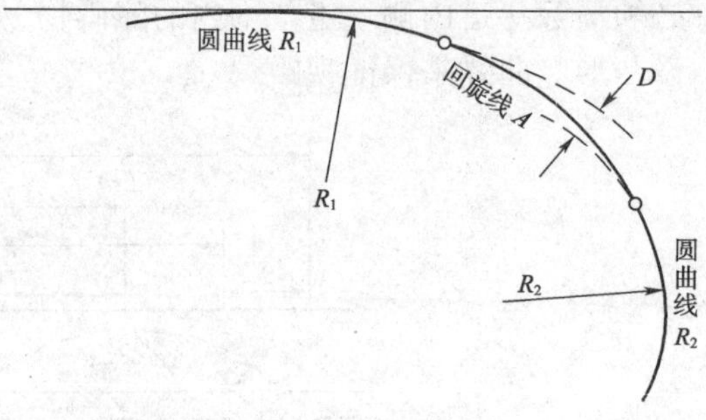

图2-17　卵形

5. 复合型

将两个以上的同向回旋曲线在相等的曲率点上相互连接起来的线形组合，如图2-19所示。

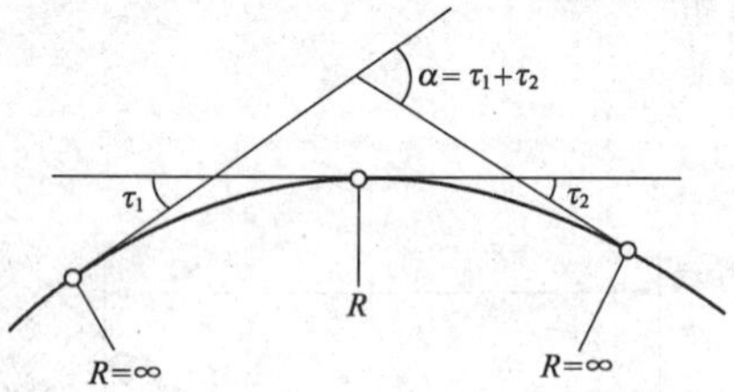

图2-18　凸形

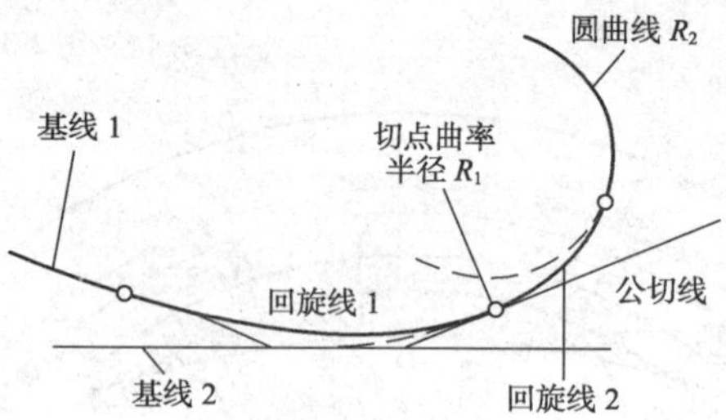

图2-19　复合型

九、平面设计成果

路线平面设计的主要成果有：直线、曲线、转角一览表和路线平面图。

1. 直线、曲线、转角一览表

该表是设计文件的内容之一，也是平面设计的主要成果之一。它是通过测角、丈量中线、设置曲线后获得的成果。工程实例表见表2-12。

2. 逐桩坐标表

高等级公路的线形指标要求较高，表现在平面上是圆曲线半径较大，回旋线较长，在测设和放样时必须采用坐标法，方能保证其测量精度。

逐桩坐标即各个中桩的坐标，其计算和测量的方法是按"从整体到局部"的原则进行的。其一般步骤是：

(1)计算导线点坐标，实例表见表2-13。

(2)计算交点坐标。

(3)计算各中桩坐标(逐桩坐标表)，"逐桩坐标表"是公路中线每隔一定间距中桩的 x、y 坐标值及方位角一览表，实例表见表2-14。

3. 路线平面图

路线平面图包括的内容是：

(1)平面图的比例尺1:2 000或1:5 000，平原区1:5 000。

(2)依据直线、曲线、转角一览表按比例绘出的公路中线图。

(3)在公路中线图上绘注出公路起终点、里程桩、百米桩、曲线要素桩、桥涵桩及位置。

(4)根据水准测量中平记录，用铅笔注出各桩处的高程。

直线、曲线、转角一览表

表 2-12

交点位置		交点间距（m）		计算方位角	由线间直线长（m）	转角	曲线要素值						曲线主点位置									
							切线长度（m） T_1 T_2	半径（m） R_1 L_y R_2	回旋线参数 A_1 A_2	曲线长度（m） L_{s1} L_y L_{s2}	曲线总长（m）	外距（m）	第一回旋线起点		第一回旋线终点或圆曲线起点		圆曲线中点		圆曲线终点或第二回旋线起点		第二回旋线终点	
9	桩	K10 + 526.912											桩		桩	K9 + 472.299	桩	K10 + 511.921	桩	K11 + 551.543	桩	
	N	2857864.0000				右 23° 37′ 48.34″	1054.502 1054.502	5041		2079.244	2079.244	109.124	N		N	2858344.1342	N	2857969.2724	N	2857800.4948	N	
	E	501026.0000											E		E	501964.9780	E	500997.2653	E	499973.3008	E	
10	桩	K12 + 340.275											桩		桩	K11 + 781.544	桩	K12 + 337.967	桩	K12 + 894.389	桩	
	N	2857753.0000	1843.345	266° 32′ 51.91″	230.001	左 12° 45′ 8.15″	558.731 558.731	5000		1112.845	1112.845	31.121	N		N	2857786.6449	N	2857722..3356	N	2857597.0768	N	
	E	499186.0000											E		E	499743.7170	E	499191.3123	E	498649.4665	E	
11	桩	K14 + 887.020											桩		桩	K13 + 672.791	桩	K14 + 853.279		K16 + 033.768	桩	
	N	2857041.0000	2551.361	253° 47′ 43.76″	778.402	左 32° 59′ 37.16″	1214.228 1214.228	4100		2360.976	2360.976	176.020	N		N	2857379.8507	N	2856892.8791		2856121.8605	N	
		496736.0000											E		E	497901.9892	E	496831.0968		495942.5687	E	
0	桩	K16 + 307.041											桩		桩		桩		桩		桩	
	N	2855915.0000	1487.501	220° 48′ 6.60″	273.273								N		N		N		N		N	
	E	495764.0000											E		E		E		E		E	

导线点坐标表

表2-13

点名	坐标		方位角	边长	高程	备注
	X	Y	(° ′ ″)	(m)		
GD01	2861422.809	510321.910				GPS点
			309 45 36	262.521		
GD02	2861590.710	510120.102				GPS点
			280 41 15	609.144		
D03	2861703.676	509521.525				
			234 10 59	593.774		
D04	2861356.200	509040.040				
			255 31 15	669.414		
D05	2861188.827	508391.887				
			215 27 04	542.528		
D06	2860746.878	508077.218				
			275 34 02	303.030		
D07	2860776.276	507775.617				
			231 39 39	736.818		
GD08	2860319.216	507197.692				GPS点
			263 44 36	630.100		
GD09	2860250.547	506571.345				GPS点
			234 45 24	350.666		
D10	2860058.195	506284.952				
			242 19 41	293.858		
D11	2859772.401	505759.020				
			286 34 10	477.044		
D12	2859908.444	505301.785				
			211 23 05	351.211		
D13	2859608.619	505118.880				
			271 53 39	195.760		
D14	2859615.89	504923.227				
			255 13 13	563.320		
GD15	2859471.384	504378.545				GPS点
			252 05 34	620.821		
GD16	2859280.496	503787.799				GPS点
			238 18 46	485.833		
D17	2859025.297	503374.389				
			232 32 44	246.394		
DF7-12	2858875.457	503178.792				
			259 00 46	446.700		
DF7-11	2858790.320	502740.280				
			233 39 16	666.792		
DF7-10	2858395.143	502203.207				
			240 32 18	505.709		
GD18	2858146.414	501762.894				GPS点

逐桩坐标表

表2-14

桩号	坐标(m)		方向角	桩号	坐标(m)		方向角
	X	Y	(° ′ ″)		X	Y	(° ′ ″)
K11+750.00	2857788.545	499775.204	266 32 51.9	+910.00	2857777.265	499615.608	265 04 32.7
+775.00	2857787.040	499750.249	266 32 51.9	+960.00	2857772.723	499565.815	264 30 10.1
+795.00	2857785.817	499730.287	266 23 36.8	K12+000.00	2857768.732	499526.014	264 02 40.0
+824.00	2857783.909	499701.349	266 03 40.5	+005.00	2857768.211	499521.041	263 59 13.7
+830.00	2857783.494	499695.364	266 59 33.0	+020.00	2857766.617	499506.126	263 48 54.9
+845.00	2857782.423	499680.402	265 49 14.2	+030.00	2857765.530	499496.186	263 42 02.4
+870.00	2857780.538	499655.473	265 32 02.8	+055.00	2857762.725	499471.343	263 24 51.0
+890.00	2857778.941	499635.537	265 18 17.8	+083.00	2857759.436	499443.537	263 05 36.0

续上表

桩 号	坐标(m)		方向角 (° ′ ″)	桩 号	坐标(m)		方向角 (° ′ ″)
	X	*Y*			*X*	*Y*	
+110.00	2857756.117	499416.742	262 47 02.1	+550.00	2857681.725	498983.221	257 44 30.8
+125.00	2857754.221	499401.864	262 36 43.3	+575.00	2857676.356	498958.804	257 27 19.5
+150.00	2857750.934	499377.080	262 19 32.0	+620.00	2857666.384	498914.923	256 56 23.1
+175.00	2857747.533	499352.312	262 02 20.7	+650.00	2857659.517	498885.719	256 35 45.5
+190.00	2857745.433	499337.460	261 52 01.9	+675.00	2857653.661	498861.415	256 18 34.2
+205.00	2857743.389	499322.614	261 41 43.1	+693.00	2857649.370	498843.934	256 06 11.7
+220.00	2857741.100	499307.774	261 31 24.3	+725.00	2857641.585	498812.896	255 44 11.6
+235.00	2857738.867	499292.941	261 21 05.5	+745.00	2857636.618	498793.522	255 30 26.5
+250.00	2857736.589	499278.115	261 10 46.7	+775.00	2857629.024	498764.499	255 09 48.9
+277.00	2857732.377	499251.446	260 52 12.9	+800.00	2857622.562	498740.349	254 52 37.6
+300.00	2857728.675	499228.746	260 36 24.1	+825.00	2857615.979	498716.231	254 35 26.3
+325.00	2857724.533	499204.091	260 19 12.7	+850.00	2857609.276	498692.146	254 18 14.9
+339.00	2857722.160	499190.294	260 09 35.2	+875.00	2857602.563	498668.096	254 01 03.6
+345.00	2857721.131	499184.383	260 05 27.7	+900.00	2857595.511	498644.078	253 47 43.8
+370.00	285716.767	499159.767	259 48 16.4	+925.00	2857588.535	498620.071	253 47 43.8
K12 +385.00	2857714.091	499145.008	259 37 57.6	+950.00	2857581.558	498596.065	253 47 43.8
+410.00	2857708.530	499120.427	259 20 46.2	+975.00	2857574.581	498572.058	253 47 43.8
+430.00	2857705.703	499100.779	259 07 01.2	K13 +000.00	2857567.605	498548.051	253 47 43.8
+450.00	2857701.978	499081.147	258 53 16.1	+025.00	2857560.628	498524.044	253 47 43.8
+475.00	2857697.098	499056.627	258 36 04.8	+050.00	2857553.651	498500.037	253 47 43.8
+500.00	2857692.096	499032.133	258 18 53.5	+075.00	2857546.675	498476.031	253 47 43.8
+525.00	2857686.971	49907.646	258 01 42.2	+100.00	2857539.698	498452.024	253 47 43.8
+528.00	2857686.349	499004.729	258 59 38.4	+125.00	2857532.721	498428.017	253 47 43.8

(5)横断面范围内的地形等高线。

(6)中线左右各 100 ~ 200m 范围内的地形等高线、地物、地貌、建筑物的位置和名称。

(7)本页图例、平曲线要素、编注页码和指北方向。路线平面图实例如图 2-20 所示。

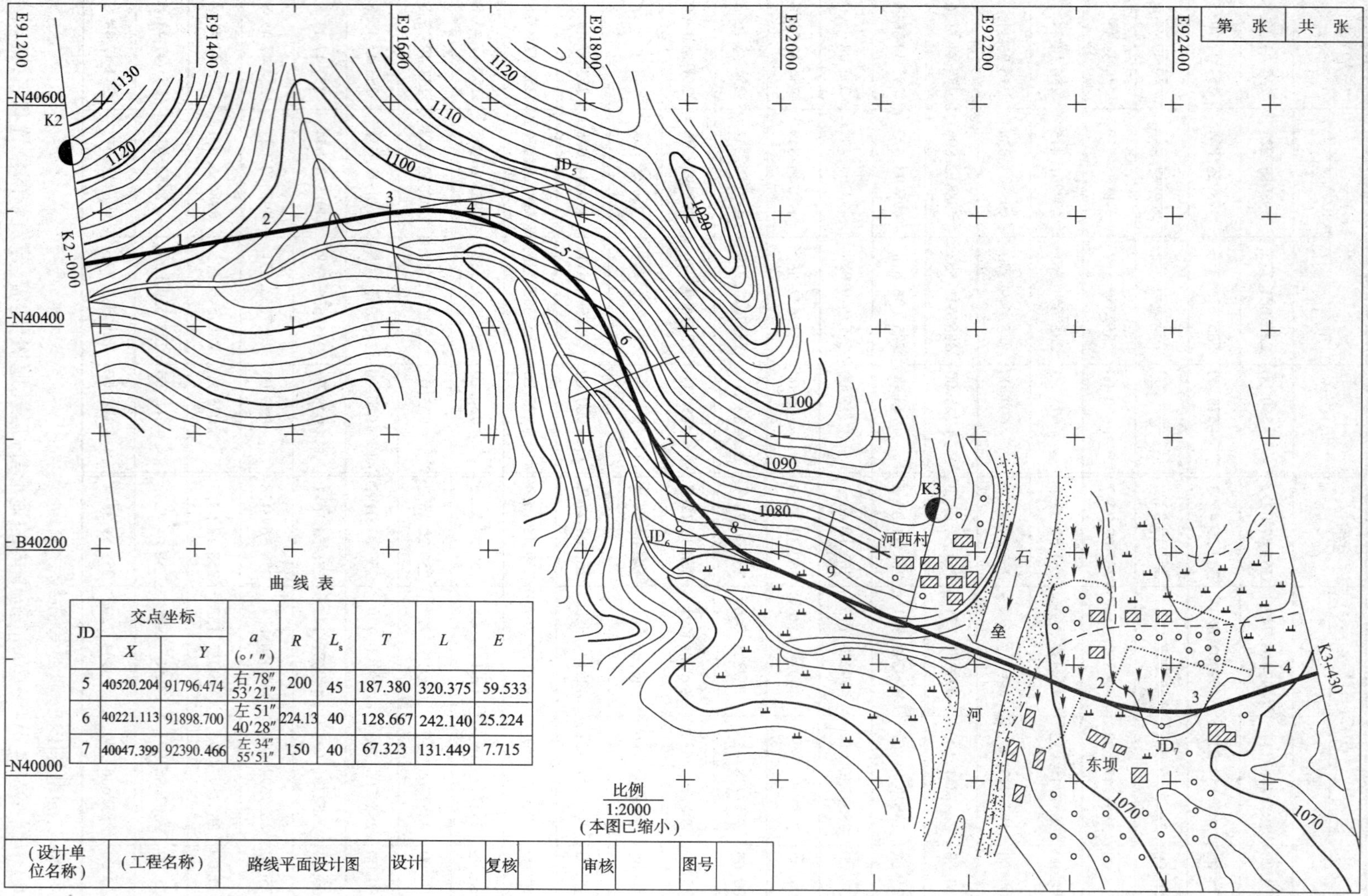

曲线表

JD	交点坐标		a (° ′ ″)	R	L_s	T	L	E
	X	Y						
5	40520.204	91796.474	右 78″ 53′21″	200	45	187.380	320.375	59.533
6	40221.113	91898.700	左 51″ 40′28″	224.13	40	128.667	242.140	25.224
7	40047.399	92390.466	左 34″ 55′51″	150	40	67.323	131.449	7.715

第 张	共 张	

(设计单位名称)	(工程名称)	路线平面设计图	设计		复核		审核		图号

图 2-20 路线平面布置图

课题二　公路纵断面

公路纵断面是沿着公路的中心线用竖面把公路切开，并沿路线长度方向展开成平整的竖面（即将平曲线沿里程方向拉成直线），该竖面则称路线纵断面，如图2-21所示。

图2-21　路线纵断面形成示意图

路线纵断面设计依据，主要有汽车的动力性能、公路的等级、自然因素（地形、地物、气候、地质、水文、土质条件等）、路基水稳定性及工程量等。

公路纵断面设计应达到纵坡和缓、行车的安全和迅速、路基稳定、排水畅通、工程造价、营运费用和乘客的舒适程度等要求。

公路纵断面设计图是路线纵断面设计的成果，如图2-22所示。

（1）地面线：根据中线上的各个桩号地面高程而点绘的一条不规则折线，即相邻地面高程点的连线。它基本上反映了沿着路中线地面的起伏变化情况。

（2）设计线：根据公路等级、汽车的爬坡性能、地形条件、路基临界高度及视觉等方面的要求，并通过技术、经济以及美学上多方面的比较后设计出的一条规则形状的几何线。纵断面设计线是由直线段（匀坡线）和竖曲线组成的。

（3）设计高程（DEL）：设计线上各点的高程。一般情况下，新建公路设计高程：高速公路和一级公路采用中央分隔带的外侧边缘高程；二级公路、三级公路、四级公路宜采用路基边缘（路肩边缘）的高程；设置超高在加宽路段为设超高、加宽前该处边缘高程。城市道路和改建公路的路基设计高程：宜按新建公路的规定执行，也可视具体情况采用分隔带中心线或行车道中心线的高程。

（4）设计线纵坡度（坡度）：是指相邻两变坡点的高差（高程之差）与水平距离（公路里程）之比的百分数。通常用 i 表示，即 $i=\frac{h}{l}\times 100\% = \tan\alpha$，上坡为“+”，下坡为“-”。

（5）坡长：在纵断面上两相邻变坡点间的路线长度（水平距离）。

（6）施工高度：同一横断面上设计高程与公路中线地面高程的差，也称填挖高度，填高（T），挖深（W）。

（7）转坡点（变坡点）：指纵断面上相邻两条坡度线相交点，一般设在整桩号处。

（8）路中线示意图（直线与平曲线）：纵断面图还有一条重要的线是在纵断面图下方的图样中标明的路中线（直线与平曲线）示意图。路中线示意图对纵坡设计时确定平纵线形组合、转坡点位置和纵坡的大小都有十分重要的作用。

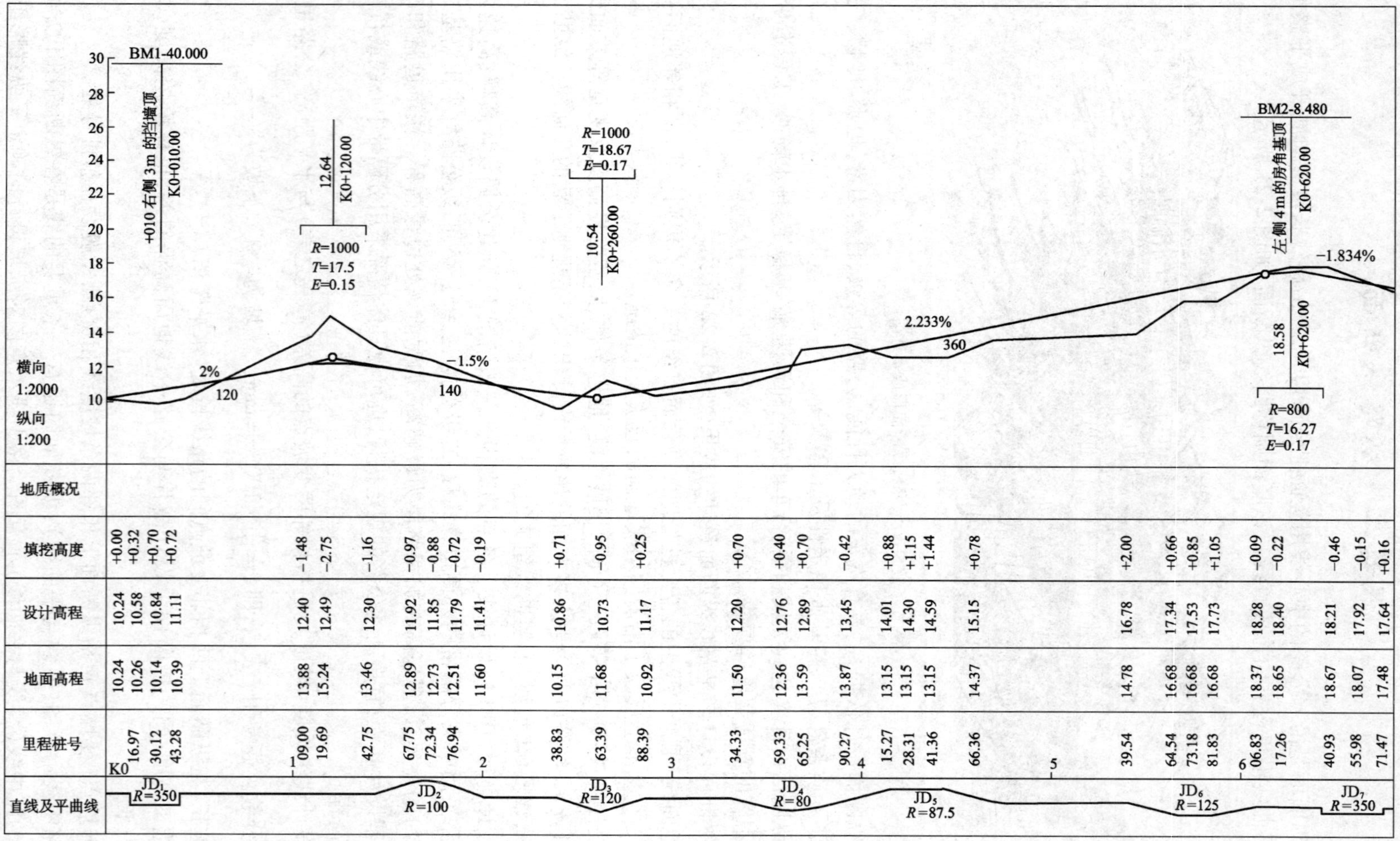
BM1-40.000
+010 右侧 3m 的挡墙顶
K0+010.00
12.64
K0+120.00
R=1000
T=17.5
E=0.15
R=1000
T=18.67
E=0.17
10.54
K0+260.00
BM2-8.480
左侧 4m的房角基顶
K0+620.00
−1.834%
2.233%
360
18.58
K0+620.00
R=800
T=16.27
E=0.17
2%
120
−1.5%
140
30
28
26
24
22
20
18
16
14
12
10
横向
1:2000
纵向
1:200
地质概况
填挖高度
+0.00 +0.32 +0.70 +0.72 −1.48 −2.75 −1.16 −0.97 −0.88 −0.72 −0.19 +0.71 −0.95 +0.25 +0.70 +0.40 +0.70 −0.42 +0.88 +1.15 +1.44 +0.78 +2.00 +0.66 +0.85 +1.05 −0.09 −0.22 −0.46 −0.15 +0.16
设计高程
10.24 10.58 10.84 11.11 12.40 12.49 12.30 11.92 11.85 11.79 11.41 10.86 10.73 11.17 12.20 12.76 12.89 13.45 14.01 14.30 14.59 15.15 16.78 17.34 17.53 17.73 18.28 18.40 18.21 17.92 17.64
地面高程
10.24 10.26 10.14 10.39 13.88 15.24 13.46 12.89 12.73 12.51 11.60 10.15 11.68 10.92 11.50 12.36 13.59 13.87 13.15 13.15 13.15 14.37 14.78 16.68 16.68 16.68 18.37 18.65 18.67 18.07 17.48
里程桩号
K0 16.97 30.12 43.28 1 09.00 19.69 42.75 67.75 72.34 76.94 2 38.83 63.39 88.39 3 34.33 59.33 65.25 90.27 4 15.27 28.31 41.36 66.36 5 39.54 64.54 73.18 81.83 6 06.83 17.26 40.93 55.98 71.47
直线及平曲线
JD1 R=350
JD2 R=100
JD3 R=120
JD4 R=80
JD5 R=87.5
JD6 R=125
JD7 R=350

图 2-22　路线纵断面图

一、纵坡设计

1. 纵坡的一般规定与要求

(1)各级公路应避免采用最大纵坡值和纵坡限制长度。只有在越岭线中为争取高度、缩短路线长度或避开工程艰巨地段等不得已时方可采用。

(2)为保证车辆能以一定速度安全舒适地行驶,平原地区的纵坡应均匀、平缓。

(3)丘陵地区的纵坡应避免过分迁就地形而造成起伏过大。

(4)山区的沿河线,应采用平缓的纵坡,坡长不宜超过规定的限值,其纵坡不宜大于6%。

(5)山区的越岭线其纵坡应力求均匀,不应采用极限或接近极限的纵坡,更不宜连续采用极限长度的陡坡夹短距离缓和坡段的纵坡线形。越岭线不应设置反坡。

(6)一般情况下,纵坡确定应考虑填挖平衡,以降低造价和节省用地。

(7)平原微丘区,地下水埋深较浅,纵坡除应满足最小纵坡要求外,还应满足最小填土高度要求,保证路基稳定。

(8)对桥上及桥头路线的纵坡规定:

①小桥与涵洞处的纵坡应随路线纵坡设计;

②大桥的纵坡不宜大于4%,桥头引道的纵坡不宜大于5%;桥头两端引道线形应与桥上线形相配合。

③位于市镇混合交通繁忙处,桥上及桥头引道纵坡均不得大于3%。

(9)对隧道部分路线的纵坡规定:

①隧道内的纵坡应大于0.3%,并小于3%。但长度短于100m的隧道,其纵坡不受此限制。

②高速公路、一级公路的中短隧道,当条件受限制时,经技术经济论证后其最大纵坡可适当加大,但不宜大于4%。

③隧道内的纵坡可设置成单向坡;地下水发育的隧道及特长、长隧道可设置成人字坡。

2. 最大纵坡

最大纵坡是在纵断面设计中,各级公路允许采用的最大坡度值。它是路线设计中纵断面设计的主要控制指标。

最大纵坡根据汽车的动力性能、公路等级、自然条件、车辆安全行驶以及工程运营经济等因素进行确定。各级公路的最大纵坡见表2-15。

各级公路最大纵坡 表2-15

设计速度(km/h)	120	100	80	60	40	30	20
最大纵坡(%)	3	4	5	6	7	8	9

(1)当设计速度为120km/h、100km/h、80km/h,高速公路受地形条件或其他特殊情况限制时,经技术经济论证,其最大纵坡值可增加1%。

(2)公路改建中,设计速度为40km/h、30km/h、20km/h的利用原有公路的路段,经技术经济论证,其最大纵坡值可增加1%。

(3)位于市镇附近非汽车交通比例较大的路段,纵坡可根据具体情况适当放缓。

(4)位于海拔2 000m以上或积雪冰冻地区的四级公路,其最大纵坡不应大于8%。

(5)在海拔3 000m以上的高原地区,因空气稀薄、缺氧等原因造成汽车发动机功率降低、汽车的爬坡能力降低、汽车冷却系统破坏(汽车水箱的水容易沸腾),故《公路工程技术标准》

规定:设计速度小于或等于 80km/h 位于海拔 3 000m 以上的高原地区,各级公路的最大纵坡应按表 2-16 的规定折减。最大纵坡折减后,若小于 4%,则仍应采用 4%。

高原纵坡折减值 表 2-16

海拔高度(m)	3 000 ~ 4 000	4 000 ~ 5 000	5 000 以上
纵坡折减(%)	1	2	3

3. 最小纵坡

为了保证挖方路段、设置边沟的低填方路段和横向排水不畅路段的排水,以防止积水渗入路基而影响路基的稳定性,一般在这些路段避免采用水平纵坡,否则将导致边沟采用排水纵坡而使边沟挖得过深,所以,《公路工程技术标准》规定:公路的纵坡不宜小于 0.3%。横向排水不畅的路段或长路堑路段,采用平坡 0% 或小于 0.3% 的纵坡时,其边沟应作纵向排水设计。

4. 坡长限制和缓坡段

坡长限制主要是对较陡纵坡的最大长度和一般纵坡的最小长度加以限制。

1) 最小坡长限制

为保证汽车行驶的安全与平顺,其纵坡坡长不宜过短。最短长度以不小于设计速度行驶 9 ~ 12s 的行程为宜。各级公路的最小坡长规定见表 2-17。

各级公路最小坡长 表 2-17

设计速度(km/h)	120	100	80	60	40	30	20
最小坡长(m)	300	250	200	150	120	100	60

2) 最大坡长限制

连续纵坡大于 5% 的坡段过长,会产生汽车需克服升坡阻力而降低车速、水箱开锅、汽车爬坡无力和熄火等现象;下坡时制动次数太多,易造成车祸,故《公路工程技术标准》规定各级公路不同纵坡的最大坡长应满足表 2-18。

不同纵坡的最大坡长 表 2-18

设计速度(km/h)		120	100	80	60	40	30	20
纵坡坡度(%)	3	900	1 000	1 100	1 200	—	—	—
	4	700	800	900	1 000	1 100	1 100	1 200
	5	—	600	700	800	900	900	1 000
	6	—	—	500	600	700	700	800
	7	—	—	—	—	500	500	600
	8	—	—	—	—	300	300	400
	9	—	—	—	—	—	200	300
	10	—	—	—	—	—	—	200

3) 缓和坡段(休息坡)

缓和坡段的作用主要是为了改善汽车在大于 5% 的坡道上行驶的紧张状态,避免汽车长时间使用低挡爬坡或下坡而使汽车行驶不安全的可能,减轻汽车机件负荷(上坡)和降低制动器过高的温度(下坡)。《公路工程技术标准》规定:公路连续上坡或下坡时,应在不大于表 2-18所规定的纵坡长度之间设置缓和坡段。缓和坡段的纵坡应不大于 3%,其长度应符合表 2-17的规定。

5. 平均纵坡与合成坡度

1) 平均纵坡

平均纵坡是指某一路段的起、终点高差与水平距离之比,以百分数(%)计。它是衡量线形设计质量的重要指标之一。

《公路工程技术标准》规定：二级公路、三级公路、四级公路越岭路线连续上坡或下坡路段，相对高差为200～500m时，平均纵坡不应大于5.5%；相对高差大于500m时，平均纵坡不应大于5%；且任意连续3km路段的平均纵坡不应大于5.5%。

2)合成坡度

公路在平曲线路段，若纵向有纵坡并横向有超高时，则最大坡度既不在纵坡上，也不在超高上，而是在纵坡和超高的合成方向上，这时的最大坡度称为合成坡度。我国《公路工程技术标准》规定：在设有超高的平曲线上，超高与纵坡的合成坡度值不得超过表2-19的规定。

合成坡度值 表2-19

公路等级	高速公路				一		二		三		四	
计算行车速度(km/h)	120	100	80	60	100	60	80	40	60	30	40	20
合成坡度值(%)	10.0	10.0	10.5	10.5	10.0	10.5	9.0	10.0	9.5	10.0	9.5	10.0

6.纵坡设计方法简介

纵坡设计是根据公路等级和相应的有关规定，以及沿线自然条件和拟建构造物的高程要求，确定路线适当的高程、各坡段的纵坡度和坡长，并在转坡点处设置竖曲线。纵坡设计主要由计算机完成。

1)准备工作

(1)准备有关标准、规范；

(2)收集现场勘测、调查资料；

(3)确定施工方案；

(4)收集有关平面设计资料；

(5)其他：备好绘图工具、计算机等。

2)纵坡设计一般步骤

(1)确定纵坡控制点；

①纵断面控制点：纵断面控制点是指根据选线记录及有关资料，在纵断面上沿线控制高程的点。

②纵断面控制点类型：纵断面控制点可分为地形控制点和经济控制点两类。地形控制点包括路线的起终点、垭口、桥涵、地质不良地段，最小填土高度、沿河线的洪水位、隧道、路线交叉等。经济控制点主要指填挖平衡点，以节约工程量，降低造价。

(2)试定纵坡线：根据定线的意图，全面考虑地面线情况和控制点的要求来试定坡，多考虑几个转坡点。

(3)调整纵坡线：根据标准、规范要求，工程量大小及均衡情况，周围地形、地物要求，调整纵坡线。调整纵坡线的方法有抬高、降低、延长或缩短纵坡长度、加大或缩小坡度等。

(4)核对纵坡线：根据纵坡调整线和横断面，对重要和控制严格的点、填挖量较大和挡土墙等断面认真审查，有必要时再调整纵坡线。

(5)确定纵坡线：起点的高程是事先确定好的，其他各点的高程可以根据起点高程和纵坡度计算而得。

(6)竖曲线的设置：根据相邻坡度的大小选择竖曲线半径，设置竖曲线，计算竖曲线各点的高程。

二、竖曲线

为保证行车安全、舒适及视距要求，在变坡点处所设置的纵向曲线称为竖曲线。竖曲线的形式有凸形竖曲线和凹形竖曲线，如图 2-23 所示。

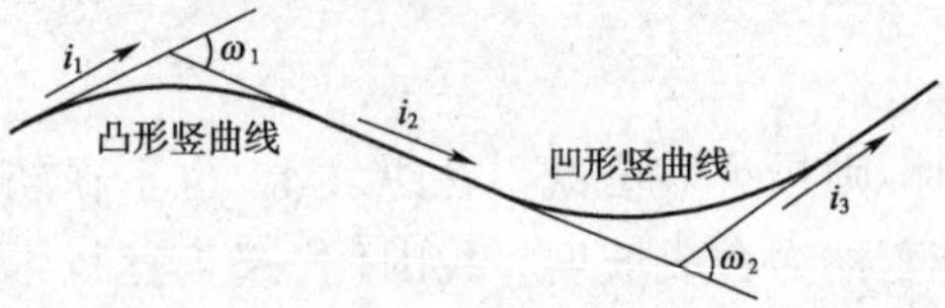

图 2-23　竖曲线的形式

1. 竖曲线半径及竖曲线长度

1）竖曲线半径选择

（1）对凸形竖曲线选择半径的依据：改善纵坡的舒顺性，保证行车视距；

（2）对凹形竖曲线选择半径的依据：主要缓和行车时的颠簸、振动为目的；

（3）竖曲线半径分为极限最小半径与一般最小半径两种。《公路工程技术标准》规定：各级公路竖曲线最小半径见表 2-20，通常应采用大于或等于表列最小半径的一般值。

竖曲线最小半径　　表 2-20

设计速度（km/h）		120	100	80	60	40	30	20
凸形竖曲线半径（m）	一般值	17 000	10 000	4 500	2 000	700	400	200
	极限值	11 000	6 500	3 000	1 400	450	250	100
凹形竖曲线半径（m）	一般值	6 000	4 500	3 000	1 500	700	400	200
	极限值	4 000	3 000	2 000	1 000	450	250	100

2）竖曲线长度

竖曲线最小长度，它是以设计速度 3s 的行驶距离而确定的。我国《公路工程技术标准》对各级公路竖曲线最小长度规定见表 2-21。为了行车安全舒顺，实际设计时，应采用表列数值的 1.5～2.0 倍或更大值。

各级公路竖曲线最小长度　　表 2-21

设计速度（km/h）		120	100	80	60	40	30	20
竖曲线长度（m）	一般值	250	210	170	120	90	60	50
	极限值	100	85	70	50	35	25	20

注：表中所列“一般值”为正常情况下的采用值；“极限值”为条件受限制时，可采用的值。

2. 竖曲线要素计算

（1）转坡角计算，如图 2-24 所示。

$$\omega = i_1 - i_2$$

式中：i_1、i_2——变坡处相邻两纵坡度，以小数计，上坡取“+”，下坡取“-”；

ω——转坡角，正值为凸形竖曲线，负值为凹形竖曲线。

（2）竖曲线要素计算。

竖曲线长：$L = R \cdot |\omega|$

切线长：　$T = \dfrac{L}{2} = \dfrac{R|\omega|}{2}$

外距：　$E = \dfrac{T^2}{2R}$

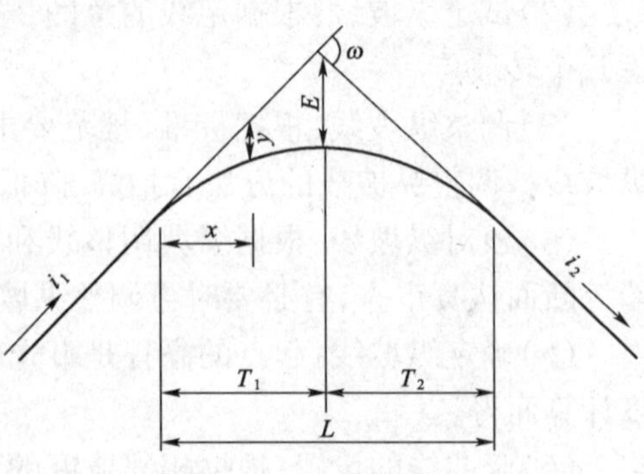

图 2-24　竖曲线要素

式中：L——竖曲线长度，m；

T——切线长度，m；

E——外距，m；

R——竖曲线半径，m；

ω——转坡角，以小数计。

3. 竖曲线起、终点桩号和设计高程计算

相对而言，转坡角很小，计算桩号时用水平距离代替坡道距离。

(1)竖曲线起点桩号 = 转坡点桩号 − T

(2)竖曲线终点桩号 = 转坡点桩号 + T

(3)竖曲线上的设计高程：

①凸形竖曲线设计高程 = 未设竖曲线时的坡道高程 − y。

②凹形竖曲线设计高程 = 未设竖曲线时的坡道高程 + y。

$$y=\frac{x^2}{2R}$$

式中：x——竖曲线上任意一点距起点之距，m；

y——竖曲线上任意一点的纵距，m。

4. 例题

某二级公路，设计速度为 $v=60\text{km/h}$，相邻两坡段纵坡为 $i_1=+4\%$，$i_2=-3\%$，竖曲线半径 $R=3\,000\text{m}$，变坡点里程桩号为 K5 + 030.00，高程为 427.68m。试计算竖曲线各要素及桩号为 K5 + 000.00 和 K5 + 100.00 处的设计高程。

解：(1)计算竖曲线要素

转坡角度：$\omega=i_1-i_2=0.04-(-0.03)=0.07$，为凸形竖曲线。

曲线长：$L=R\cdot|\omega|=3\,000\times0.07=210\text{m}$

切线长：$T=\dfrac{L}{2}=\dfrac{210}{2}=105\text{m}$

外距：$E=\dfrac{T^2}{2R}=\dfrac{105^2}{2\times3\,000}=1.84\text{m}$

(2)计算设计高程

竖曲线起点桩号 = (K5 + 030.00) − 105 = K4 + 925.00

竖曲线终点桩号 = (K5 + 030.00) + 105 = K5 + 135.00

竖曲线起点高程 = 427.68 − 105 × 0.04 = 423.48m

桩号 K5 + 000.00 处：

横距 x_1 = (K5 + 000.00) − (K4 + 925.00) = 75m

竖距 $y_1=\dfrac{x^2}{2R}=\dfrac{75^2}{2\times3\,000}=0.94\text{m}$

切线高程 = 423.48 + 75 × 0.04 = 426.48m

设计高程 = 426.48 − 0.94 = 425.54m

桩号 K5 + 100.00 处：

横距 x_2 = (K5 + 100.00) − (K4 + 925.00) = 175m

竖距 $y_2=\dfrac{x_2^2}{2R}=\dfrac{175^2}{2\times3\,000}=5.10\text{m}$

切线高程 = 423.48 + 175 × 0.04 = 430.48m

设计高程 = 430.48 − 5.10 = 425.38m

三、纵断面设计成果

1. 路线纵断面图(图 2-22)

路线纵断面图包括的主要内容：

(1)纵断面图采用直角坐标，横坐标表示水平距离用 1:2 000 的比例，纵坐标表示高程用 1:200 的比例；

(2)里程桩号、地面高程、地面线、设计高程、设计线、施工填挖值；

(3)设计线的纵坡线(坡度、坡长，以分式表示，分子表示坡度，分母表示坡长)；

(4)竖曲线及其要素(竖曲线编号、半径、切线长、竖曲线的长度、外距)；

(5)平曲线资料(以开口矩形表示，开口向下表示右转，开口向上表示左转)；

(6)沿线桥涵、隧道及人工构造物的位置、结构及孔径；

(7)与铁路、公路交叉的桩号及路名；

(8)沿线跨越河流的名称、桩号、现有水位及最高洪水位；

(9)水准点位置、编号、高程，见表 2-22；

水准点高程成果一览表 表 2-22

序号	水准点编号	水准点所在地	相对路线位置	高程(m)
1	BMH7—11	杨坑村曾家屋角处刻原连线成果资料	线外	130.094
2	BM—16	杨坑村横坑小组朱家门口刻	K0 + 610 左侧 170m	136.726
3	BM—15	杨坑村豆腐窝横坑小组朱家门口刻	K0 + 500 左侧 100m	142.896
4	BM—14	杨坑村靠椅形小组江家门口压水井旁刻		133.387
5	BM—13	车头村燕风岗小组肖家屋角处刻	K2 + 225 右侧 70m	119.278
6	BM—12	车头村黄家门前的排水沟顶面上刻	K3 + 580 左侧 160m 左右	114.372
7	BM—11	塘屋村委会枫树下赖家门口刻	K4 + 475 左侧 110m 左右	130.942
8	BM—10	塘屋六组谢家门前的压水井旁刻	K5 + 250 右侧 130m	122.678
9	BM—9	腊树下新屋前的水渠顶上刻	K6 + 475 左侧 80m	113.270
10	BM	大塘村细坑孜曾家窗口下刻	K7 + 250 左侧 70m	121.285
11	BM S = BMF—44-1			114.686
12	BM—7	龙江第四小组陈家围墙门口刻	固 + 056 左侧 6 ~ 7m	118.557
13	BM—6	某某连接线的起点处	K9 + 525 左侧 25m	128.061
14	BM—5	左村花排岭村民小组王家屋角处刻	K10 + 050 左侧 24m	123.253
15	BM—4	距路线前进方向约 20m 的山脚下坟墓上刻	K10 + 825 左侧 12m	127.031
16	BM—3	横板桥村后背的山坡的坟墓上刻	K11 + 625 左侧 110m	123.845
17	BM—2	燕窝村的公路旁新建的屋角处刻	K12 + 325 右侧 70m	129.919
18	BM—1	木塘小学旁的幼儿园大门口刻	K13 + 615 右侧 120m	127.088
19	BM1—1	唐江镇黄参树	K14 + 150 右侧 60m	134.486
20	BM1—2	黄参树袁屋黄塘小组李家屋后的平台上刻	K15 + 250 左侧 15m	118.498
21	BM1—3	公路木材厂座和木材厂的挡墙上刻	距终点 K16 + 305 左侧 200m 左右	115.085
22	BMH—7.2	原平田乡横江村梁家门口刻	线外	110.705
23	BMF—47		互通附近	114.744

(10)沿线土壤、地质情况；

(11)断链位置、桩号及长短链之间的关系(断链：因改移路线而引起里程桩号的变动和中断)。

2. 路基设计表(表 2-23)

路基设计表包括的内容：

表2-23

路基设计表

桩号	平曲线		纵坡(%)及坡长(m)	竖曲线		未设竖曲线之设计高程(m)	距切点距离(m)	改正值(m)		设计高程(m)	地面高程(m)	填挖高程(m)		路基宽度(m)		路基边缘、中桩与设计高程之高差(m)			施工时中桩填挖高度(m)		备注
	左	右		凹	凸			+	-			填	挖	左	右	左	中	右	填	挖	
1	2	3	4	5	6	7	8	9	10	11	12	13	14	15	16	17	18	19	20	21	22
K13+225			$i=1.3$ $L=270$	+240						215.65	217.92		2.27	3.75	3.75	0	0.08	0		2.19	
+236										215.79	216.57		0.78	3.75	3.75	0	0.08	0		0.7	
+250				R-3000 T-30 E-0.15		215.97	10	0.02		215.99	217.77		1.78	3.75	3.75	0	0.08	0		1.7	
+263						216.14	23	0.09		216.63	217.17		0.94	3.75	3.75	0	0.08	0		0.86	
+279			变坡点 K13+270处 高程216.23 $i=3.3$ $L=170$			216.53	21	0.07		216.6	220.23		3.63	3.75	3.75	0	0.08	0		3.55	
+291						216.92	9	0.01		216.93	219.83		2.9	3.75	3.75	0	0.08	0		2.82	
+300										217.22	221.49		4.27	3.75	4.11	0.05	0.08	0		4.19	表列为三级公路(设计速度为30km/h),路拱坡度2%,路肩坡度3%,路面6.0m,路肩0.75m
+315										217.72	221.55		3.83	3.75	4.95	0.16	0.08	0		3.75	
ZY+321.97		$JD_{170}R$-60								217.95	221.47		3.52	3.75	4.95	0.16	0.08	-0.02		3.44	
+342										218.61	219.71		1.1	3.75	4.95	0.16	0.08	-0.02		1.02	
QZ+362.01										219.27	221.9		2.63	3.75	4.95	0.16	0.08	-0.02		2.55	
+386					+399					220.06	222.07		2.01	3.75	4.95	0.16	0.08	-0.02		1.93	
+400				+300		220.52	1		0	220.52	222.4		1.88	3.75	4.95	0.16	0.08	-0.02		1.8	
YZ+402.05						220.59	3.05		0	220.59	222.37		1.78	3.75	4.95	0.16	0.08	-0.02		1.7	
+418					R-1500 T-41 E-0.56	221.11	19		0.12	220.99	221.35		0.36	3.75	3.75	0	0.08	0		0.28	
+435			变坡点 +440处 高程221.84 $i=-2.2$ $L=280$			221.68	36		0.43	221.25	220.98	0.27		3.96	3.75	0	0.08	0.07	0.35		
ZY+452.05	$JD_{171}R$-40					221.57	28.95		0.28	221.29	220.42	0.87		5.15	3.75	-0.11	0.2	0.43	1.07		
QZ+469.64						221.19	11.36		0.04	221.15	218.3	2.85		5.15	3.75	-0.11	0.2	0.43	3.05		
YZ+487.22					+481					220.82	220.95		0.15	5.15	3.75	-0.11	0.2	0.43	0.05		

(1)里程桩号;

(2)平曲线(左转、右转);

(3)纵坡度及坡长;

(4)竖曲线(凸形、凹形);

(5)切线高程;

(6)竖曲线改正值;

(7)竖曲线设计高程(切线高程 ± 改正值);

(8)地面高程(测量而得);

(9)填挖高度(设计标高—地面高程,“ + ”为填,“ - ”为挖);

(10)路基宽度;

(11)路基边缘及中桩与设计高程之高差;

(12)施工时中桩的填挖高度。

课题三　公路横断面

公路中心线法线方向的剖面称为公路横断面。公路横断面的方向:直线段为该点垂直于公路中心线的方向;曲线段为垂直于该点切线的方向。公路横断面的范围包括:路面、路基(边坡)、路肩、中央分隔带、人行道以及用地范围内的标志、照明灯柱、防护栅和专门设计的取土坑、弃土堆、边沟、树木等。

一、横断面设计

1. 公路建筑限界

公路建筑限界是为了保证公路上规定的车辆正常运行与安全,在一定宽度和高度范围内,不得有任何障碍物侵入的空间。通常用净空(包括净宽和净高)表示,如图 2-25、图 2-26 所示。

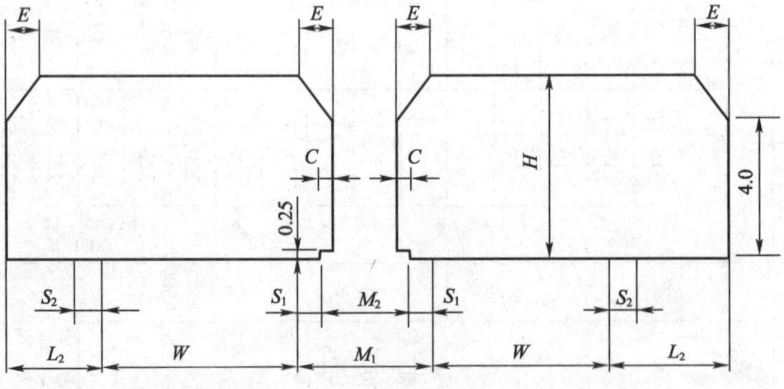

图 2-25　整体式断面公路建筑限界(尺寸单位:m)

L_2-右侧硬路肩宽度;W-行车道宽度;M_1-中间带宽度;M_2-中央分隔带宽度;S_1-左侧路缘带宽度;S_2-右侧路缘带宽度;C-安全带宽度;E-建筑限界顶角宽度;H-净空高度

2. 横断面设计

横断面设计是在平面图和纵断面设计完成之后进行,在横断面测量所得各桩号的横断面(地面线)上,按纵断面设计确定的路基填挖高度以及选定的路基宽度,超高加宽值、边坡坡度、边沟尺寸等,结合当地的地形、地质自然条件参照典型路基横断面图式、逐桩号给出路基的外廓线,通常把这项工作称做带帽子(简称“戴帽子法”)。

一般横断面设计图如图 2-27 所示。

有超高的圆曲线段横断面设计图，如图 2-28 所示。

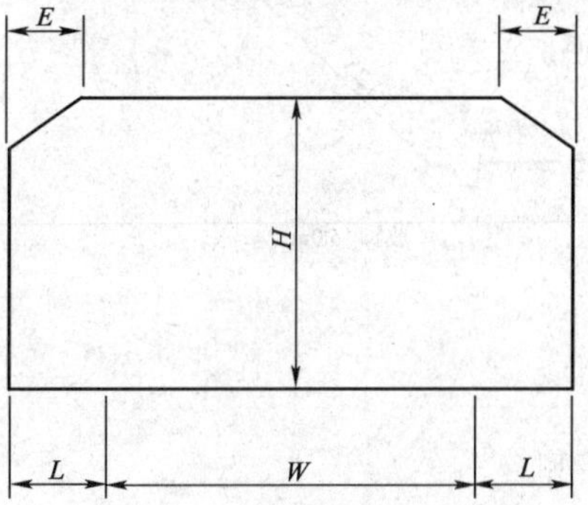

图 2-26　分离式断面公路建筑限界

W-行车道宽度；E-建筑限界顶角宽度；L-侧向宽度

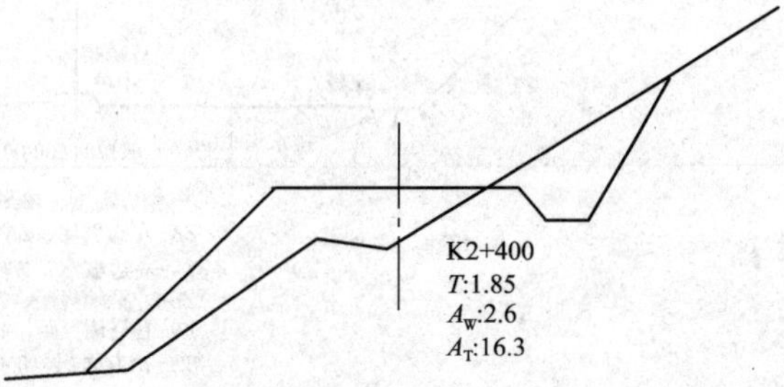

图 2-27　一般横断面设计图

桩号 K2 +500.12（ZY）

填		挖	1.56
路基宽（m）		左	右
		3.75	5.55
超高（%）		+0.43	-0.13
边坡			1:0.5
边沟深度（m）			0.40
面积（m^2）		填	挖
	土		41.0
	石	0.4	
	砌石	1.4	

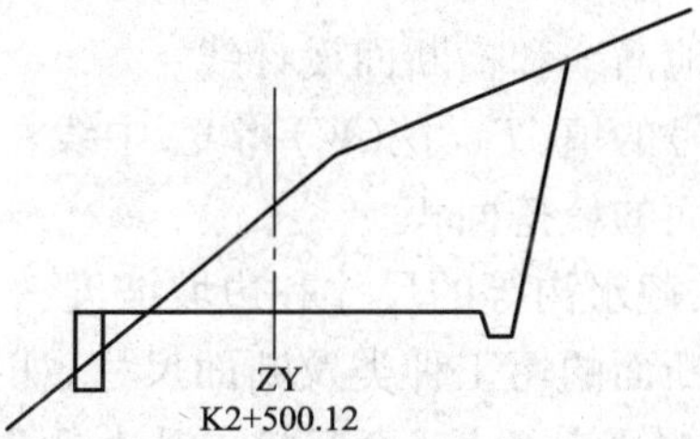

图 2-28　有超高圆曲线段横断面设计图

3. 横断面设计的内容

横断面设计的主要内容有横断面形式、路基宽度、车道数、中间带、路肩、爬坡车道、加减速车道、错车道、路拱坡度、净宽、净高等。

4. 横断面设计实例图

见图 2-29、图 2-30。

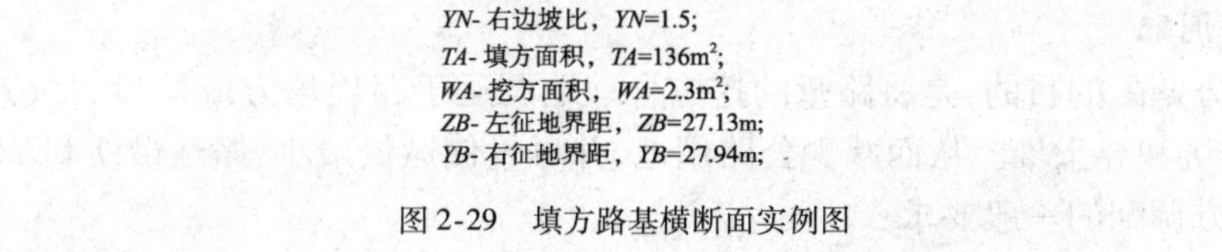

T- 填方高度，T=4.9m;

ZN- 左边坡比，ZN=1.5;

YN- 右边坡比，YN=1.5;

TA- 填方面积，TA=136m^2;

WA- 挖方面积，WA=2.3m^2;

ZB- 左征地界距，ZB=27.13m;

YB- 右征地界距，YB=27.94m;

图 2-29　填方路基横断面实例图

二、横断面设计成果

横断面设计成果主要包括横断面设计图和土石方数量计算表。

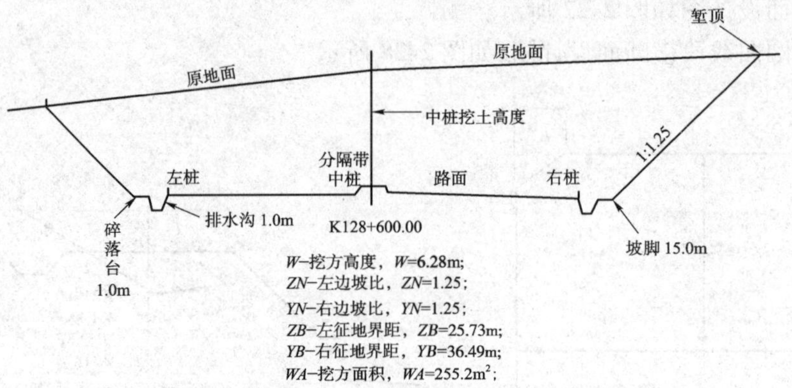

图 2-30　挖方路基横断面实例图

1. 横断面设计图

横断面设计图的主要内容包括：

(1)横断面的比例,通常采用1∶100～1∶200；

(2)横断面所处的桩号；

(3)横向地面线和横断面设计线；

(4)各桩号的填(T)、挖(W)高度,中线左右的路基宽度和超高的数值；

(5)各断面的填挖面积；

(6)边沟、截水沟等的尺寸和边坡坡度；

(7)特殊断面的圬工种类及断面尺寸,如挡土墙、视距台等。

2. 土石方数量计算表(工程实例见表 2-24)

土石方数量计算表反映的主要内容有：

(1)断面桩号；

(2)相应桩号的横断面填挖面积；

(3)相邻横断面的平均填挖面积；

(4)相邻断面的路线距离；

(5)两相邻断面之间的填挖数量：

填挖数量 = 平均填挖面积 × 距离；

(6)相邻断面路段内的土石利用及填方缺额或挖方余额；

填方 = 相邻断面区段内利用 + 填缺

挖方 = 相邻断面区段内利用 + 挖余

(7)远运利用及纵向调配；

(8)相邻断面内的借方(或废方)数量及超运距单位数；

(9)根据借方(废方)数量和超运距单位数,计算该路段的总运量。

3. 土石方调配

(1)土石方调配的目的:是将路堑的挖方合理地调运于路堤填方或适当的位置弃土,并合理地布置取土坑和弃土堆。从而减少公路用地,并尽量使运量最小,搬运最便利。

(2)土石方调配的一般要求：

①土石方调配应尽可能在本桩位内移挖作填,即横向调配,以减少废方和借方数量；

②综合考虑不同的施工方法、运输条件、地形情况等因素,选用合理的经济运距；

③借方要妥善处理,尽量不占或少占耕地,防止乱堆乱弃；

路基土石方数量计算表

表 2-24

断面桩号	截面面积(m2)		平均面积(m2)		距离(m)	挖方(m3)			填方(m3)					本桩利用		挖余(m3)		填缺(m3)		远运利用纵向调配示意图	弃方						借方						备注
							土	石		土		石									土			石			土			石			
	挖	填	挖	填		总体积	土	石	总体积	压实方	天然方	压实方	天然方	土	石	土	石	土	石		土(m³)	运距(km)	运量(m³·km)	石(m³)	运距(km)	运量(m³·km)	土(m³)	运距(km)	运量(m³·km)	石(m³)	运距(km)	运量(m³·km)	
1	2	3	4	5	6	7	8	9	10	11	12	13	14	15	16	17	18	19	20	21	22	23	24	25	26	27	28	29	30	31	32	33	34
K0+000.000	13.3																																
			13.4	0.9	14.50	195	58	136	12	12	14			14		44	136				44			136									
+014.500	13.6	1.7																															
			18.1	0.9	5.50	100	30	70	5	5	5			5		24	70				24			70									
+020.000	22.7																																
			13.4	52.0	40.00	534	160	374	2 079	1 673	1 940	407	374	160	374			1 780									1 780						
+060.000	4.0	104.0																															
			3.7	154.5	20.00	74	22	51	3 091	3 035	3 520	56	51	22	51			3 498									3 498						
+080.000	3.3	205.1																															
			3.4	231.5	20.00	68	20	47	4 630	4 578	5 311	51	47	20	47			5 291									5 291						
+100.000	3.4	257.9																															
			4.2	239.9	20.00	84	25	59	4 798	4 734	5 491	64	59	25	59			5 466									5 466						
+120.000	4.9	221.9																															
			4.0	205.7	20.00	81	24	57	4 114	4 053	4 701	62	57	24	57			4 677									4 677						
+140.000	3.2	189.5																															
			2.7	243.0	20.00	54	16	38	4 859	4 818	5 589	41	38	16	38			5 573									5 573						
+160.000	2.3	296.4																															
			1.1	336.5	20.00	23	7	16	6 729	6 712	7 786	17	16	7	16			7 779									7 779						
+180.000		376.5																															
				385.4	13.00				5 010	5 010	5 812							5 812									5 812						
+193.000		394.2																															
			扣除																														
+195.000		397.0																															
				401.4	6.50				2 609	2 609	3 026							3 026									3 026						
+201.500		405.8																															
			2.9	309.7	6.00	17	5	12	1 858	1 845	2 141	13	12	5	12			2 135									2 135						
+207.500	5.8	213.7																															
			5.9	167.0	12.50	74	22	52	2 087	2 031	2 356	56	52	22	52			2 334									2 334						
+220.000	6.0	120.2																															
			5.7	109.3	20.00	114	34	80	2 186	2 099	2 435	87	80	34	80			2 401									2 401						
+240.000	5.4	98.3																															
			5.4	93.3	10.00	54	16	38	933	892	1 035	41	38	16	38			1 019									1 019						
+250.000	5.5	88.3																															
			5.2	71.4	3.16	16	5	12	225	213	247	13	12	5	12			242									242						
+253.160	5.1	54.5																															
			3.7	32.4	26.84	99	30	69	870	795	922	75	69	30	69			892									892						
+280.000	2.3	10.4																															
			3.8	11.3	11.99	46	14	32	135	100	116	35	32	14	32			103									103						
+291.990	5.3	12.1																															
			8.1	7.3	28.01	226	68	158	203	58	68	145	133	68	133		25							25									
+320.000	10.9	2.4																															
			14.8	1.7	10.81	160	48	112	19	19	22			22		26	112				26			112									
+330.810	18.7	1.1																															
			19.9	0.7	291.9	581	174	407	21	21	25			25		150	407				150			407									
+360.000	21.2	0.4																															
			17.2	1.4	30.81	529	159	370	44	44	51			51		108	370				108			370									
+390.810	13.2	2.5																															
			8.5	5.2	49.19	418	125	292	254	108	125	146	135	125	135		158							158									
+440.000	3.8	7.9																															
			3.7	8.3	40.00	147	44	103	331	219	255	112	103	44	103			211									211						
+480.000	3.5	8.7																															
			5.6	13.6	37.20	207	62	145	506	349	405	157	145	62	145			342									342						
+517.200	7.6	18.5																															
			7.6	18.7	2.80	21	6	15	52	36	42	16	15	6	15			35									35						
+520.000	7.7	18.9																															
			7.5	17.2	3.23	24	7	17	55	37	43	18	17	7	17			36									36						
+523.230	7.3	15.5																															
			5.2	13.1	16.77	88	26	61	219	152	177	67	61	26	61			150									150						
+540.000	3.2	10.7																															
			3.2	10.7	13.37	42	13	30	143	110	128	32	30	13	30			115									115						
+553.370	3.1	10.7																															
			2.3	8.4	26.63	61	18	42	224	177	206	46	42	18	42			188									188						
+580.000	1.4	6.1																															
			3.5	3.7	20.00	71	21	50	74	21	24	54	50	21	50			3									3						
+600.000	5.7	1.3																															
			6.4	1.2	11.00	71	21	50	13	13	15			15		6	50				6			50									
+611.000	7.2	1.1																															
本页小计					609.00	4276	1283	2993	48390	46580	54033	1810	1666	925	1 666	358	1327	53108			358			1 327			53 108						

④填方如需路外借土时，应根据借方数量，结合附近的地形、地质，综合考虑借土还田、整地造田进行调配；

⑤调配土石方时应考虑桥涵位置，一般不作跨沟调运；并考虑地形情况，一般也不宜往上坡方向调运；

⑥不同性质的土石方应分别调配，以做到分层填筑；

⑦土石方工程集中的路段，可单独进行调配；

⑧土石方调配一般在1km内进行，必要时也可超1km调配，但需将调配的方向及数量分别注明，以免混淆。

复习思考题

1. 圆曲线的半径如何确定？

2. 何为回旋线？设置回旋线的作用是什么？设置条件如何？

3. 何为公路超高？什么情况下设置超高？

4. 何为超高缓和段？实现超高缓和过渡的方式有哪些？

5. 何为平曲线的加宽？平曲线加宽值3种类型如何采用？

6. 何为行车视距、停车视距、超车视距？

7. 已知JD桩号为K10 + 655.72，转角为$\alpha = 33°25'20''$(右转)，设计圆曲线半径为$R=200m$，试计算曲线的测设要素。

8. JD_{10}桩号K8+762.45，$R=300m$，$\alpha=20°24'06''$，拟用$l_s=50m$，试计算曲线的测设要素。

9. 道路中线测量中，已知：$\alpha_{右}=38°18'00''$，圆曲线半径$R=300m$，回旋线长$L_s=75m$，交点里程桩号为K19+526.75，计算曲线的测设要素。

10. 何为路线纵断面？

11. 何为公路纵断面设计线、设计高程、设计纵坡、坡长？

12. 何为公路施工高度？

13. 公路对桥上及桥头路线的纵坡有何规定？

14. 何为最大纵坡、最小纵坡、缓和坡段？

15. 公路为什么限制最大坡长？

16. 何为平均纵坡、合成坡度？

17. 想想纵断面设计的方法。

18. 想想纵断面设计包括的内容。

19. 某二级公路，设计竖曲线的半径$R=10\ 000m$，相邻坡段的坡度$i_1=3.4\%$，$i_2=1.5\%$，变坡点的里程桩号K6+180，变坡点高程398.69m，试计算竖曲线要素。

20. 某山岭区公路，转坡点桩号K6+770，其高程为396.67 m，相邻坡段的坡度$i_1=3.4\%$，$i_2=1.5\%$，设计竖曲线的半径$R=3\ 000m$，试计算竖曲线要素、起终点桩号及竖曲线上每隔10m桩号的设计高程。

21. 横断面设计图包括的主要内容有哪些？

22. 土石方数量计算表反映的主要内容是什么？

单元三　路 基 工 程

知识点：

1. 对路基的基本要求，路基的分类；
2. 路基地面排水设施和地下排水设施的类型；
3. 路基防护与加固工程的类型。

技能点：

1. 识读路基、路面排水设计图；
2. 识读路基防护、加固设计图。

课题一　路基基本知识

路基是按照路线位置和一定技术要求修筑的带状构造物，是公路与自然地面接触的最基本部分，是路面的基础。路基的主要作用是承受路面结构自重及由路面传递下来的行车荷载，并承受自然因素的作用。路基横断面示意图见图 3-1。

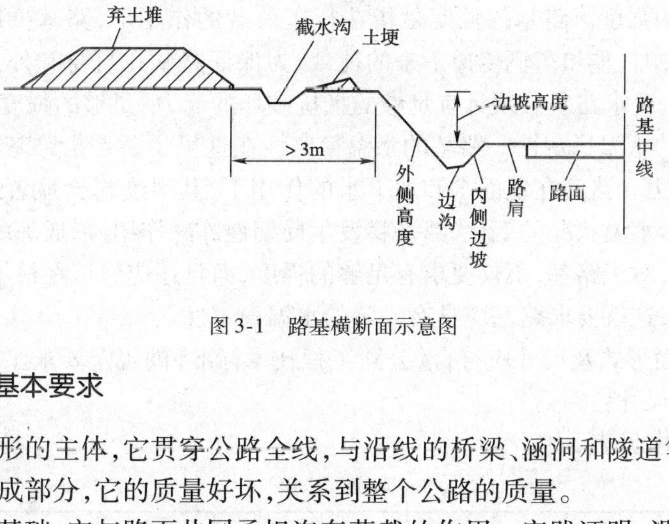

图 3-1　路基横断面示意图

一、对路基的基本要求

路基是公路线形的主体，它贯穿公路全线，与沿线的桥梁、涵洞和隧道等相连接，因此，路基是公路的重要组成部分，它的质量好坏，关系到整个公路的质量。

路基是路面的基础，它与路面共同承担汽车荷载的作用。实践证明，没有坚固、稳定的路基，就没有稳固的路面。路基的强度和稳定性是保证路面强度和稳定性的先决条件，提高路基的强度和稳定性，可以适当减薄路面的结构层厚度，从而使造价降低。

路基在一条公路建设项目中，不仅工程数量和投资巨大，而且是占用土地最多、使用劳动力数量最大、牵涉面最广的工程。特别是工程量集中、地质与水文地质条件复杂的地段，遇到的技术问题更多、更难，常常成为公路建设的关键。路基应满足下列基本要求：

(1)具有足够的整体稳定性。路基是直接在地面上填筑或挖去一部分地面建成的。路基修建后，改变了原地面的天然平衡状态。在工程地质不良的地区，修建路基可能加剧原地面的不平衡状态，从而导致路基发生各种破坏现象。因此，为防止路基结构在行车荷载及自然因素的作用下，不致发生不允许的变形或破坏，如沉陷（包括堤身下陷和地基下陷）、边坡坍方（包括剥落、滑坍、崩坍）、沿山坡滑动等现象，如图 3-2、图 3-3、图 3-4、图 3-5 所示，要使路基具有足够的整体稳定性。

图 3-2　堤身下陷

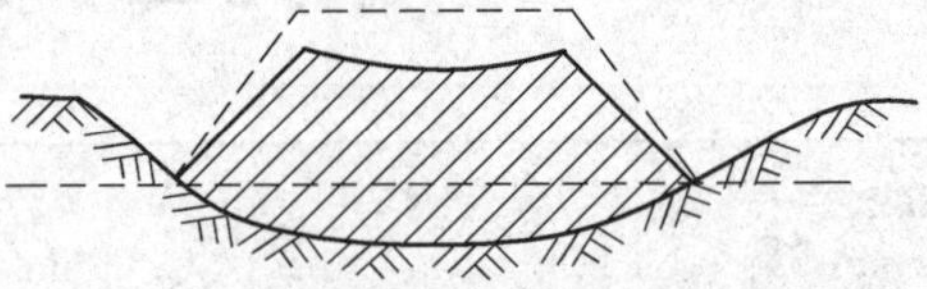

图 3-3　地基下陷

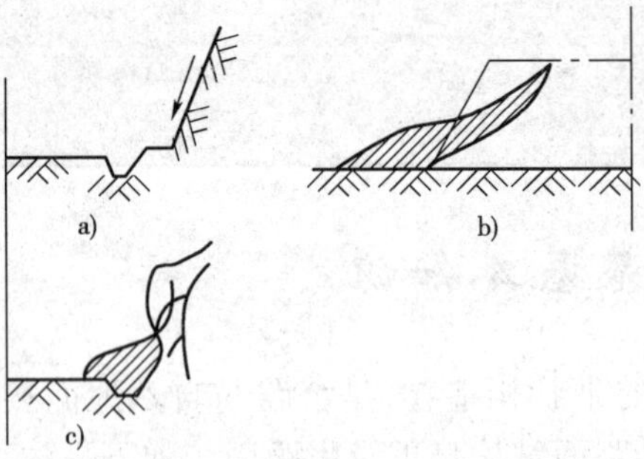

图 3-4　剥落、滑坍、崩坍

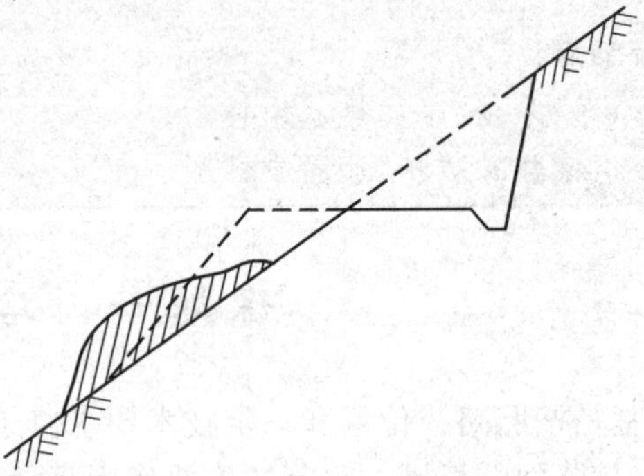

图 3-5　路堤沿山坡滑动

（2）具有足够的强度。路基的强度是指在行车荷载的作用下，路基抵抗破坏的能力。路基直接承受路面结构自重和车辆传递下来的荷载，为保证路基在自身和外力作用下不产生超过容许范围的变形，要求路基必须具有足够的抵抗破坏的能力（足够的强度）。

（3）具有足够的水温稳定性。路基的水温稳定性在这里主要是指路基在水和温度的作用下保持其强度的能力。路基在地面水和地下水的作用下，其强度将会显著地降低。特别是季节性冰冻地区，由于水温状况的变化，路基将发生周期性冻融作用，形成冻胀和翻浆，使路基强度急剧下降。因此，对于路基，不仅要求有足够的强度，而且还应保证在最不利的水温状况下，强度不致显著降低，这就要求路基应具有一定的水温稳定性。

（4）路基横断面形式及尺寸应符合《公路工程技术标准》的规定要求。

①路基横断面尺寸：

a. 车道宽度要求见表 3-1。

车 道 宽 度　　表 3-1

设计速度（km/h）	120	100	80	60	40	30	20
车道宽度（m）	3.75	3.75	3.75	3.50	3.50	3.25	3.00（单车道时为 3.50）

注：高速公路为八车道，当设置左侧硬路肩时，内侧车道宽度可采用 3.50m。

b. 中间带宽度要求见表 3-2。

c. 路肩宽度要求见表 3-3。

d. 各级公路路基宽度要求见表 3-4。

中 间 带 宽 度 表 3-2

设计速度(km/h)		120	100	80	60
中央分隔带宽度(m)	一般值	3.00	2.00	2.00	2.00
	最小值	2.00	2.00	1.00	1.00
左侧路缘带宽度(m)	一般值	0.75	0.75	0.50	0.50
	最小值	0.75	0.50	0.50	0.50
中间带宽度(m)	一般值	4.50	3.50	3.00	3.00
	最小值	3.50	3.00	2.00	2.00

注:"一般值"为正常情况下的采用值;"最小值"为条件受限制时可采用的值。

路 肩 宽 度 表 3-3

设计速度(km/h)		高速、一级公路				二、三、四级公路				
		120	100	80	60	80	60	40	30	20
右侧硬路肩宽度(m)	一般值	3.00 或 3.50	3.00	2.50	2.50	1.50	0.75	—	—	—
	最小值	3.00	2.50	1.50	1.50	0.75	0.25			
土路肩宽度(m)	一般值	0.75	0.75	0.75	0.50	0.75	0.75	0.75	0.50	0.25(双车道) 0.50(单车道)
	最小值	0.75	0.75	0.75	0.50	0.50	0.50			

注:①"一般值"为正常情况下的采用值;"最小值"为条件受限制时可采用的值。

②设计速度为 120km/h 的四车道高速公路采用 3.50m 的右侧硬路肩;六车道、八车道高速公路采用 3.00m 的右侧硬路肩。

各 级 公 路 路 基 宽 度 表 3-4

公路等级		高速公路、一级公路								
设计速度(km/h)		120			100			60		
车道数		8	6	4	8	6	4	6	4	4
路基宽度(m)	一般值	45.00	34.50	28.00	44.00	33.50	26.00	32.00	24.50	23.00
	最小值	42.00	—	26.00	41.00	—	24.50	—	21.50	20.00

公路等级		二级、三级、四级公路					
设计速度(km/h)		80	60	40	30	20	
车道数		2	2	2	2	2 或 1	
路基宽度(m)	一般值	12.00	10.00	8.50	7.50	6.50(双车道)	4.50(单车道)
	最小值	10.00	8.50	—	—	—	

注:①"一般值"为正常情况下的采用值;"最小值"为条件受限制时可采用的值。

②八车道高速公路路基宽度"一般值"为设置左侧硬路肩、内侧车道采用 3.50m 时的宽度;八车道高速公路路基宽度"最小值"为不设置左侧硬路肩、内侧车道采用 3.75m 时的宽度。

②公路路基标准横断面图如图 3-6 所示。

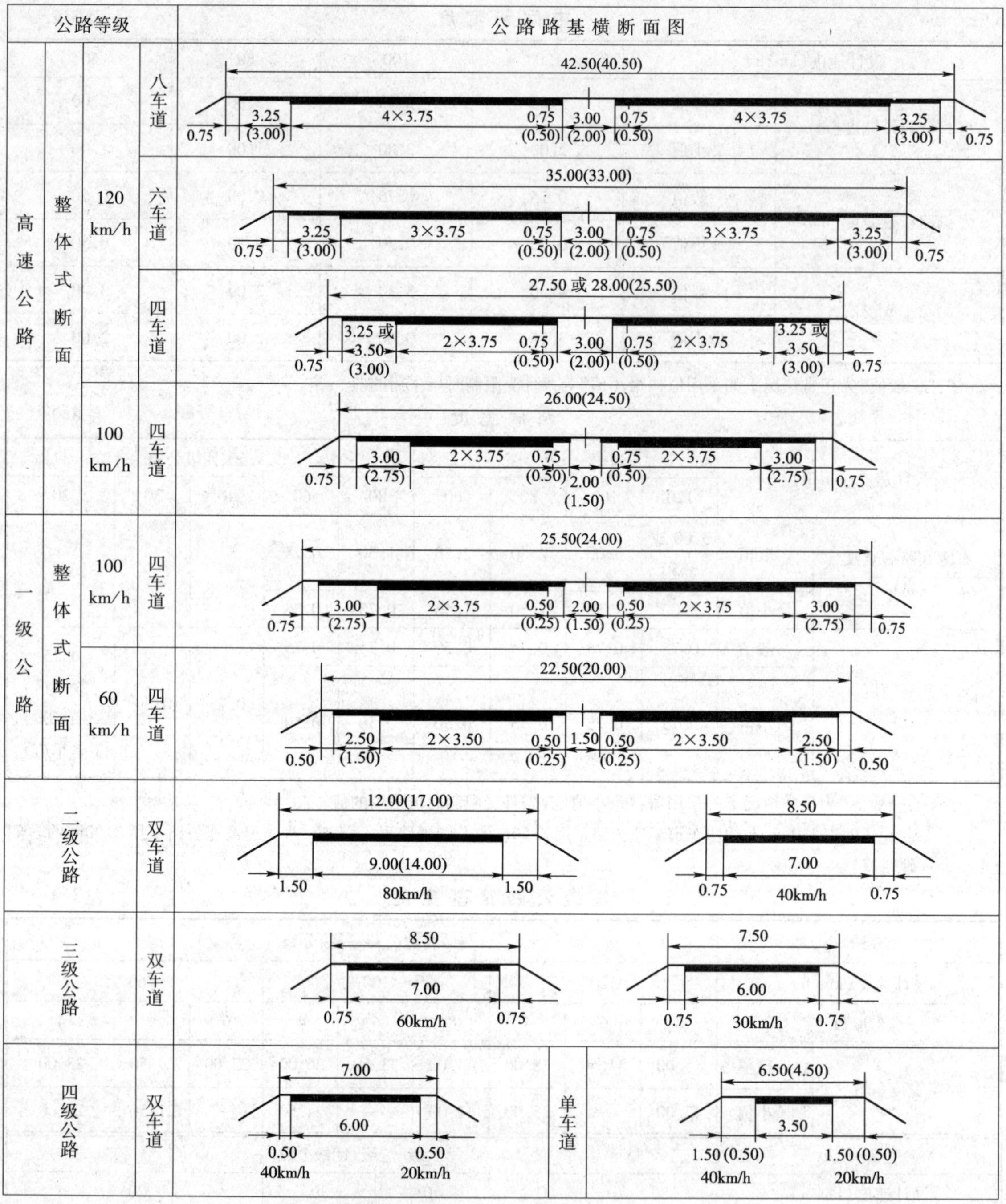

图 3-6 公路路基标准横断面图(尺寸单位:m)

二、路基分类

路基可按路基横断面组成、路基横断面形式、路基填筑材料进行分类。

1. 按路基横断面组成分类

(1)高速公路、一级公路的路基横断面组成可分为整体式横断面和分离式横断面。整体式路基标准横断面由车道、中间带(中央分隔带、左侧路缘带)、路肩(右侧硬路肩、土路肩)等部分;

分离式横断面由车道、路肩(右侧硬路肩、左侧硬路肩、土路肩)等部分组成,如图 3-7 所示。

a)

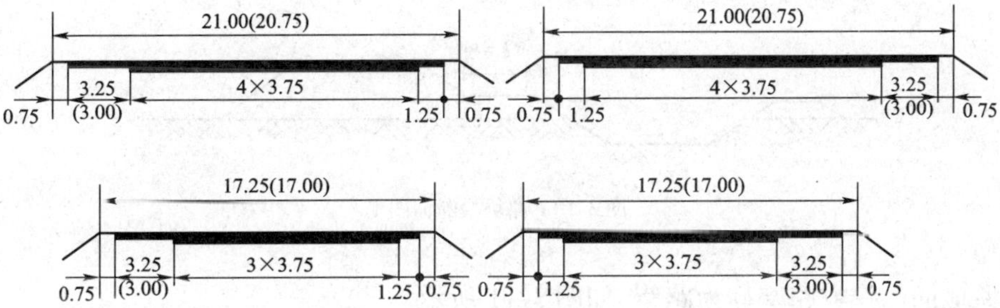

b)

图 3-7 高速公路、一级公路路基标准横断面图

a)整体式横断面; b)分离式横断面

(2)二级公路路基的标准横断面应由车道、路肩(右侧硬路肩、土路肩)等部分组成,如图 3-8 所示。

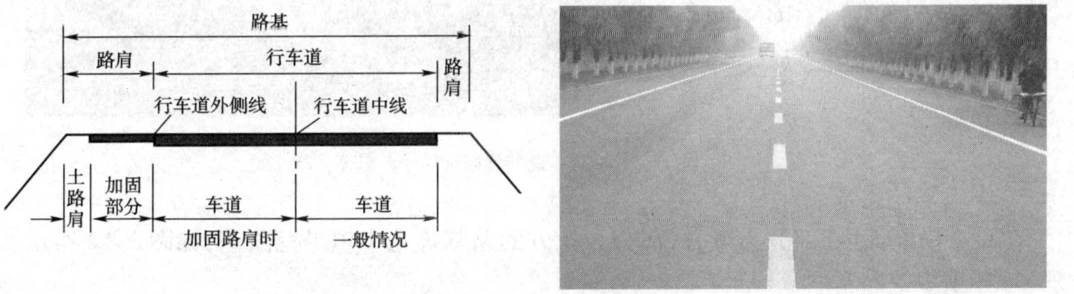

图 3-8 二级公路路基标准横断面图

(3)三级公路、四级公路路基的标准横断面应由车道、路肩等部分组成,如图 3-9 所示。

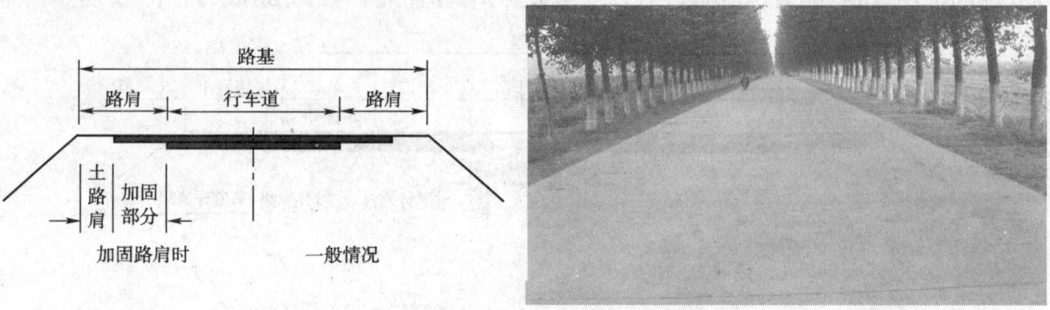

图 3-9　三级公路、四级公路标准横断面图

2. 按路基横断面形式分

路基按横断面形式分可分为路堤、路堑、半填半挖路基、零填零挖路基。

1)路堤

高于原地面的填方路基称为路堤,如图 3-10 所示。

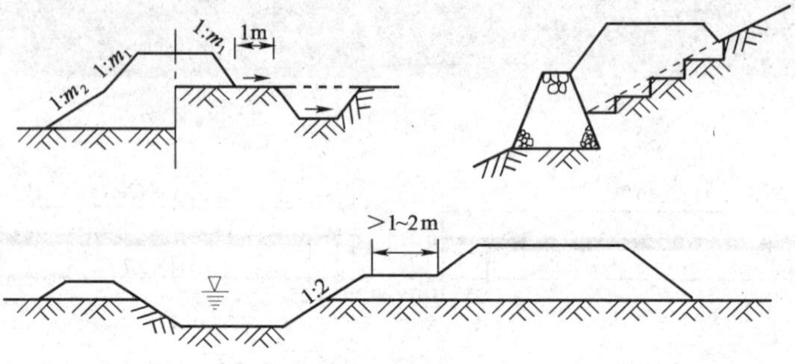

图 3-10　路堤横断面图

2)路堑

低于原地面的挖方路基称为路堑,如图 3-11 所示。

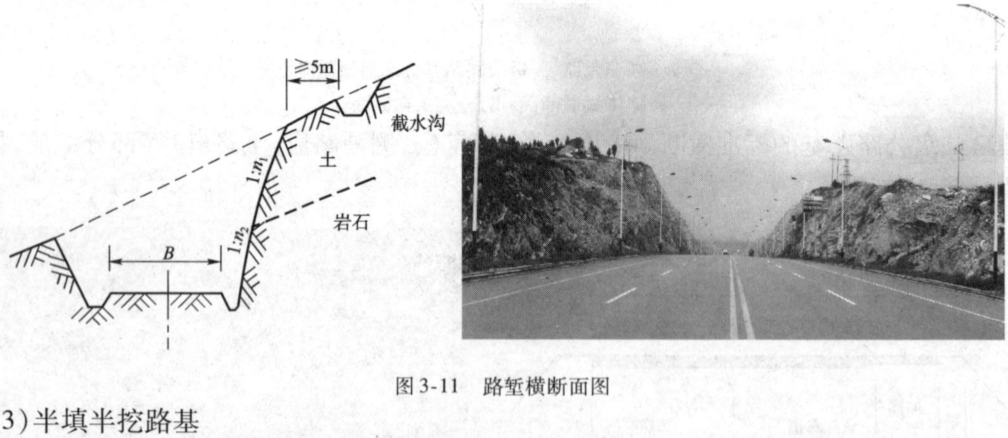

图 3-11　路堑横断面图

3)半填半挖路基

在一个横断面内,部分为填方,部分为挖方的路基称为半填半挖路基,如图 3-12 所示。

4)零填零挖路基

路基高程与原地面基本相同的路基称为零填零挖路基,如图 3-13 所示。

3. 按路基填筑材料分

按路基填筑材料可分为填土路基、填石路基、土石路基。

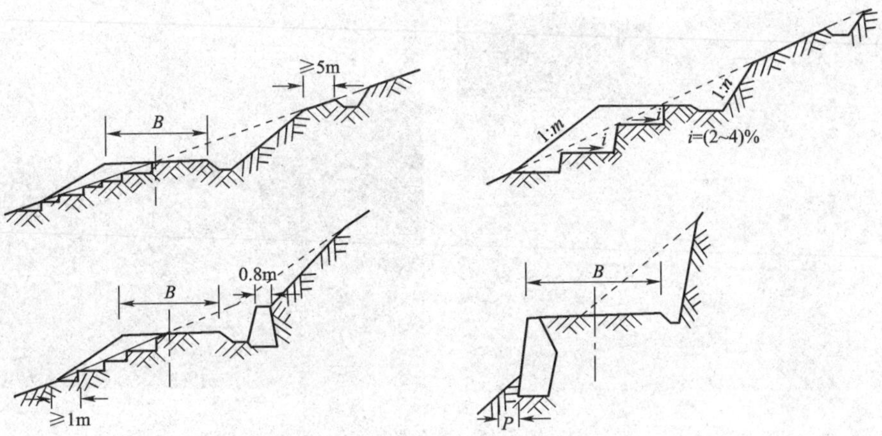

图 3-12　半填半挖路基横断面图

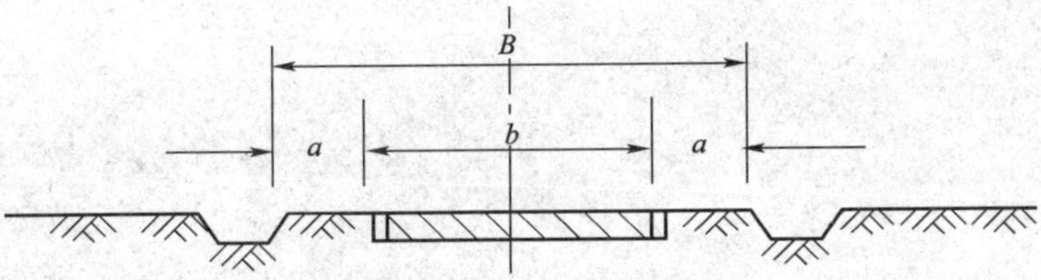

图 3-13　零填零挖路基横断面图

1）填土路基

用土质材料填筑的路基称为填土路基，如图 3-14 所示。

图 3-14　填土路基实例

2）填石路基

用粒径大于 37.5mm，且含量超过总质量 70% 的石料填筑的路堤称为填石路基，如图 3-15 所示。

3）土石路基

用石料含量占总质量 30% ~70% 的土石混合材料填筑的路堤称为土石路堤，如图 3-16 所示。

4. 路基有关尺寸

只有正确理解设计意图，准确地掌握路基有关尺寸，才能合理的组织路基施工，保证路基的施工质量。

1）路基宽度

图 3-15　填石路基实例

图 3-16　土石路基实例

公路的路基宽度为车道宽度与路肩宽度之和，当设有中间带、加(减)速车道、爬坡车道、紧急停车带、错车道等时，应计入这些部分的宽度，如图 3-17 所示。

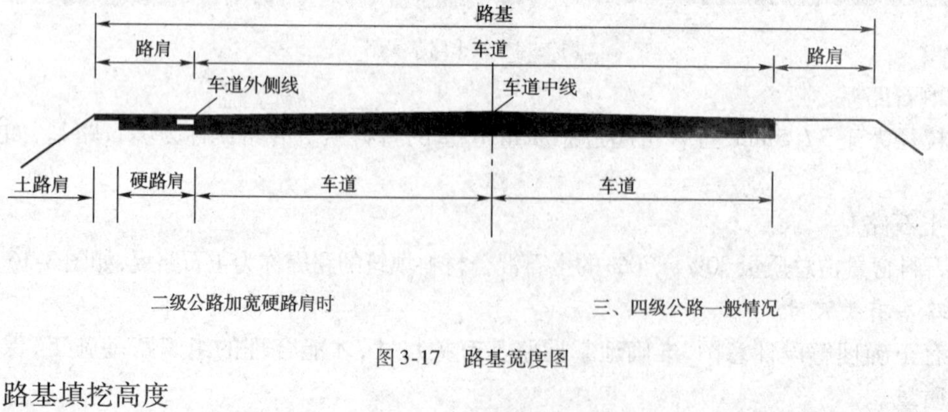

图 3-17　路基宽度图

2)路基填挖高度

路基填挖高度，也称为路基的施工高度，是指路基设计高程与路中线原地面高程之差，

“+”为填，“-”为挖。

新建公路设计高程：高速公路和一级公路采用中央分隔带的外侧边缘高程；二级公路、三级公路、四级公路宜采用路基边缘（路肩边缘）的高程；设置超高、加宽路段为设超高、加宽前该处边缘高程。城市道路和改建公路的路基设计高程：宜按新建公路的规定执行，也可视具体情况采用分隔带中心线或行车道中心线的高程。路基设计高程见图3-18。

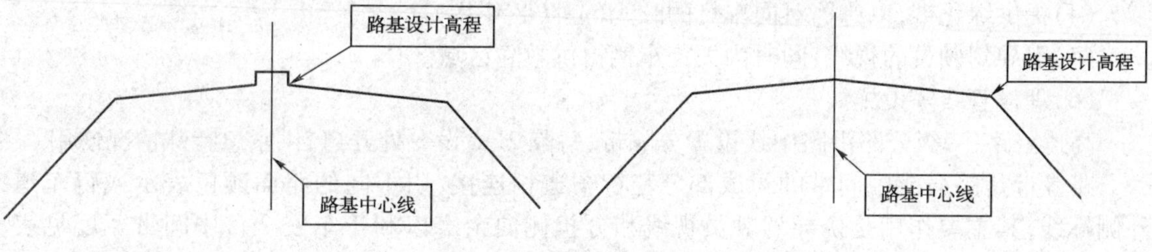

图3-18　路基设计高程

3）路基边坡

路肩外边缘与坡脚（路堑则为边沟外侧沟底与坡顶）所构成的坡面，见图3-19。边坡坡度以边坡高度 H 与边坡宽度 B 的比值来表示。

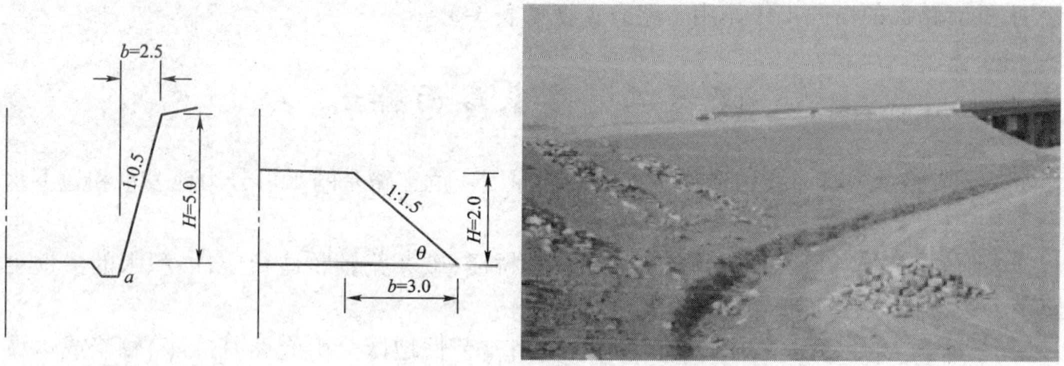

图3-19　路基边坡示意（尺寸单位：m）

4）路基的结构层

路面结构层底面以下0.8m范围内的路基部分称为路床，如图3-20所示。

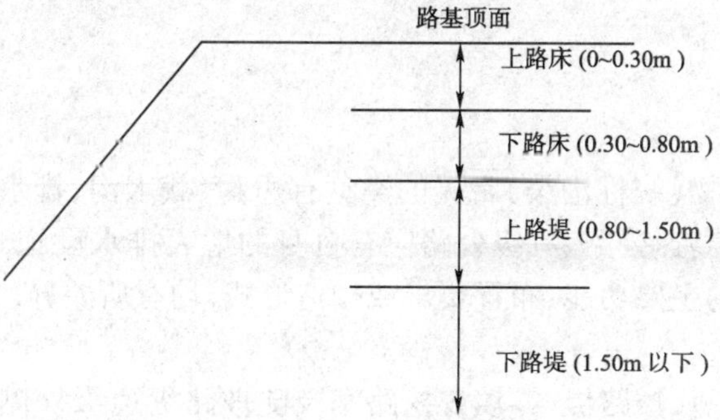

图3-20　路基结构层

路床{上路床：路基顶面以下0～0.30m；
下路床：路基顶面以下0.30～0.80m。

路堤{上路堤：路基顶面以下0.80～1.50m；
下路堤：路基顶面以下1.50m以下。

5)中间带

中间带是由中央分隔带及路线双向的两条左侧路缘带组成。中间带具有以下的功能：

(1)分离不同方向交通流,减少车辆的对向干扰,以防止无序的交叉运行和转弯运行。

(2)在不防碍公路限界的前提下,作为设置公路标牌的场地。

(3)在交叉路口为左转车辆提供避让区域。

(4)提供绿化带,以遮挡对向车灯的眩光(起防眩作用)。

(5)引导驾驶员的视线,同时为失控车辆提供救险区域。

(6)埋设管线等设施。

高速公路、一级公路沿路中线设置分隔带,每隔2km设一处开口,供紧急特殊情况使用。

路缘带是路肩或中间带的组成部分与行车道相连接,用不同的路面颜色表示或行车道外侧标线,其主要作用是诱导驾驶员视线和分担侧向余宽以利行车安全。中间带宽度见表3-2。

6)路肩

路肩是位于行车道外缘至路基边缘之间,具有一定宽度的带状结构部分。高速公路、一级公路设硬路肩和土路肩;二、三、四级公路一般只设土路肩。路肩具有保持行车功能和临时停车使用,并有路面的横向支撑作用。路肩宽度见表3-3。

课题二　路基路面排水

水是造成路基及其沿线构造物病害的主要原因。危害路基的水可分为地表水和地下水两大类。

地表水的主要危害是冲刷路肩、边坡、路基、桥涵,破坏路基整体稳定性;积水的渗透可以使路基上层湿软乃至沉陷,导致路基强度降低。

地下水的主要危害是使路基湿软,强度降低;季节性地区会引起路基冻胀、翻浆或边坡坍塌,使整个路基沿倾斜基底滑动。

路基排水系统是指为保证路基稳定而采取的汇集、排除地表水或地下水的措施。其目的在于确保路基始终处于干燥、坚实和稳定状态。其任务就是将路基范围内的土基湿度降低到一定的范围。

一、地表排水设施

路基地表排水结构物(统称沟渠)常见的类型有边沟、截水沟、排水沟、跌水、急流槽、拦水带、蒸发池、倒虹吸等。高速公路、一级公路应有自身的地表排水设施。各种沟渠分别设置在路基的不同部位,各自的主要功能、布置要求或构造形式,均有所差异。

1. 边沟

边沟一般设置在路堑、矮路堤、零填零挖路基及陡坡路堤边缘外侧或坡脚外侧,主要用来汇集和排除路基范围之内和流向路基的少量地表水,多与路中线平行。

1)边沟的横断面形式

边沟的横断面形状主要有梯形、矩形、三角形和流线型,如图3-21、图3-22所示。

2)边沟的有关规定

(1)边沟断面形式及尺寸根据设计而确定。

(2)边沟沟底纵坡宜与路线纵坡一致，并不宜小于0.3%；沟底纵坡应衔接平顺，当纵坡大于3%时应采取加固措施。

(3)路堑边沟的水流，不应流经隧道排出。

(4)边沟有可能产生冲刷时，应进行防护。

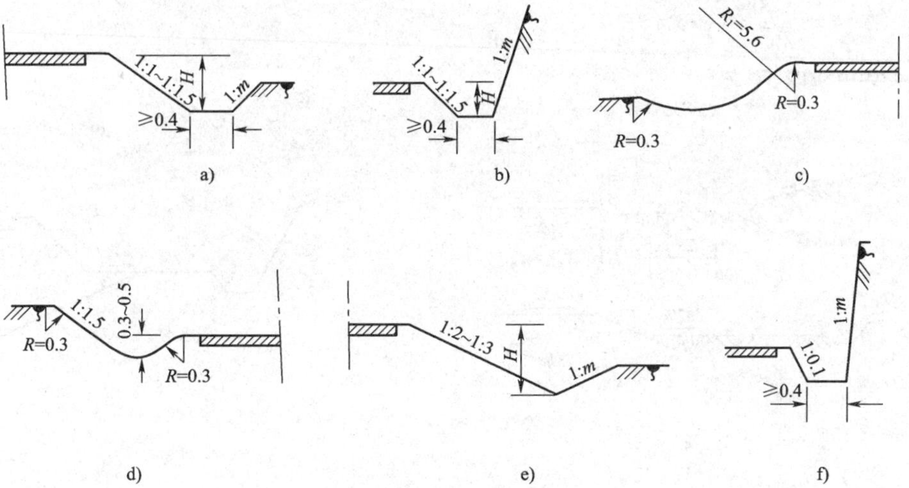

图3-21　边沟横断面形式

a)、b)梯形；c)、d)流线型；e)三角形；f)矩形

图3-22　边沟实例图

a)流线型边沟；b)梯形边沟；c)、d)矩形边沟

2. 截水沟

设置在挖方路基上侧边坡坡顶以外，主要是汇集、拦截、排除山坡上方流向路基的地表水。截水沟的方向尽量与地表水流的方向垂直，如图3-23、图3-24所示。

截水沟的有关规定：

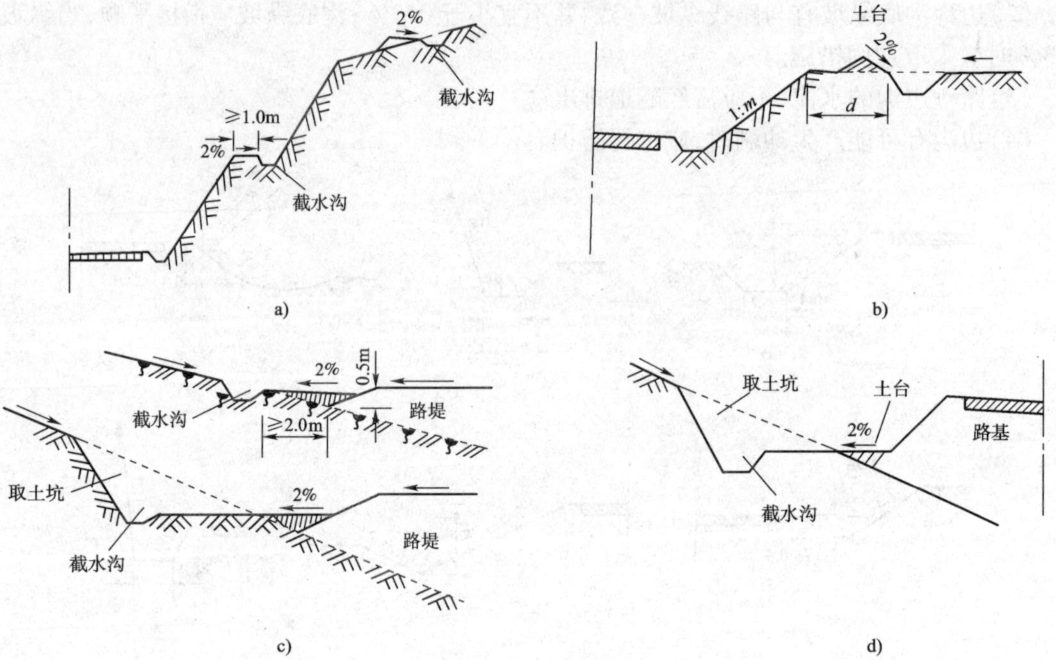

图 3-23　截水沟

a)、b)路堑截水沟；c)山坡截水沟；d)设有取土坑的截水沟

图 3-24　截水沟实例

(1)挖方路基的堑顶截水沟应设置在坡口 5m 以外，并结合地形布设。截水沟方向应与水流方向垂直。

(2)截水沟的横断面形式可采用矩形、梯形断面。沟底纵坡不宜小于 0.3%。

(3)截水沟的水应排至路界之外，不宜引入路堑边沟。

(4)截水沟应先施工，并与其他排水设施应衔接平顺。

(5)截水沟沟底、沟壁、出水口都应进行加固处理，防止水流渗漏和冲刷。

3. 排水沟

排水沟的作用是将边沟、截水沟、取土坑所汇集的水流或路基附近的积水，引至桥涵或路基范围以外的天然河流、低洼地。高速公路排水沟如图 3-25 所示。

排水沟的有关规定：

(1)需将边沟、截水沟、取(弃)土场和路基附近低洼处汇集的水引向路基以外时，应设置排水沟。

图 3-25　高速公路排水沟施工

a)放样;b)挖沟;c)铺底;d)砌筑侧墙;e)砌筑侧墙;f)成型排水沟

(2)排水沟的横断面,一般采用梯形,底宽、沟深均不宜小于 0.5m;排水沟的边坡坡度为 1:1 ~1:1.5。

(3)排水沟的线形应平顺,沟底纵坡不宜小于 0.3%,与其他排水设施的连接应顺畅;易受水流冲刷的排水沟应视实际情况采取防护、加固措施。

(4)排水沟的出水口,应设置跌水和急流槽将水引出路基或引入排水系统。

4. 跌水和急流槽

跌水主要是在较短的距离内,降低水流速度、消减水流能量,避免出水口下游的桥涵结构物、自然水道或农田受到冲刷。跌水由进水口、消力池(台阶)和出水口三部分组成,如图 3-26 所示。

在陡坡或深沟地段设置的坡度较陡,排水落差很大,水流不离开槽底的沟槽称为急流槽。它由进口、槽身、出水口三部分组成,主要是将上下游水位落差较大的水流引至桥涵进口或路基下方,如图 3-26、图 3-27 所示。

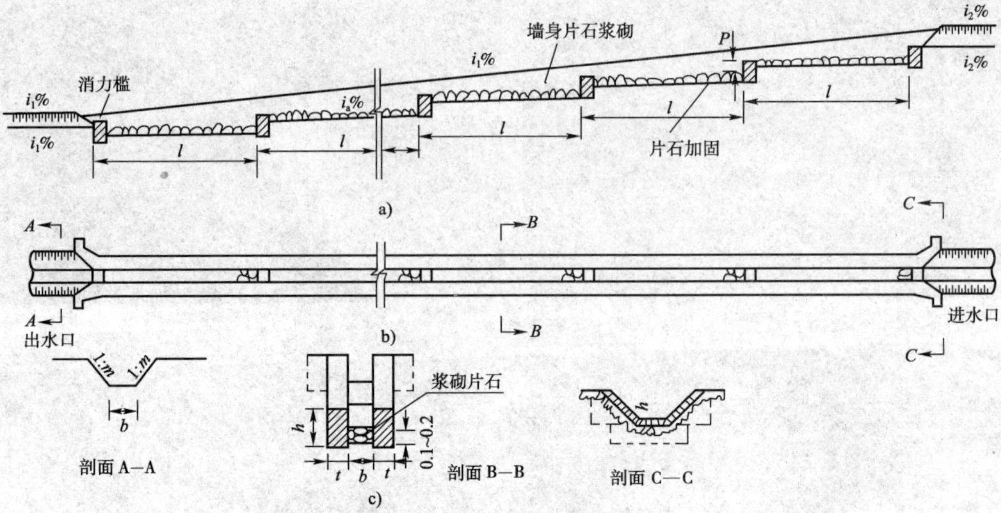

图 3-26　跌水

a)纵断面图;b)平面;c)剖面 A—A、B—B、C—C

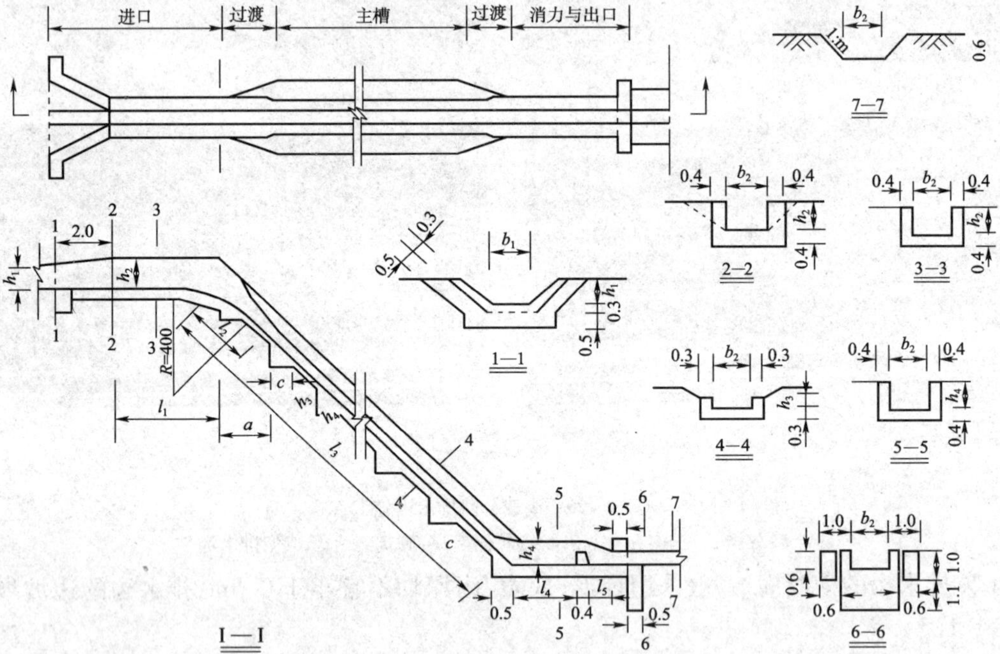

图 3-27　急流槽构造示意图(尺寸单位:m)

跌水和急流槽有关规定:

(1)水流通过坡度大于 10%、水头高差大于 1.0m 的陡坡或特殊陡坎地段时,宜设置跌水或急流槽。

(2)跌水和急流槽的纵坡与地形相适应,台阶高度应小于 600mm。

(3)为防止基底滑动,急流槽底可设置防滑平台,或设置凸榫嵌入基底中。

(4)片石砌缝应不大于 40mm,砂浆饱满,槽底表面粗糙。

(5)急流槽分节长度宜为 5 ~ 10m,接头处应用防水材料填缝。混凝土预制块急流槽分节长度宜为2.5～5.0m,接头采用榫接。急流槽实例图见图3-28。

图3-28　急流槽实例图

二、地下排水设施

地下排水设施常用的有:暗沟(管)、渗沟(井)、检查(疏通)井等。

1.暗沟(管)

暗沟(管)是设置在地面以下,用于排除泉水或地下集中水流,并排到路基范围以外的设施。它是引导水流的沟渠,本身不起渗水、汇水作用,如图3-29所示。

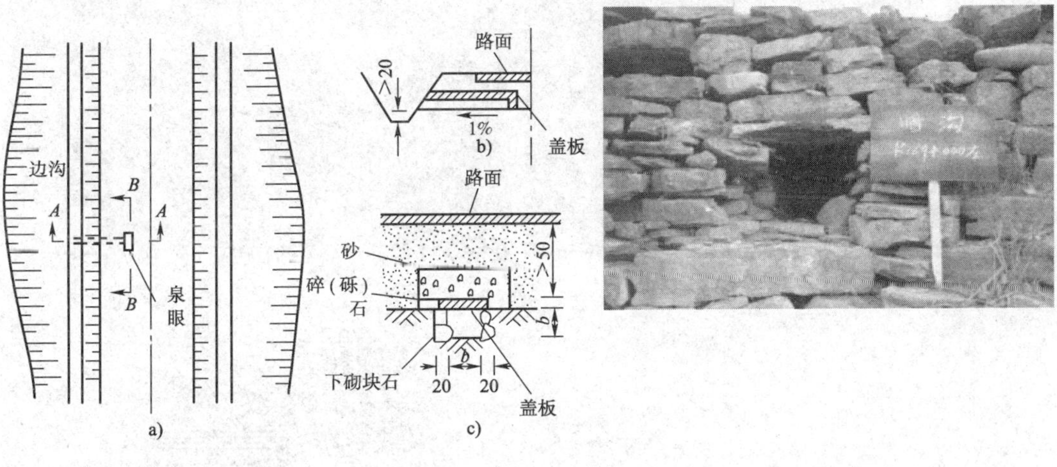

图3-29　暗沟(尺寸单位:m)

暗沟(管)的有关规定:

(1)沟底必须埋入不透水层内,沟壁最低一排渗水孔应高出沟底至少200mm。

(2)沟底纵坡应大于0.5%,出水口处应加大纵坡,并高出地面排水沟常水位200mm。寒冷地区出水口做好防冻保温处理。

(3)暗沟采用混凝土预制块或浆砌片石砌筑时,在沟壁与含水层接触面以上高度,应设置一排或多排向沟中倾斜的渗水孔。沟壁外侧应填筑粗粒透水性材料或土工合成材料形成反滤层,沿沟槽底每隔10～15m或软硬岩层分界处应设置沉降缝或伸缩缝。

(4)暗沟顶面必须设置混凝土盖板或石料盖板,板顶上填土厚度应大于500mm。

2.渗沟(井)

渗沟、渗水隧洞及渗井用于降低地下水位或拦截地下水。当地下水埋藏较浅或无固定含水层时,宜采用渗沟;当地下水埋藏较深或有固定含水层时,宜采用渗水隧洞、渗井。

常用的渗沟形式有填石渗沟、管式渗沟、洞式渗沟。各类渗沟均应设置排水层、反滤层、封闭层,如图 3-30、图 3-31、图 3-32、图 3-33、图 3-34 所示。

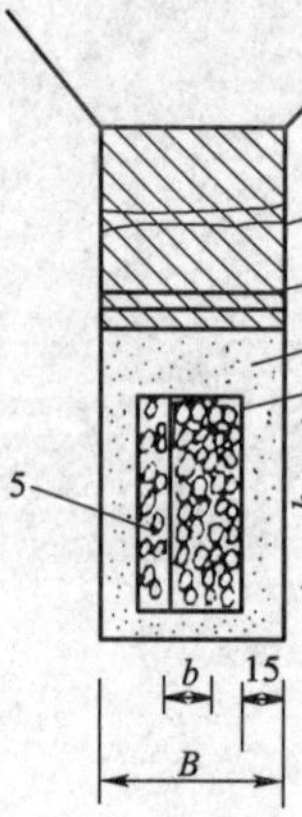

图 3-30 填石渗沟

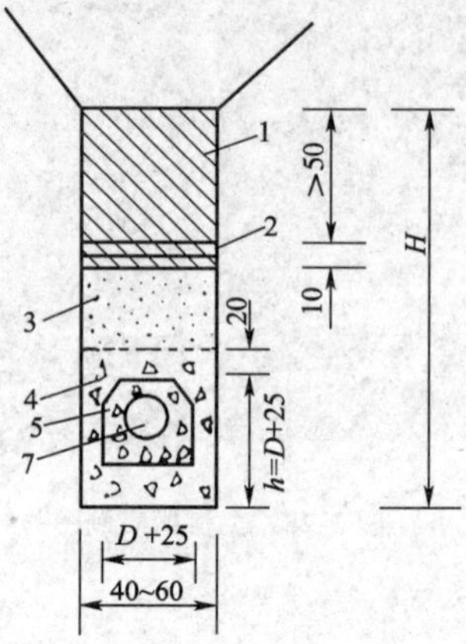

图 3-31 管式渗沟

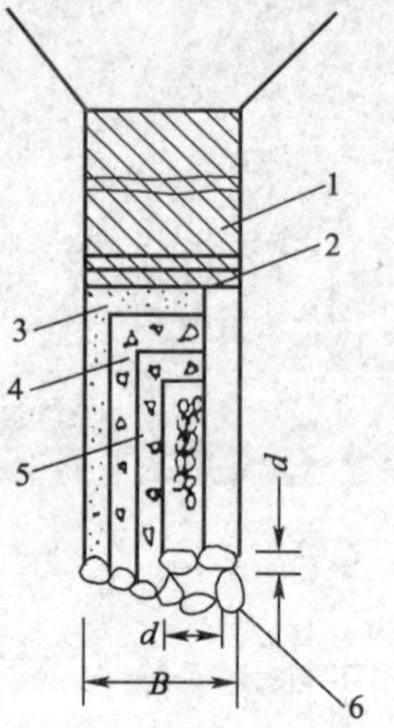

图 3-32 洞式渗沟

1-黏土夯实;2-双层反铺草皮;3-粗砂;4-石屑;5-碎石;6-带孔塑料管或混凝土预制管

a)

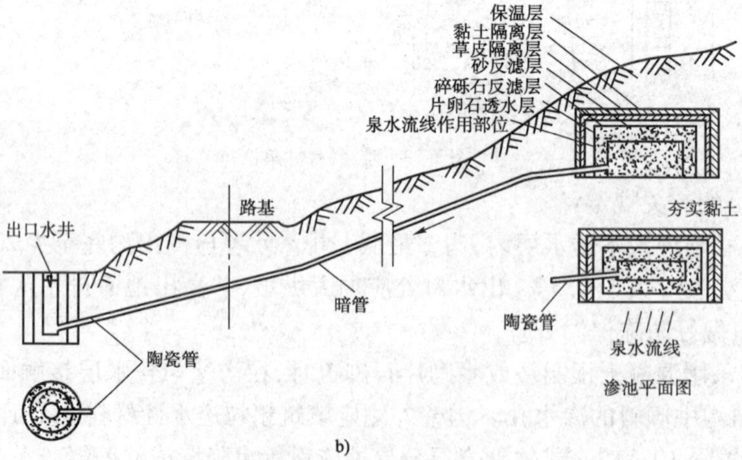

b)

图 3-33 渗沟实例图

a)渗沟(盲沟);b)渗池、暗管中线纵断面图

渗沟(井)的有关规定

(1)填石渗沟的有关规定:

①石料应洁净、坚硬、不易风化。砂宜采用中砂,含泥量应小于2%,严禁用粉砂、细砂。

②渗水材料的顶面不得低于原地下水位。当用于排出层间水时,渗沟底部应埋置于最下面的不透水层。在冰冻地区,渗沟埋置深度不得小于当地最小冻结深度。

③填石渗沟纵坡不宜小于1%,出水口底面高程应高出渗沟外最高水位200mm。

(2)管式渗沟的有关规定:

①管式渗沟的长度大于100m时,应在其末端设置疏水井,并设横向泄水管,分段排除地下水。

②泄水孔应在管壁上交错布置,间距不宜大于200mm。渗沟顶高程应高于地下水位。管节宜用承插式柔性接头连接。

(3)洞式渗沟的有关规定:

①洞式渗沟填料顶面宜高于地下水位。

②洞式渗沟顶部必须设置封闭层,厚度应大于500mm。

(4)渗井的有关规定:

渗井属于立式地下排水设备,当地下存在多层含水层,其中影响路基的上部含水层较薄,排水量不大,且平式渗沟难以布置,采用立式(竖向)排水,设置渗井,穿过不透水层,将路基范围内的上层地下水,引入更深的含水层中去,以降低上层的地下水位或全部予以排除,如图3-34所示。

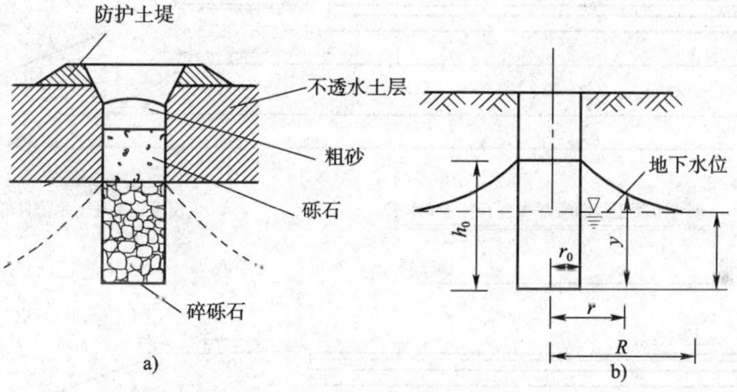

图3-34 渗井

①填充料含泥量应小于5%,按单一粒径分层填筑,不得将粗细材料混杂填塞,下层透水层范围内宜填碎石或卵石,上层不透水范围内宜填砂或砾石。井壁与填充料之间应设置反滤层。

②渗井开挖应根据土质选用合理的支撑形式,并应随挖随支撑,及时回填。

③反滤层可采用颗粒大小均匀的碎、砾石,分层填筑,也可采用土工布。

④渗沟基底应埋入不透水层,沟壁的一侧应设反滤层汇集水流,另一侧用黏土夯实或浆砌片石拦截水流。如渗沟沟底不能埋入不透水层时,两侧沟壁均应设置反滤层。

⑤渗沟顶部应设置封闭层,封闭层宜采用浆砌片石勾缝,寒冷地区应设置保温层,保温层采用炉渣、砂砾、碎石、草皮等。

3.检查(疏通)井

深而长的暗沟(管)、渗沟及渗水隧洞,在直线段每隔一定距离及平面转弯、纵坡变坡点等处,宜设置检查(疏通)井。

检查井内应设置检查梯,井口设置井盖,兼起渗井作用的检查井井壁应设置反滤层。

井基混凝土强度达到5MPa后方可砌筑井体。蹬步梯安装牢固,井框、井盖平稳,进口周围无积水。

三、路面排水

路面表面排水的主要任务是迅速把降落在路面和路肩表面的降水排走，以免造成路面积水而影响行车安全。路面排水系统主要由路面表面排水、路肩排水、中央分隔带排水、路面结构内排水等组成。其中，路面结构内排水又由边缘排水系统和排水基层排水系统组成。

1. 路面表面排水

路面表面排水设施主要由路面横坡、拦水带（或矩形边沟）、泄水口和急流槽组成，其主要作用是迅速排除降落在路面和路肩表面的大气降水，以减少表面水下渗并防止路表积水影响行车安全。

路面横坡一般采用1% ~2%的单向坡。

1）漫流排水（分散排水）

在路线纵坡平缓、汇水量不大、路堤不高（即坡面水流路径较短，流速不高）且坡面有较强的耐冲刷能力（坡面已采取了防护措施）的情况下，应优先采用横向漫流分散排放的排水方式，如图3-35、图3-36所示。

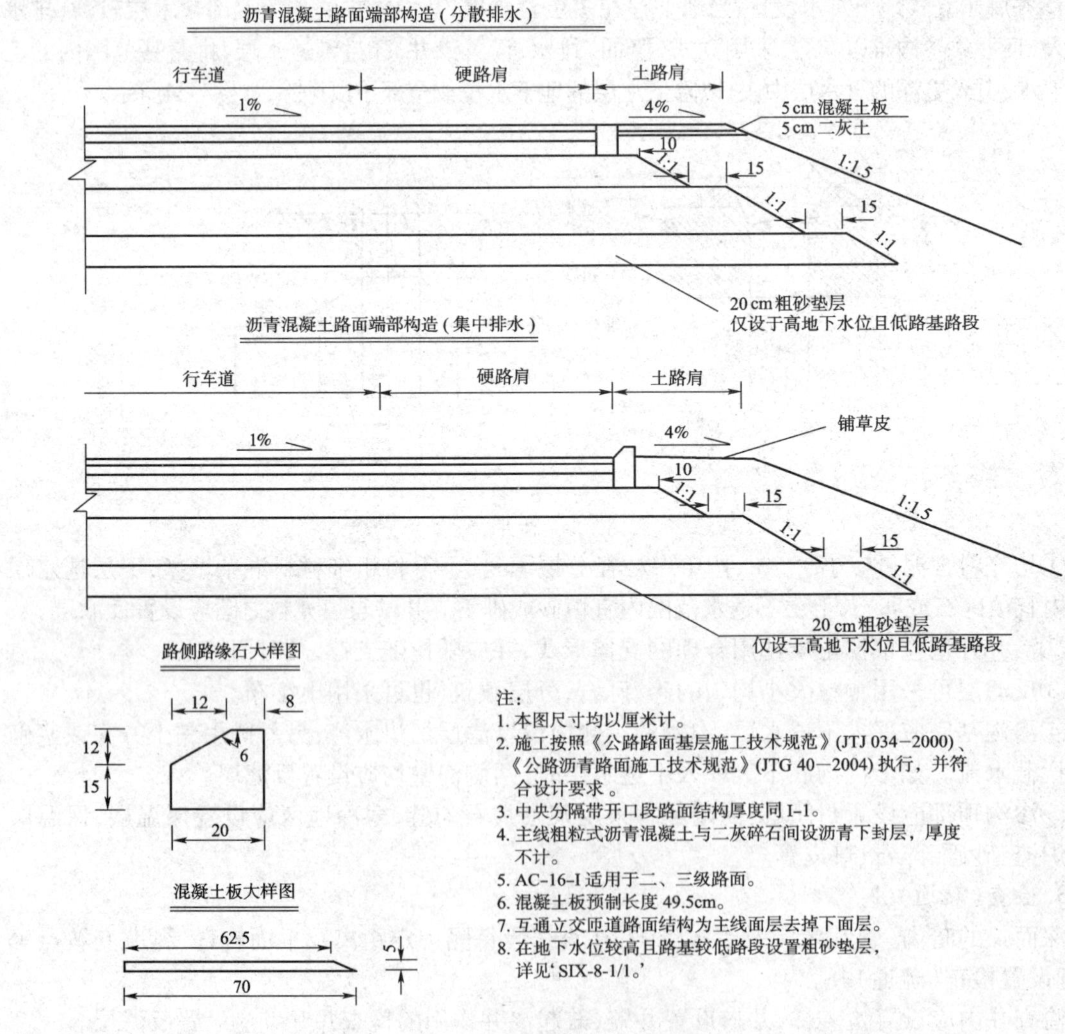

图3-35　分散、集中排水工程实例图

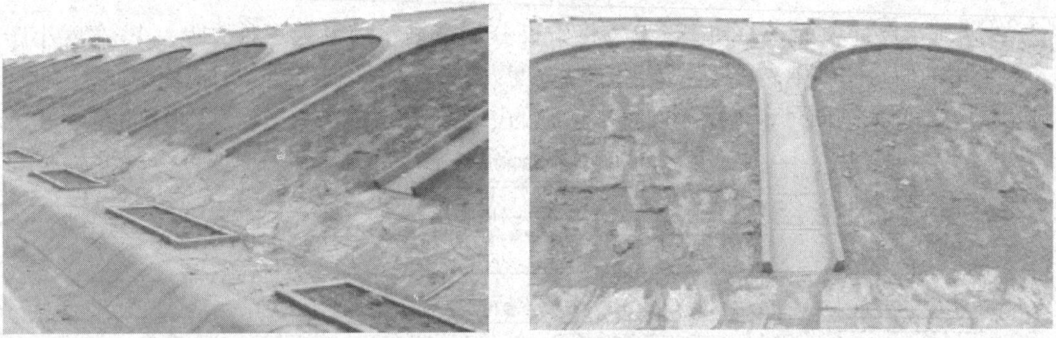

图 3-36　分散、集中排水相结合实例

2)集中排水

在表面水有可能冲刷路堤边坡坡面的情况下,应采用将路表水汇集于拦水带内,通过泄水口和急流槽集中排放的方式见图 3-35 和图 3-36。泄水口的间距应根据计算确定,一般为 20 ~ 50m;泄水口长度一般宜为 2 ~ 4m。边坡急流槽排水,如图 3-37 所示。

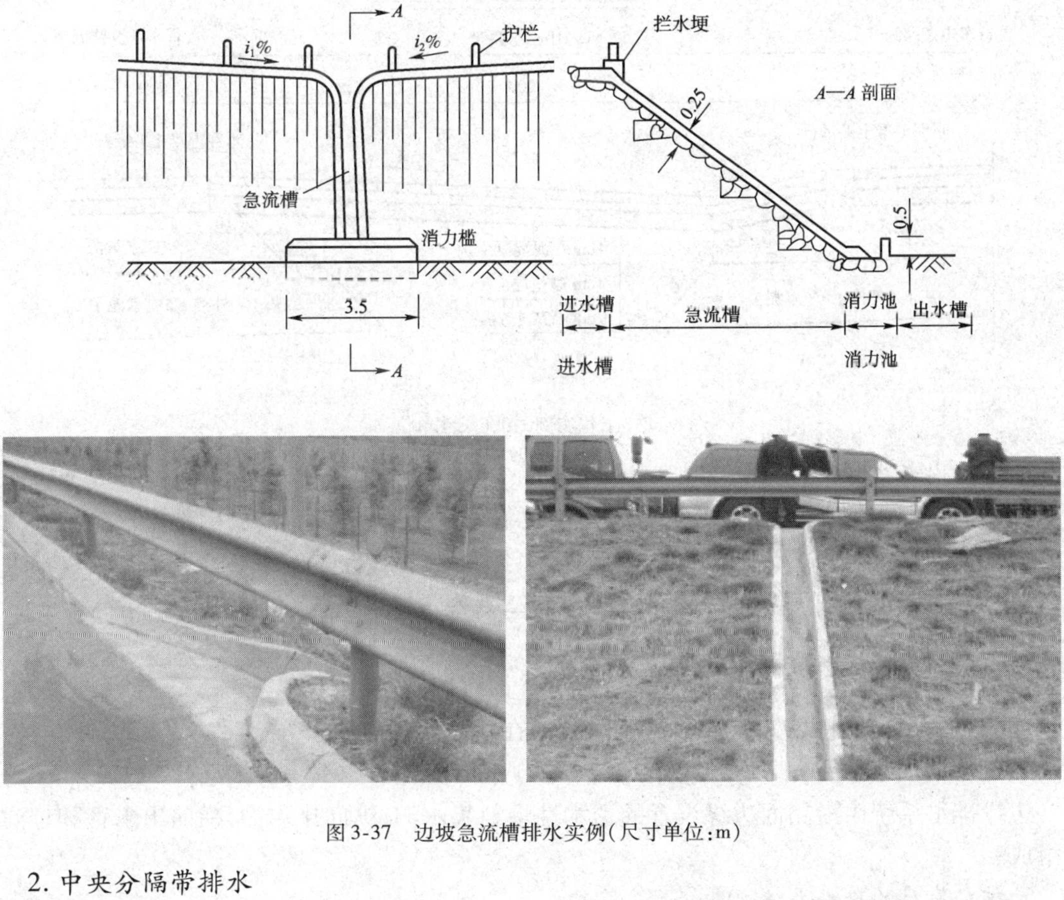

图 3-37　边坡急流槽排水实例(尺寸单位:m)

2. 中央分隔带排水

中央分隔带排水是高速公路及一级公路地表排水的主要方式。中央分隔带排水设施由排水沟(明沟、暗沟)、渗沟、雨水井、集水井、横沟排水管等组成。设置中央分隔带排水设施时,应根据分隔带宽度、绿化和交通安全设施形式和分隔带表面处理方式等,选择不同的排水方式。

《公路排水设计规范》(JTJ 018—97)将中央分隔带排水划分为三种类型:(1)宽度小于3m且表面采用铺面封闭的中央分隔带排水;(2)宽度大于3m的且表面未采用铺面封闭的中央分隔带排水;(3)表面无铺面且未采用表面排水措施的中央分隔带排水。工程实例图如图3-38所示。

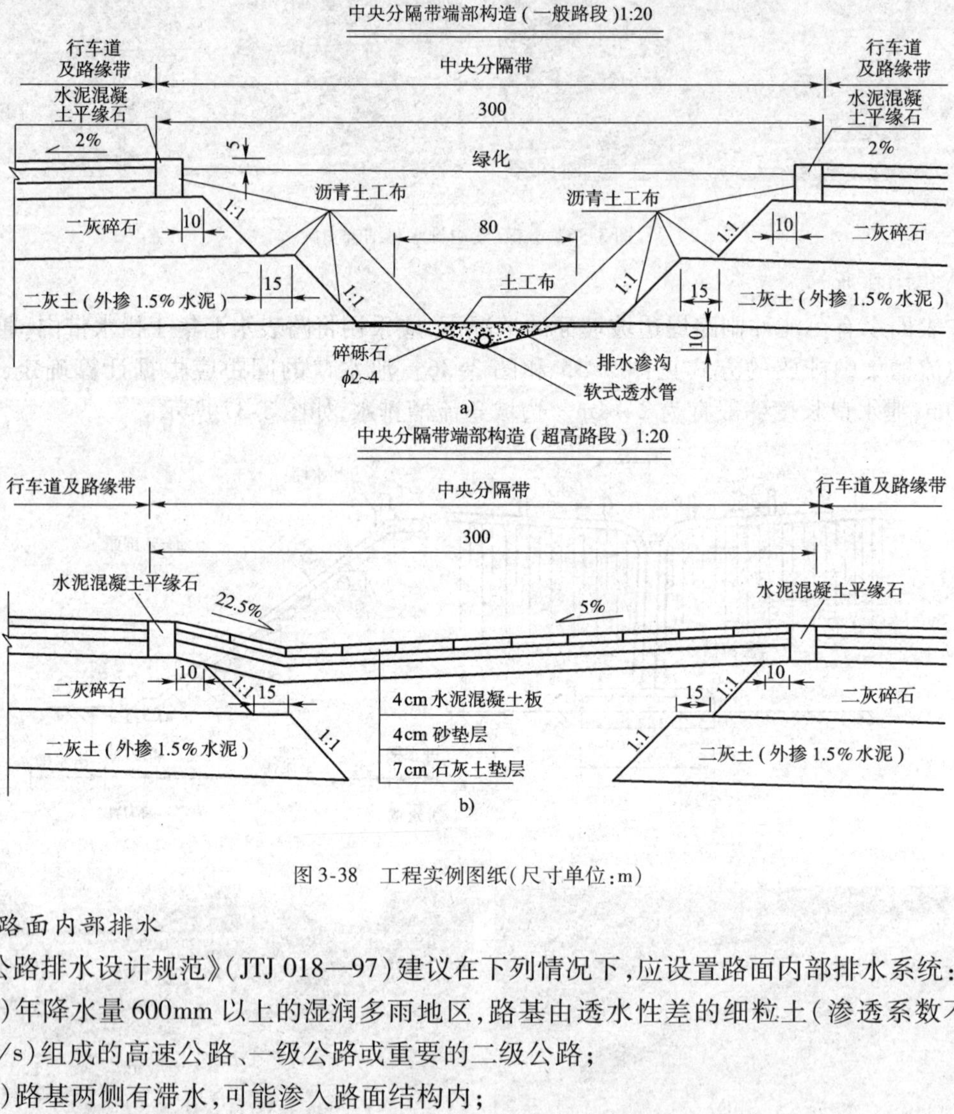

图3-38　工程实例图纸(尺寸单位:m)

3.路面内部排水

《公路排水设计规范》(JTJ 018—97)建议在下列情况下,应设置路面内部排水系统:

(1)年降水量600mm以上的湿润多雨地区,路基由透水性差的细粒土(渗透系数不大于10^{-5}cm/s)组成的高速公路、一级公路或重要的二级公路;

(2)路基两侧有滞水,可能渗入路面结构内;

(3)严重冰冻地区,路基由粉性土组成的潮湿、过湿路段;

(4)现有路面改建或改善工程,需排除积滞在路面结构内的水分。

4.边缘排水系统

边缘排水系统由沿路面边缘设置的透水性填料集水沟、纵向排水沟、横向出水管和过滤织物组成。

5.排水基层的排水系统

排水层排水系统采用高透水性材料作基层或垫层,渗入路面结构内的水分,首先通过竖向渗流进入透水层,然后横向渗流进入纵向集水沟和集水管,最后由横向排水管引出路基。

课题三　路基防护与加固

一、概述

路基防护与加固的目的，在于防止自然因素所引起的路基破坏和过量变形；同时稳定路基美化路容，提高公路的使用品质。路基防护工程是防止路基被冲刷和风化，主要起隔离作用。加固工程是防止路基或山体因重力作用而坍滑，主要起支承作用的支挡结构物。防护重点路基边坡（包括路肩）以及与路基有直接关系的近旁河流与山坡。防护与加固工程重点在于路基边坡防护及湿软地基的加固，应与路基稳定性及路基排水紧密相结合，以保证路基的强度与稳定性。

路基防护与加固工程设施按其作用不同主要有三大类，即坡面防护、冲刷防护、挡土墙防护，如图 3-39 所示。

- 防护加固工程
  - 防护工程
    - 坡面防护
      - 植物防护
        - 植被防护：种草、铺草皮、植树
        - 三维植被网防护
        - 湿法喷播
        - 客土喷播
      - 骨架植物防护
      - 喷射防护
        - 喷射水泥浆
        - 喷射水泥混凝土
        - 挂网喷护
      - 砌石防护
        - 干砌片石
        - 浆砌石料
      - 护面墙（浆砌石料）
        - 实体式
        - 窗孔式
        - 拱式
      - 封面、捶面
    - 冲刷防护
      - 直接防护
        - 植物防护
        - 砌石或混凝土块防护
        - 抛石防护
        - 石笼防护
      - 间接防护
        - 丁坝
        - 顺坝
        - 格坝
        - 改移河道
  - 加固工程
    - 湿软地基加固
    - 挡土墙
      - 重力式
      - 锚固式
      - 薄壁式
      - 加筋式

图 3-39　防护与加固工程的分类

二、防护工程

路基防护与加固工程中，一般把防止风化和冲刷，主要起隔离、封闭作用的措施称为防护工程。防护工程不能承受外力作用，所以要求路基本身必须是稳定的。

1. 坡面防护

路基边坡坡面防护，主要通过将坡面封闭隔绝或隔离，避免或减缓与大气直接接触，阻止岩土进一步风化,防止或减缓地面水流对边坡的冲刷和淘刷,从而达到防护边坡破损之目的。常用的防护措施类型有植物防护、喷射防护、砌石防护、护面墙(浆砌片石)、封面、捶面等。

1)植物防护

植物防护主要适用于较缓的土质边坡,依靠成活植物的发达根系,深入土层,使表土固结。植物防护的作用是减缓坡面水流速度,调节表层水、土状况、固结表层土,还可起到交通诱导、安全、防眩、吸尘、隔音作用,同时美化路容,协调环境。因此,被视为“生命”防护的植物防护,在一定程度上优于无机物防护。

(1)植被防护

①种草

a. 种草适用于边坡坡度不陡于1:1,土质适宜种草,不浸水或短期浸水但地面径流速度不超过0.6m/s的边坡。

b. 草籽应选用适应当地自然条件、根系发达、茎干低矮、枝叶茂盛、生长能力强的多年生草种。

c. 播种方法有撒播法、喷播法和行播法。

d. 种草时将草籽加砂(土)拌和,均匀撒播在翻松的表土坡面,必要时铺不小于10cm厚的种植土层;草籽入土深度不少于5cm,种完后拍实松土,洒水湿润,并注意管理。

种草防护边坡实例图见图3-40。

图3-40　种草防护边坡实例图

②铺草皮

a. 铺草皮适用于需要快速绿化,冲刷严重、径流速度<1.2~1.8m/s,且坡率缓于1:1的土质边坡和严重风化的软质岩石边坡。

b. 草皮可为天然草皮或人工培植的土工网草皮,应选用根系发达、茎矮叶茂的耐旱草种,不宜采用喜水草种,严禁采用生长在泥沼地的草皮。

c. 草皮规格以不过于损坏根系,便于成活及运输而定,一般为20cm×40cm,厚约6~10cm。

d. 铺草皮方法有平铺、竖铺、网格式。铺草皮前应将坡面整平,必要时加铺6~10cm种植土层。每块草皮钉2~4根竹木梢桩,使草皮与坡面固结,如图3-41所示。

e. 拉伸网草皮是在土工网或土工垫等土工合成材料上铺设3~5cm的种植土层,经过撒种、养护后形成的人工草皮。制作草皮方法有固定草种布和网格固定撒种。固定草种布(也可称植生带)是在土工织物纺织时将草种固定于土织物中,然后到现场铺筑,以促使草皮生长的一种土工合成材料草皮制品。网格固定撒种是先将土工网固定于需防护的边坡上,然后撒播草种形成草皮的一种边坡防护方法。

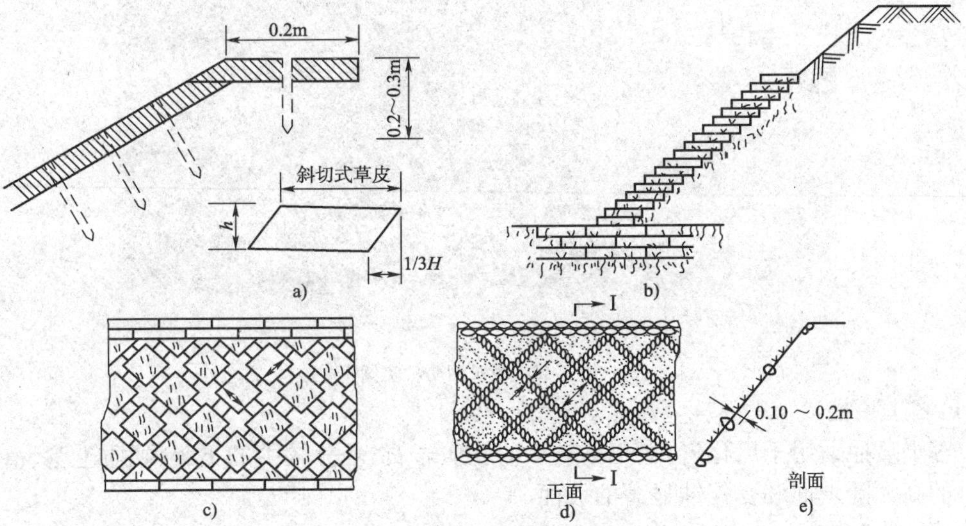

图 3-41　草皮防护示意图

a)平铺草皮;b)平铺叠置草皮;c)网格式草皮;d)卵石方格草皮;e)Ⅰ—Ⅰ剖面

③植树

a. 植树防护适用于坡率缓于 1∶1.5 的边坡,或在边坡以外的河岸及漫滩外。

b. 树种应选用根系发达、枝叶茂盛、适合当地迅速生长的低矮灌木。常用灌木树种有紫穗槐、夹竹桃、黄荆、野蔷薇、山楂等。

c. 公路弯道内侧边坡严禁栽植高大树木。

d. 沿河路堤植树,则以喜水、根深、杆粗的树种为主,并多排成行栽种,以起到导流、拦流、挑水、促使泥沙淤积,加固堤岸作用,如图 3-42 所示。

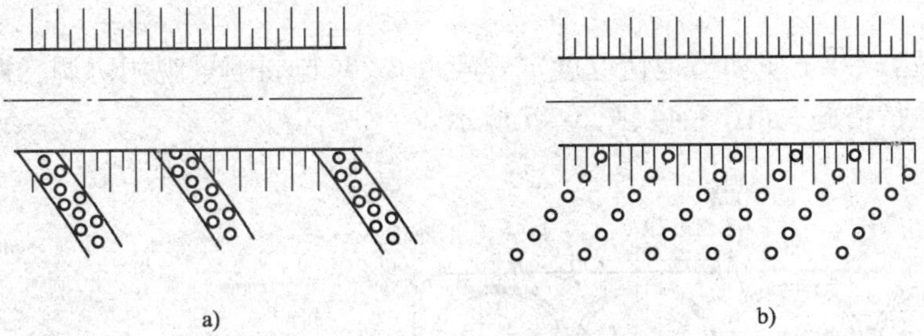

图 3-42　植树平面示意

a)带式;b)连续式

(2)三维植被网防护

三维植被网防护适用于砂性土、土夹石及风化岩石,且坡率缓于 1∶0.75 的边坡防护。三维植被网中的回填土采用客土或土、肥料及含腐殖质土的混合物,如图 3-43 所示。

(3)湿法喷播

湿法喷播适用于土质边坡、土夹石边坡、严重风化岩石且坡率缓于 1∶0.5 的路堑和路堤边坡及中央分隔带、立交区、服务区及弃土堆绿化防护。

图 3-43　植被网防护实例

(4)客土喷播

a. 客土喷播适用于风化岩石、土壤较少的软质岩石、养分较少的土壤、硬质土壤、植物立地条件差的高大陡坡面和受侵蚀显著的坡面。

b. 当坡率陡于 1∶1时,宜设置挂网或混凝土框架。

2)骨架植物防护

①适用条件:对于仅用植物防护不足以抵抗侵蚀冲刷的黏土路基或高填路段,受雨水侵蚀和风化严重易产生沟槽的路段,以及土质不适宜植物生长和周围环境需要绿化的路段。

②防护类型有浆砌片石混凝土或混凝土骨架植物防护和水泥混凝土骨架植物防护。

③浆砌片石混凝土或水泥混凝骨架植物护坡适用于坡面受雨水冲刷严重或潮湿的土质,坡度不陡于 1∶1,骨架宽度宜为 200 ~ 300mm,嵌入坡面深度应视边坡土质确定,一般为 200 ~ 300mm。

④框架可分为方格形、拱形和人字形等。

⑤浆砌片石骨架植草护坡:

a. 适用于缓于 1∶0.75 的土质和全风化岩石边坡。当坡面受雨水冲刷严重或潮湿时,坡度应缓于 1∶1。

b. 应视边坡坡率、土质和当地情况确定骨架形式,并与周围景观相协调。框架内应采用植物或其他辅助防护措施,如图 3-44、图 3-45 所示。

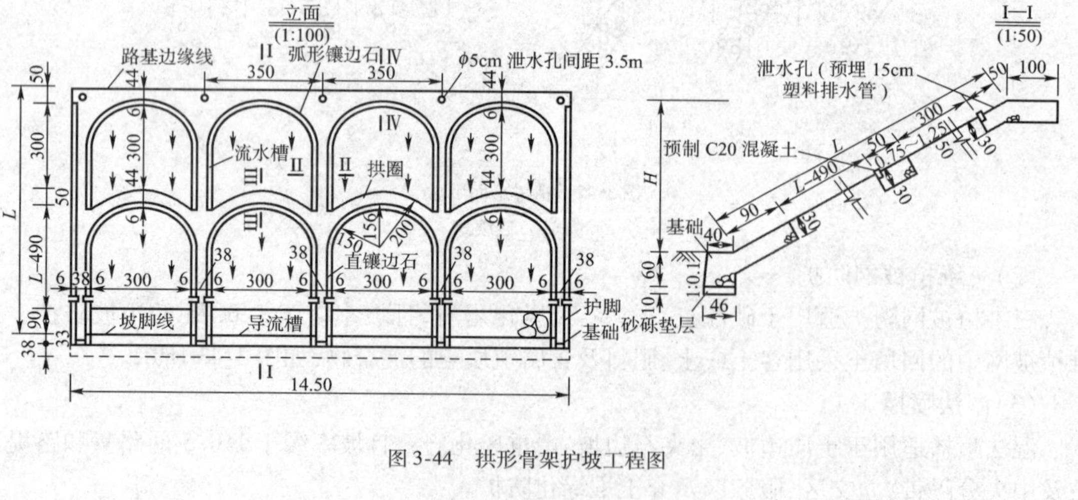

图 3-44　拱形骨架护坡工程图

图 3-45　拱形骨架护坡实例

c. 在降雨量较大且集中的地区，骨架宜做成截水沟型。截水沟断面尺寸由降雨强度计算确定。

⑥水泥混凝土预制块植物护坡：

a. 水泥混凝土预制块植物护坡适用于石料缺乏的土质边坡。当有景观要求时，应采用六边形空心预制块植物护坡。

b. 多边形空心预制块的混凝土强度不应低于 C30，厚度不应小于 150mm 空心预制块内应填充种植土，喷播植草，如图 3-46 所示。

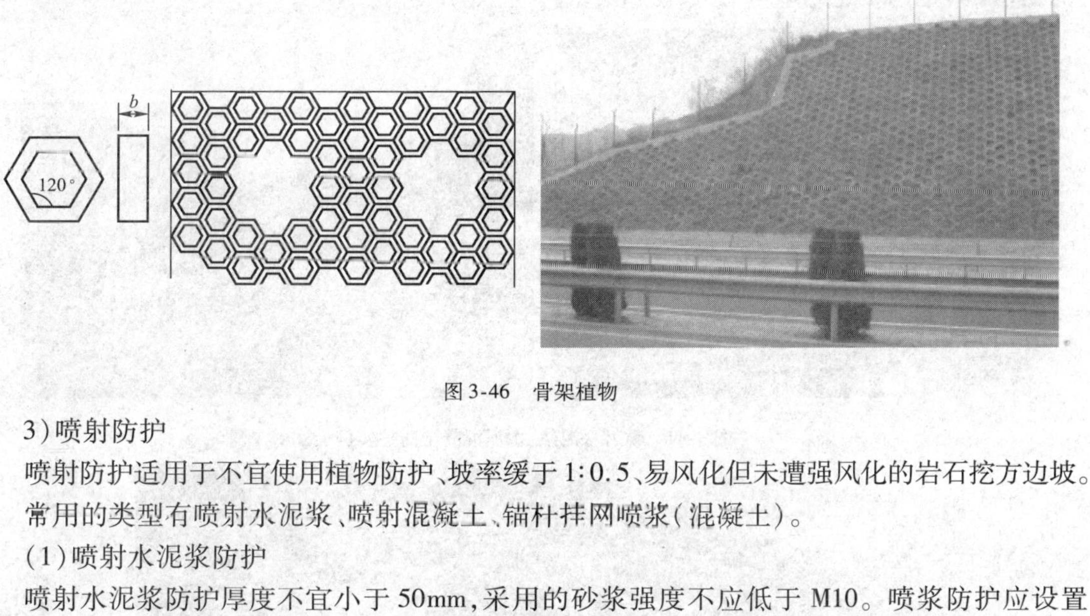

图 3-46　骨架植物

3）喷射防护

喷射防护适用于不宜使用植物防护、坡率缓于 1:0.5、易风化但未遭强风化的岩石挖方边坡。常用的类型有喷射水泥浆、喷射混凝土、锚杆挂网喷浆（混凝土）。

（1）喷射水泥浆防护

喷射水泥浆防护厚度不宜小于 50mm，采用的砂浆强度不应低于 M10。喷浆防护应设置伸缩缝，伸缩缝间距宜为 15 ~ 20m；还应每间隔 2 ~ 3m 交错设置孔径为 100mm 的泄水孔。

喷射水泥浆施工规定：

①喷护前应采取措施对泉眼、渗水进行处治，并按设计要求设置泄水孔，排、防积水。

②喷射顺序应自下而上进行。

③砂浆初凝后，应立即开始养生，养护期一般为 5 ~ 7 天。

④应及时对喷浆层顶部进行处理。

（2）喷射水泥混凝土防护

喷射混凝土防护厚度不小于 80mm，采用的混凝土强度不应低于 C15，混凝土中集料最大粒径不宜超过 15mm。喷浆防护应设置伸缩缝，伸缩缝间距宜为 15 ~ 20m；还应每间隔 2 ~ 3m 交错设置孔径为 100mm 的泄水孔。

喷射混凝土施工规定：

①作业前应进行试喷，选择合适的水灰比和喷射压力。喷射混凝土宜自下而上进行。

②做好泄水孔和伸缩缝。

③喷射混凝土初凝后，应立即开始养生，养护期一般为 7 ~ 10 天。

④喷射混凝土的强度、厚度应符合设计要求。喷射水泥浆、水泥混凝土防护实例见图 3-47。

(3) 锚杆挂网喷混凝土(砂浆)(图 3-48)

图 3-47　喷射水泥浆、水泥混凝土防护实例

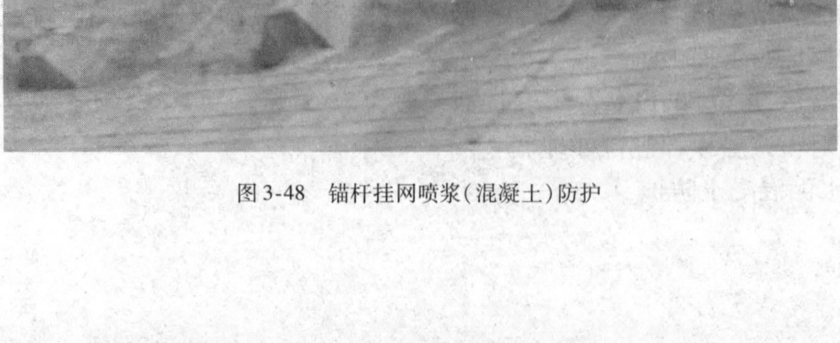

图 3-48　锚杆挂网喷浆(混凝土)防护

在清挖出密实、稳定的新鲜坡面上钻孔、安装锚杆、灌浆，然后挂上钢丝网或纤维网，最后用高压泵喷射混凝土(砂浆)形成防护层。

锚杆挂网喷混凝土(砂浆)适用于坡面为碎裂结构的硬质岩石或层状结构不连续的地层以及坡面岩石与基岩分开并有可能下滑的挖方边坡。

锚杆挂网喷混凝土(砂浆)应设置伸缩缝，伸缩缝间距宜为 15～20m，还应每间隔 2～3m 交错设置孔径为 100mm 的泄水孔。

锚杆挂网喷混凝土(砂浆)施工规定：

①锚杆应嵌入稳固基岩内，锚固深度应根据设计要求结合岩体性质确定。锚杆孔深应大于锚固长度 200mm。

②固定锚杆的砂浆应捣固密实，钢筋网与锚杆连接牢固。

③钢筋保护层厚度不应小于 20mm。

④铺设钢筋网前宜在岩面喷射一层混凝土，钢筋网与岩面间隙为 30mm，然后再喷射混凝土至设计厚度。

⑤喷射混凝土厚度要均匀，钢筋网及锚杆不得外露。

⑥做好泄、排水孔和伸缩缝。

⑦锚杆挂网喷混凝土(砂浆)防护，混凝土(砂浆)的强度、注浆强度、钻孔位置、钻孔深度、钻孔倾角和方向、锚杆间距、喷层厚度等应符合设计要求。

4)砌石防护

砌石防护分为干砌片石、浆砌片石。石料缺乏地区可采用混凝土预制块。铺砌层下应设置碎石或砂砾垫层，厚度不宜小于 100mm，如图 3-49。

图 3-49　干砌片石

(1)干砌片石

干砌片石护坡适用于坡度缓于 1∶1.25 的土(石)质的路堑边坡。干砌片石的护坡厚度不宜小于 250mm。

(2)浆砌片石

浆砌片石适用于坡度缓于 1∶1的易风化岩石和土质路堑边坡，浆砌片石护坡的厚度不宜小于 250mm，砂浆强度等级不应低于 M5。浆砌片石护坡应设置伸缩缝，缝宽 20～30mm，伸缩缝间距宜为 15～20m；还应间隔 2～3m 交错设置孔径为 100mm 的泄水孔。如图 3-50 和图 3-51 所示。

浆砌片石施工规定：

①石料应选用未风化的坚硬岩石。

②砂浆终凝前,砌体应覆盖。砂浆初凝后,立即进行养生。

③路堤边坡采用浆砌片石护坡,宜在路堤沉降稳定后施工。

④护坡底应铺设 100 ~ 150mm 厚的碎石或砂垫层。

⑤泄水孔的位置和反滤层的设置应符合设计要求。

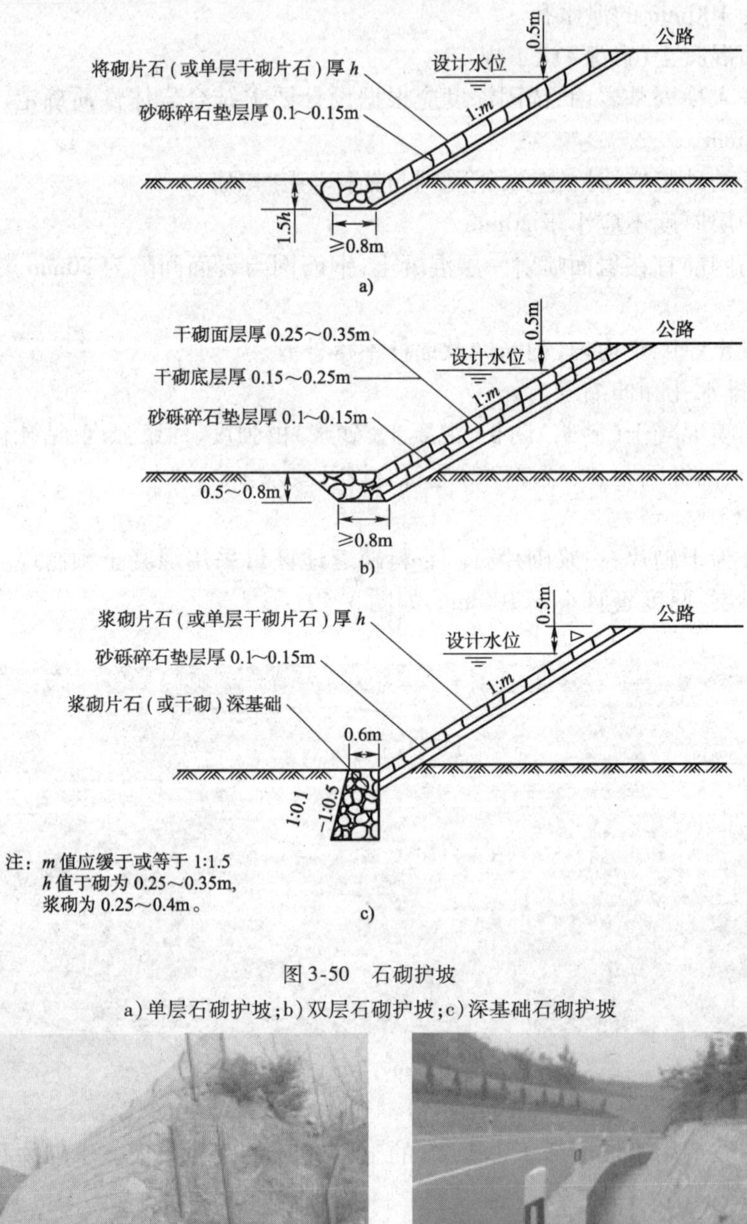

图 3-50　石砌护坡

a)单层石砌护坡;b)双层石砌护坡;c)深基础石砌护坡

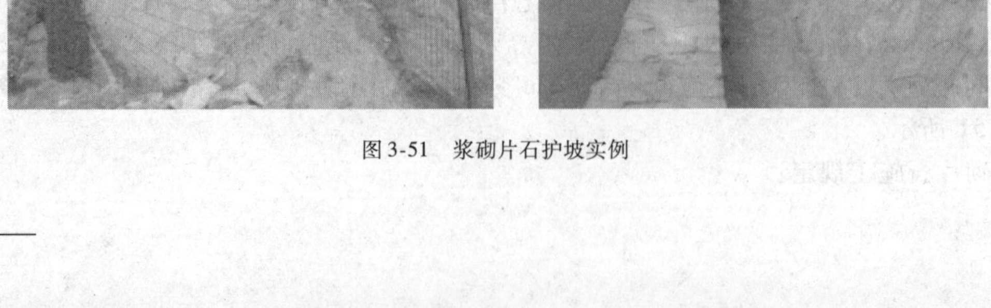

图 3-51　浆砌片石护坡实例

5）护面墙

护面墙适用于防护易风化或风化严重的软质岩石或破碎岩石的挖方边坡以及坡面易受侵蚀的土质边坡，边坡不宜陡于1∶0.5。单级护面墙的高度不宜超过10m，并应设置伸缩缝和泄水孔。护面墙基础设置在稳定的地基上，埋置深度根据设计要求，一般在冰冻深度以下不小于250mm。护面墙前趾应低于边沟铺砌的底面。

护面墙的类型有实体式护面墙、窗孔式护面墙、拱式护面墙。

（1）实体式护面墙（图3-52）

实体护面墙分为等截面和变截面两种形式。

（2）窗孔式护面墙（图3-53）

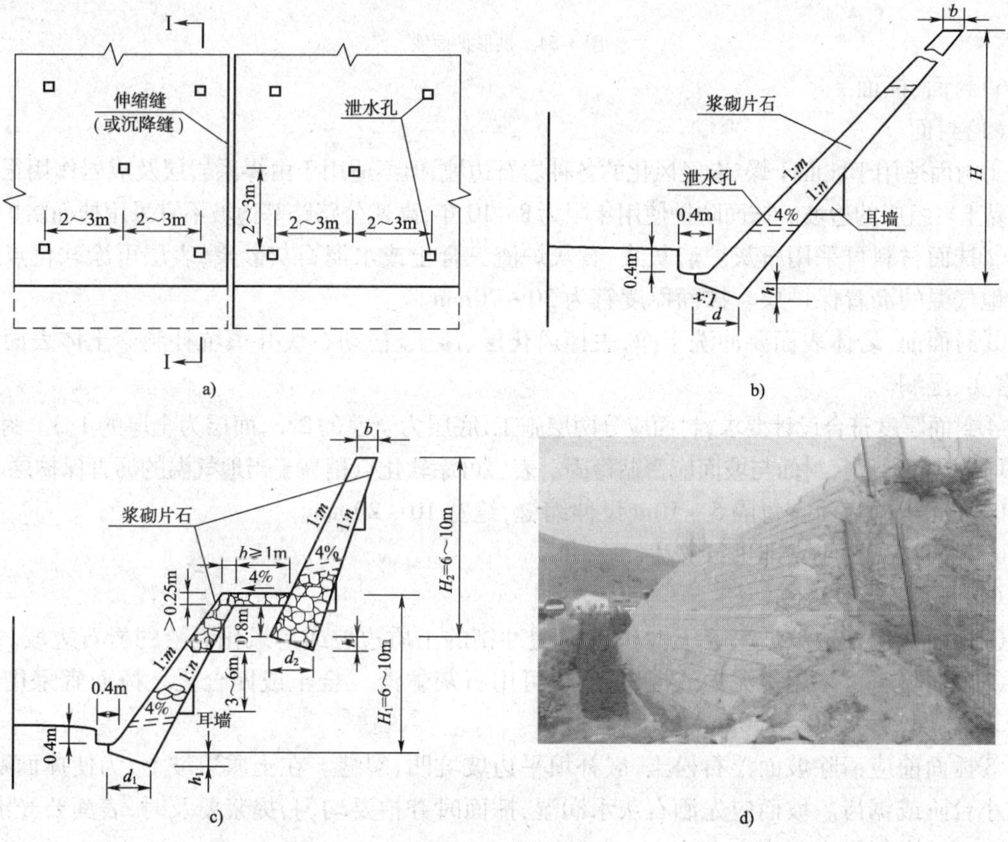

图3-52 实体式护面墙

a）正面图；b）剖面图；c）两级护面墙；d）护面墙实例

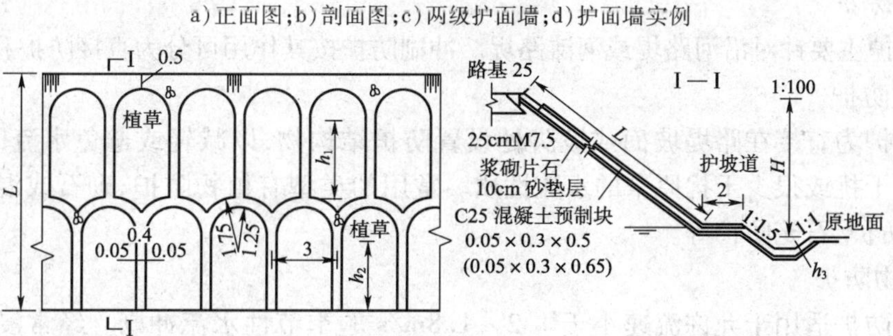

图3-53 窗孔式护面墙

窗孔式护面墙防护的边坡不应陡于1∶0.75。

(3)拱形护面墙(图3-54)

拱形护面墙用于边坡下部岩层较完整而上部需要防护的路段,边坡应缓于1∶0.5。

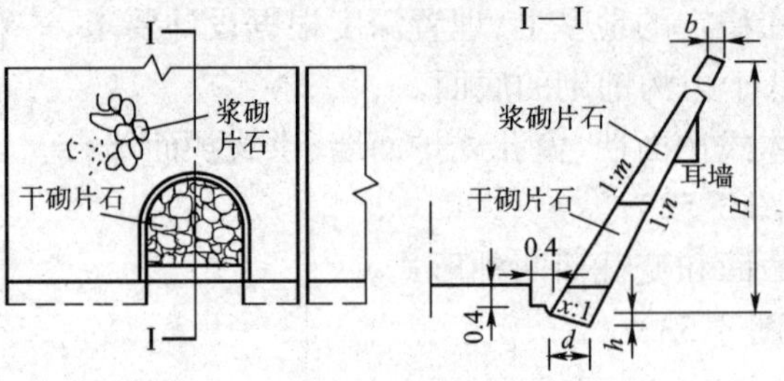

图3-54　拱形护面墙

6)封面、捶面

(1)封面

①封面适用于坡面干燥、未经风化的各种岩石边坡,但不适用于由煤系岩层及成岩作用很差的红色黏土岩组成的边坡。抹面防护使用年限为8~10年,高速公路路基边坡不宜采用抹面防护。

②抹面材料可采用石灰炉渣灰浆、石灰炉渣三合土或水泥石灰砂浆,表层可涂软化点稍高于当地气温的沥青保护层。抹面厚度宜为30~70mm。

③封面前,岩体表面要冲洗干净,去掉风化层、浮土、松动石块并填坑补洞。土体表面要平整、密实、湿润。

④封面厚度符合设计要求,封面应分两层施工,底层为全厚的2/3,面层为全厚的1/3。封面厚度要均匀,表面光滑,封面与坡面应密贴稳固。表层可涂软化点稍高于当地气温的沥青保护层。

⑤大面积的封面宜每隔5~10m设伸缩缝,缝宽10~20mm。

⑥封面初凝后应立即进行养生。

(2)捶面

①捶面适用于边坡坡率缓于1∶0.5,易受冲刷的土质边坡或易风化剥落的岩石边坡。

②捶面材料可采用水泥炉渣混合土,也可用石灰炉渣三合土或四合土。捶面宜采用等厚截面,其厚度宜为100~150mm。

③捶面前应清除坡面浮石松土,嵌补填平边坡坑凹、裂缝。在土质边坡上,为使捶面贴牢,可挖小台阶或锯齿。坡面应先洒石灰水润湿,捶面时夯拍要均匀,提浆要及时,表面要光滑,提浆后2~3h进行洒水养生3~5d。

2. *冲刷防护*

冲刷防护主要针对沿河路堤或河滩路堤。冲刷防护按其作用可分为直接防护和间接防护。

1)直接防护

直接防护为直接在路堤坡面或坡脚处设置防护结构物,以减轻或避免水流的直接冲刷。其特点是不干扰或很少干扰原来的水流性质。常用的类型有植物防护、砌石或混凝土预制块防护、抛石防护、石笼防护等。

(1)植物防护

①植物防护适用于允许流速小于1.2~1.8m/s的季节性水流冲刷。经常浸水或长期浸水的路堤边坡,不宜采用种草防护。

②在沿河路基外的河滩上植造防护林带,树种应具有喜水性。

(2)砌石或混凝土预制块防护

①砌石或混凝土预制块护坡适用于允许流速为2~8m/s的路堤边坡。

②浆砌片石护坡厚度应不小于350mm,护坡底面应设厚度不小于100mm的反滤层。

(3)抛石防护

①抛石适用于经常浸水且水深较大的路基边坡或坡脚以及挡土墙、深基础施工不便的路段。

②石料粒径应大于300mm,宜用大小不同的石块抛投,并选用坚硬、耐冻,不易风化的石块。厚度宜为粒径的3~4倍,用大粒径时不得小于粒径的两倍。

③对于易受冲淘的基底,先用碎卵石设基底垫层,并伸出抛石堆坡脚外1.5~2m。

④投放时,采用扒杆,剪形钢制卡钩施工。

⑤抛石应设置3层反滤层:粗中砂、砾卵石、大卵石或块石。用隔板隔离填筑,逐步抽出隔板成形。

⑥抛石垛的边坡坡率 m_2 一般为1.25~3.0,m_1 为1:1.5~1:2,如图3-55所示。

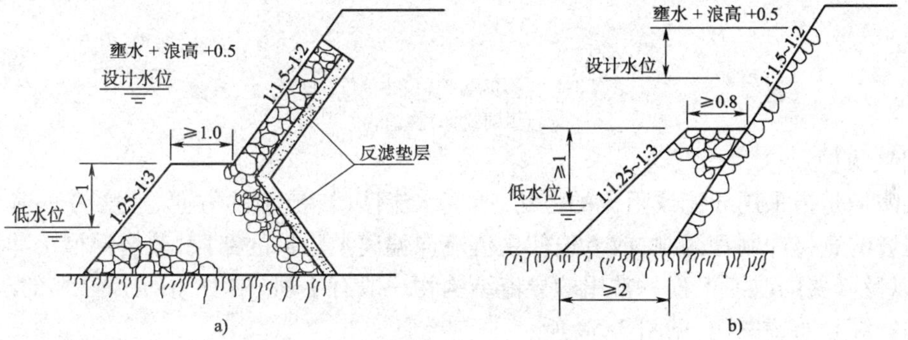

图3-55 抛石防护(尺寸单位:m)

a)新填路基抛石垛;b)旧路堤抛石垛

(4)石笼防护

①石笼防护适用于受水流冲刷和风浪侵袭,且防护工程基础不易处理或沿河挡土墙、护坡基础局部冲刷深度过大的沿河路堤坡脚或河岸。

②石笼防护是用铁丝编织成框架,内填石料,设置在坡脚处。石笼形式,见图3-56。

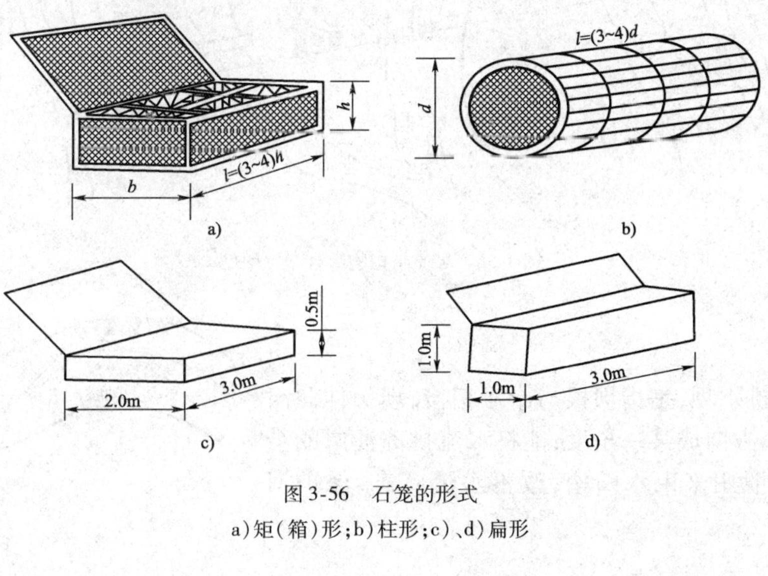

图3-56 石笼的形式

a)矩(箱)形;b)柱形;c)、d)扁形

③笼内填石粒径不小于4cm，一般为5～20cm，外层石料要求有棱角，内层用较小石块填充。

④铺筑方法有平铺式、叠铺式。铺砌时，用于防止冲刷淘底的石笼，应与坡脚线垂直，且堤岸一端固定，如图3-57a）所示；用于防止堤岸边坡冲刷时，则垒码平铺成梯形，如图3-57b）所示。

⑤石笼基底应大致整平，必要时用碎石或砾石垫层找平。

⑥石笼应做到位置正确，搭接衔接稳固、紧密，确保整体性。

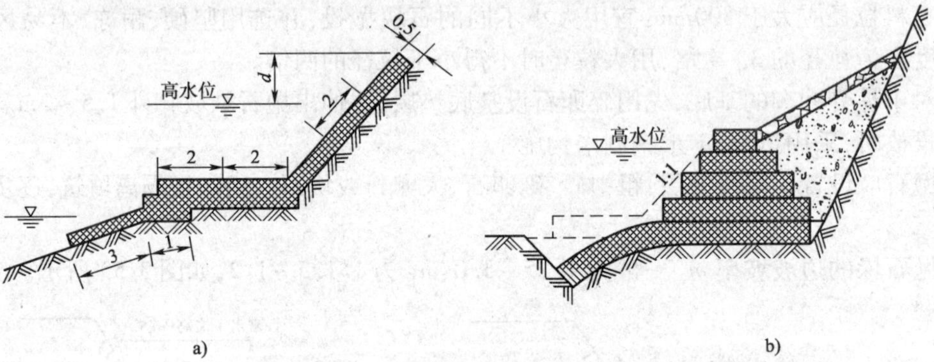

图3-57　石笼防护（尺寸单位：m）

a）平铺式；b）叠铺式

2）间接防护

间接防护是指采用导流或阻流的方法，改变水流性质（流水的方向、速度等），避免或减缓水流对边坡的直接冲刷和淘刷，或者迫使主流流向偏离被防护的路段，改变河槽中冲刷和淤积的部位，以及必要的改河工程。常用的导流结构物一般有丁坝、顺坝、格坝及必要的改河工程。导流结构物综合布置图例，见图3-58所示。

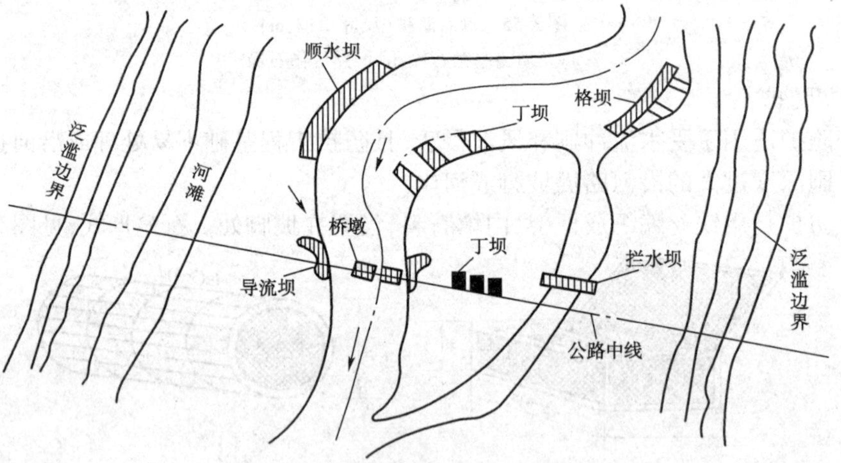

图3-58　导流结构物综合布置图例

(1)丁坝

丁坝也称挑水坝，是指坝根与岸滩相接，坝头伸向河槽，坝身与水流方向成某一角度，能将水流挑离河岸的结构物。丁坝一般用来束水归槽，改善水流状态，保护河岸，如图3-59所示。

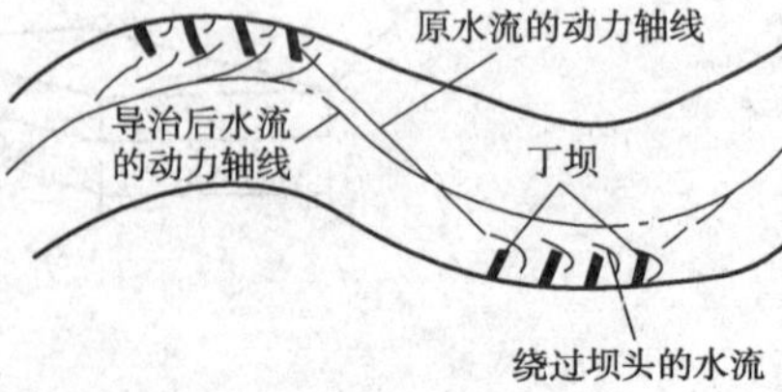

图3-59　丁坝

(2)顺坝

顺坝为坝根与岸滩相接,坝身与堤岸平行的结构物,主要用于导流、束水、调整河道曲度,改变流态,也可称导流坝,如图 3-60 所示。

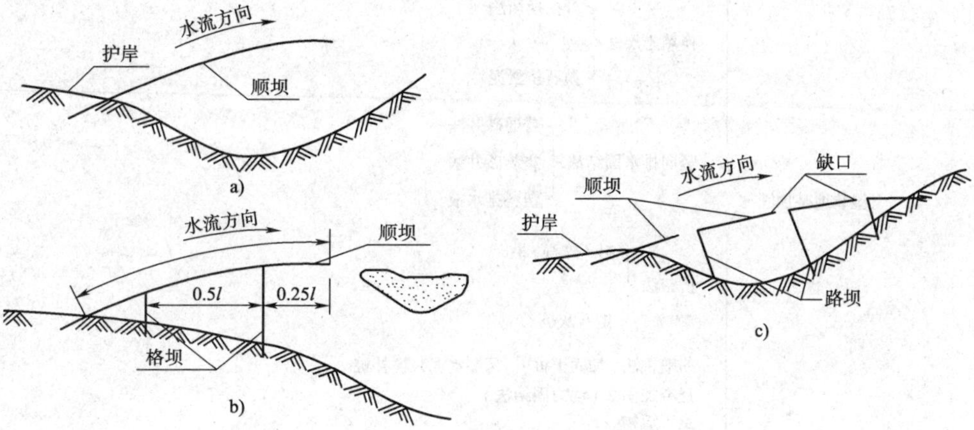

图 3-60　顺坝、格坝

(3)格坝

当顺水坝较长,距离河岸间距较大时,为防止水流冲走沉积泥沙,使坝体与河岸相连,在顺水坝与河岸之间设置一道或几道横格,形成格坝。格坝一端与顺坝相连,另一端嵌入河岸,相当于构成勾头丁坝,如图 3-60 所示。

(4)改移河道

改河移道可以将直接冲刷及淘刷路基的水流引离路基。挖滩改河,清除孤石,有利布置路线,减少桥涵。但改河移道涉及水流改向,影响大且投资高,故改河通常在较短的河道上进行,并力求顺河势,使新河槽符合自然河流特征,不致使水重归故道,如图 3-61所示。

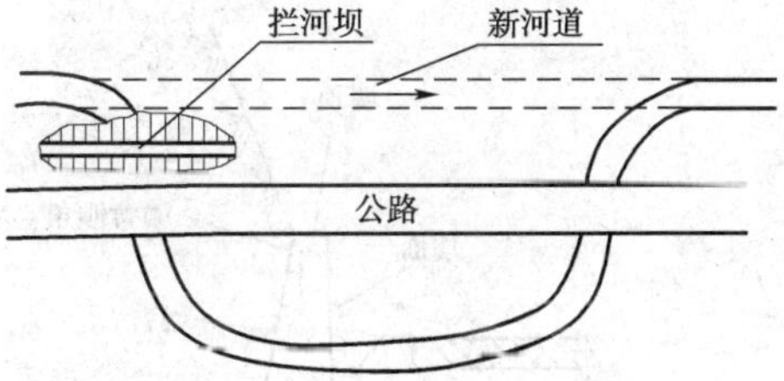

图 3-61　改移河道

三、加固工程

将防止路基或山体因重力作用而坍滑,地基承载力不足而沉陷,主要起支承、加固作用的结构物称为加固工程。它们当中有些措施往往兼有防护与加固作用。

1. 湿软地基加固

湿软地基主要指天然含水量过大,胀缩性高,具有湿陷性,承载力低,在荷载作用下容易产生滑动或固结沉降的土质地基,如软土、泥沼、泥碳、湿陷性黄土、人为垃圾、松散杂填土、膨胀土、海(湖)相沉积土等。加固方法,如图 3-62 所示。

2. 挡土墙

挡土墙是为了防止路基填土或山坡土体坍塌而修筑的承受土侧压力的墙式的构造物。在公路工程中,广泛地用于支撑路堤填土或路堑边坡,以及桥台、隧道洞口和河流堤岸等处。

1)挡土墙分类及用途

挡土墙按其设置位置、结构形式、墙体材料不同进行分类。

- 湿软地基加固
  - 表层处理法
    - 砂垫层法
    - 稳固剂表层处理法(用生石灰、水泥等稳定剂材料处理)
  - 换填土层法
    - 开挖换填法
    - 抛石挤淤泥
  - 竖向排水固结法
    - 普通砂井法
    - 袋装砂井法
    - 塑料排水板
  - 挤密法
    - 砂(碎石)桩
    - 生石灰桩
  - 粉喷桩法(加固土桩):深层水泥浆搅拌桩
  - 强夯加固法(动力固结法)
  - 土工织物
  - 反压护道法
  - 碾压夯实法
  - 化学加固法

图 3-62 湿软地基加固方法

(1)按挡土墙设置位置分类

挡土墙按设置位置分为:路堑墙、路堤墙、路肩墙和山坡墙等类型,如图 3-63 所示。

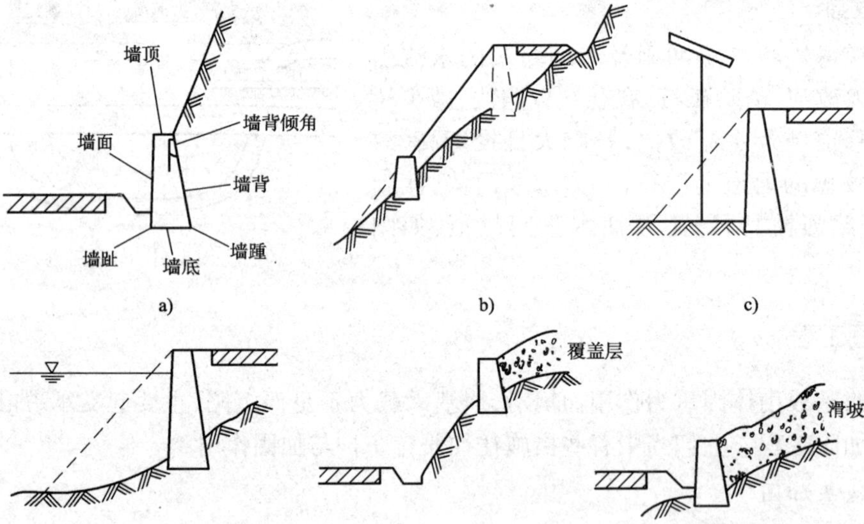

图 3-63 挡土墙按位置分类

a)路堑墙;b)路堤墙;c)路肩墙;d)浸水挡土墙;e)山坡挡土墙;f)抗滑挡土墙

①路堑墙:路堑墙设置在路堑边坡底部,主要用于支撑开挖后不能自行稳定的边坡,同时可减少挖方数量,降低挖方边坡高度。

②路堤墙:路堤墙设置在高填土路堤或陡坡路堤的下方,可以防止路堤边坡或路堤沿基底滑动,同时可以收缩路堤坡脚,减少填方数量,减少拆迁和占地面积。

③路肩墙：路堑墙设置在路肩部位，墙顶是路肩的组成部分，其用途与路堤墙相同。它还可以保护临近路线的现有的重要建筑物。

④山坡墙：山坡墙设置在路堑或路堤上方，用于支撑山坡上可能坍滑的覆盖层、破碎岩层或山体滑坡。

(2)按结构形式分类

挡土墙按结构型式分为重力式挡土墙、锚定式挡土墙、薄壁式挡土墙、加筋土挡土墙等，如图3-63所示。

①重力式挡土墙：重力式挡土墙依靠墙身自重平衡背侧土压力。一般用片石、块石或预制水泥混凝土砌筑；断面形式简单、施工方便，就地取材，应用广泛，如图3-64所示。

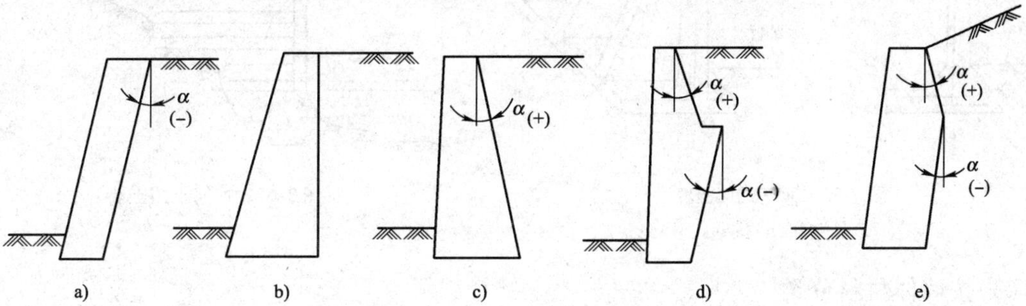

图3-64　重力式挡土墙的断面形式

a)仰斜式；b)垂直式；c)俯斜式；d)衡重式；e)凸形折线式

②锚定式挡土墙：锚定式挡土墙可分为锚杆式和锚定板式两种。

锚杆式挡土墙是由预制的钢筋混凝土立柱、挡土板构成墙面，与水平或倾斜的钢锚杆联合组成。锚杆的一端与立柱连接，另一端被锚固在山坡深处的稳定岩层或土层中。

锚定板式挡土墙借助于埋在填土内的锚定板的抗拔力抵抗土侧压力，保持墙的稳定。一般由钢筋混凝土肋柱、钢筋混凝土墙面、钢拉杆、锚定板组成，如图3-65所示。

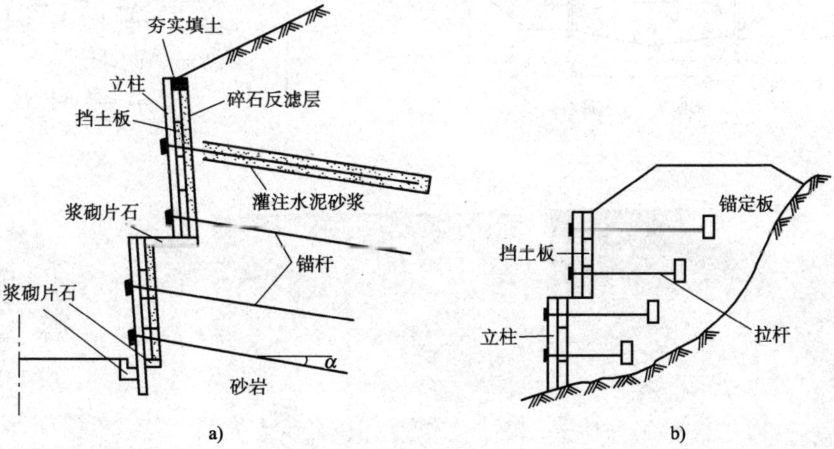

图3-65　锚定式挡土墙

a)锚杆式；b)锚定板式

③薄壁式挡土墙：钢筋混凝土结构，可分悬壁式、扶壁式。

悬壁式挡土墙一般由立壁、墙趾板、墙踵板等组成。扶壁式挡土墙一般墙面板、趾板、踵板、扶壁等组成，如图 3-66 所示。

④加筋土挡土墙：是填土、拉筋、墙面板三者结合体。加筋土挡土墙属于柔性结构，对地基变形适应性大，建筑高度大，具有省工、省料、施工方便、快速等优点，适用于填土路基，如图 3-67所示。

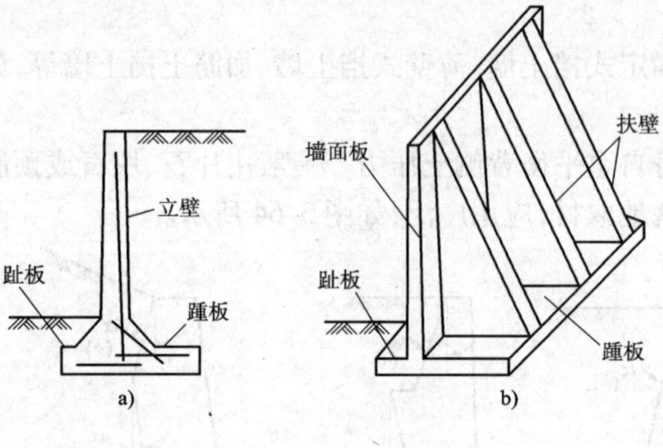

图 3-66 薄壁式挡土墙

a)悬壁式；b)扶壁式

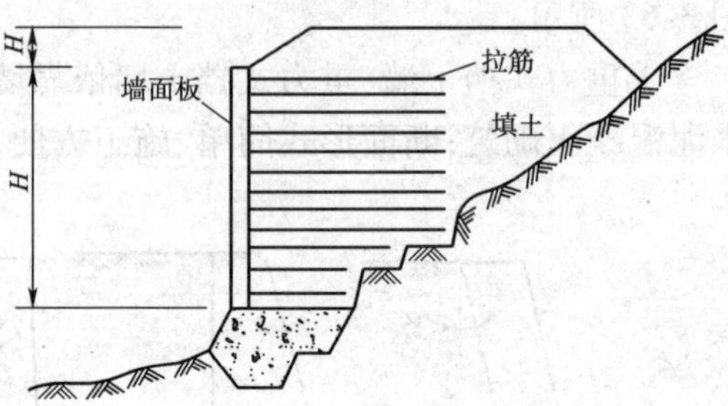

图 3-67 加筋土挡土墙

(3)按墙体材料分类

挡土墙按墙体材料分为石砌挡土墙、混凝土挡土墙、钢筋混凝土挡土墙、钢板挡土墙等。石砌挡土墙如图 3-68 所示。

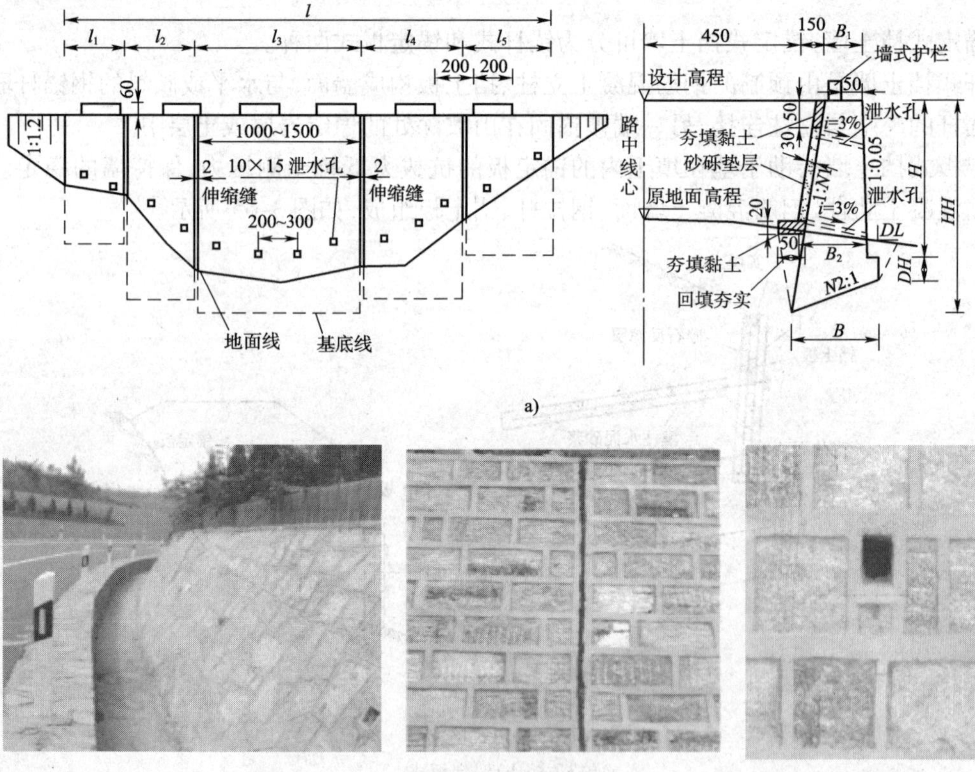

图 3-68 石砌挡土墙实例

a)挡土墙布置图；b)挡土墙实例图；c)挡土墙沉降缝；d)挡土墙泄水孔

复习思考题

1. 路基的整体式断面和分离式断面分别由哪几部分组成?
2. 路基按横断面形式可分为哪几种?
3. 什么是路堤、路堑?
4. 什么是填石路基、土石路基?
5. 什么是路基的宽度、填挖高度、边坡坡度?
6. 路基的结构层是如何划分的?
7. 什么是中间带? 作用如何?
8. 什么是路肩? 作用如何?
9. 路基应满足哪些基本要求?
10. 路基常用排水设施有哪些?
11. 渗沟有哪几种形式? 一般由哪几部分组成?
12. 边沟、排水沟、截水沟的作用是什么?
13. 截水沟的布置要求有哪些?
14. 路面表面排水的主要任务是什么? 路面排水系统主要由哪些部分组成?
15. 简述路基防护与加固的类型。
16. 简述挡土墙的分类。

单元四　路 面 工 程

知识点：

1. 路面的基本要求，路面等级、类型的划分；
2. 路面结构层的划分及各层的作用和要求；
3. 路面基层的类型及常用基层结构施工工艺流程；
4. 路面面层的类型，常用沥青路面结构层施工工艺流程及水泥混凝土路面施工工艺流程。

技能点：

1. 常用路面基层施工工艺；
2. 热拌沥青混合料面层、沥青表面处治，透层、黏层、封层施工工艺；
3. 水泥混凝土路面人工摊铺法施工工艺。

课题一　路面基本知识

在公路路基顶面上用各种筑路材料铺筑供车辆行驶的层状结构物称为路面。

一、对路面的基本要求

为了保证公路畅通，提高行车速度，增强安全性和舒适性，降低运输成本，延长公路使用年限，路面必须满足下列基本要求：

(1)具有足够的强度；
(2)具有足够的稳定性；
(3)具有足够的平整度；
(4)具有足够的抗滑性；
(5)具有足够的耐久性；
(6)具有尽可能低的扬尘性；
(7)具有尽可能少的透水性。

二、路面等级与分类

1. 路面等级

路面按面层使用的品质、材料组成和结构强度分为4个等级。

1)高级路面

它包括由沥青混凝土、水泥混凝土、热拌沥青碎石和整齐块石或条石等面层所组成的路面。一般适用于交通量大、行车速度高的公路。其特点是结构强度高、稳定性好、使用寿命长。平整无尘，能保证高速行车。它的养护费用少，运输成本低，但基建投资大，工艺要求高，需要质量高的材料来修筑。

2)次高级路面

它包括由沥青贯入式,冷拌沥青碎(砾)石、沥青表面处治和半整齐块石或条石等面层组成的路面。一般适用于交通量较大、行车速度较高的公路。与高级路面相比,使用品质稍差,使用年限稍短,造价也较低,但养护费用较高。

3)中级路面

它是包括由水结碎石、泥结碎石、级配砾(碎)石、不整齐块石等作面层的路面。一般适用于中等交通的公路。它的强度低,使用期限短、平整度差、易扬尘,只能适应较小的交通量,行车速度也低,且维修工作量大,运输成本也较高。

4)低级路面

用各种粒料或当地材料改善土所筑成的路面,例如炉渣土、砂砾土等。它的强度低,水稳定性和平整度均差,在大雨天不能通车,能适用的交通量最小,养护工作量大,运输成本高,故造价也很低。路面等级、面层类型应与公路等级相适应,见表4-1。

路面等级、面层类型与公路等级相适应表 表4-1

公路等级	路面等级	面层类型
高速、一级、二级公路	高级路面	水泥混凝土、沥青混凝土
二级公路	高级路面	水泥混凝土、沥青混凝土
	次高级路面	热拌沥青碎(砾)石沥青贯入式
三级公路	次高级路面	乳化沥青碎石混合料、沥青表面处治
	中级路面	半整泥结或级配碎(砾)石、水结碎石、级配碎砾石、半整齐石块
四级公路	低级路面	粒料改善土

2. 路面分类

1)按力学特性分类

(1)柔性路面

柔性路面是指整体刚度较小,抗弯拉强度较低,主要靠抗压、抗剪强度来承受车重的路面。

柔性路面是由各种未经处理的粒料基层和各类沥青面层、碎(砾)石面层、块石面层所组成的路面结构。主要有沥青混合料、沥青稳定碎石、沥青贯入式、级配碎石、级配砂砾等。

柔性路面的特点是刚度小,在荷载作用下产生的弯沉变形较大,车轮荷载通过各结构层向下传递到土基的压应力较大,因而对土基的强度和稳定性要求较高。

(2)刚性路面

刚性路面主要是指用水泥混凝土作面层或基层的路面结构。

刚性路面的特点是刚度与强度很高,弹性模量也大,结构呈板体性,分布到土基的荷载面较宽,传递到土基的应力较小。与柔性路面的主要区别是路面的破坏状态和它分布荷载到路基上的状态有所不同。

(3)半刚性路面

半刚性路面是用水泥、石灰等无机结合料稳定土或石灰工业废渣修筑的路面。

半刚性路面特点是在前期具有柔性路面的力学性质,后期的强度和刚度均有较大幅度的增长,但最终的强度和刚度仍远小于混凝土,这种基层称为半刚性基层,铺筑在半刚性基层上的沥青面层称为半刚性路面。

2)按面层材料和施工方法分类

可分为五大类,即碎(砾)石类、结合料稳定类、沥青类、块料类、水泥混凝土类。常见路面类型,见表4-2。

常见路面类型 表4-2

路面类型	结构特点	常见形式	适用范围
碎(砾)石类	用碎(砾)石按嵌挤原理或最佳级配原理铺压而成的路面结构	水结碎石	基层
		泥结碎石	基层、中级路面面层
		泥灰结碎石	基层、中级路面面层
		级配碎(砾)石	基层、中级路面面层
结合料稳定类	掺加各种结合料,使各种土、碎(砾)石混合料或工业废渣的工程性质改善,成为具有较高强度和稳定性的材料,经铺压而成的路面结构	石灰稳定土	基层、垫层
		水泥稳定土	基层、垫层
		沥青稳定土	基层、垫层
		工业废渣粒料稳定土	基层、垫层
沥青类	在矿质材料中以各种方式掺入沥青材料修筑而成的路面结构	沥青表面处治	次高级路面面层等
		沥青贯入碎石	次高级路面面层、高级路面基层、联结层
		沥青碎石	高级、次高级路面面层、基层
		沥青混凝土	高级路面面层
块料类	用各种不同形状和尺寸的块状材料(天然的或人工的)铺成的路面结构	条石和整齐块石	高级、次高级路面面层、基层
		半整齐块石	次高级、中高级路面面层、基层
水泥混凝土类	以水泥与水合成的水泥浆为结合料,碎(砾)石为集料,砂为填充料,经拌和、摊铺、振捣和养生而成的路面结构	水泥混凝土	高级路面面层

三、路面结构及其层次划分

1. 路面横断面

路面横断面形式分为槽式和全铺式两类,如图4-1所示。

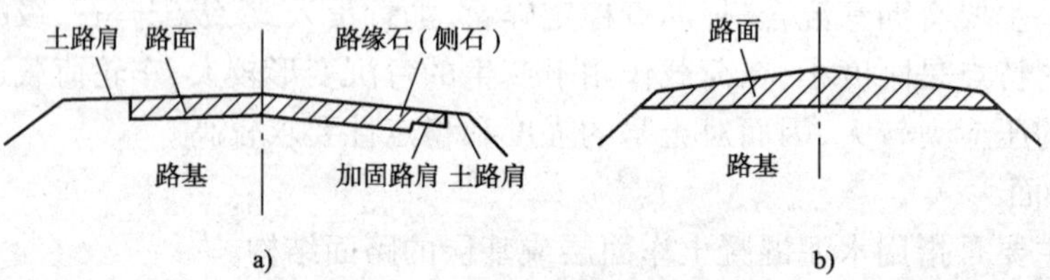

图4-1 路面横断面形式
a)槽式;b)全铺式

1)槽式横断面

一般公路路面采用槽式横断面,即在路基上按路面设计宽度范围将路基挖成与路面厚度相同的浅槽,在槽内铺筑路面;也可采用培槽方法即在路基两侧用土培形成路槽(或用半挖半培的方法形成路槽)。

2)全铺式横断面

在盛产石料的山区或较窄的路基上铺筑中、低级路面可以采用全铺式横断面。在沙漠地区为固定路肩土砂,也宜采用这种形式,即在路基全部宽度内铺筑路面,中部较厚,两边逐渐减薄。

2. 路拱及路拱横坡度

为了使路面上的雨水能及时排除,路面的表面通常做成中间高、两边低的形状,称为路拱。

常用的路拱形式有二次抛物线形和直线形两种，如图 4-2 所示。

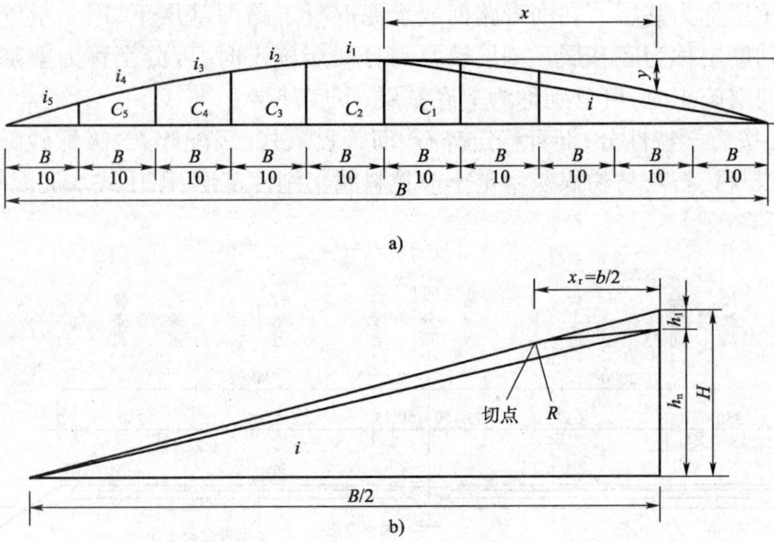

图 4-2　路拱形式

a）二次抛物线形；b）直线形

从路中心到路面边缘的平均坡度叫路拱横坡度，路拱横坡度的大小与路面类型、公路等级和当地气候有关。各类路面的路拱见表 4-3；路肩横坡度应较路面横坡大 1% ~2%，以利迅速排水。

各类路面的路拱平均横坡度　　表 4-3

路 面 类 型	路拱横坡（%）	路 面 类 型	路拱横坡（%）
沥青混凝土、水泥混凝土	1 ~2	碎砾石等粒料路面	2.5 ~3.5
其他黑色路面、整齐块石	1.5 ~2.5	低级路面	3 ~4
半整齐石块、不整齐块石	2 ~3		

3. 路面结构层划分

路面结构层一般由面层、基层和垫层组成，如图 4-3 所示。

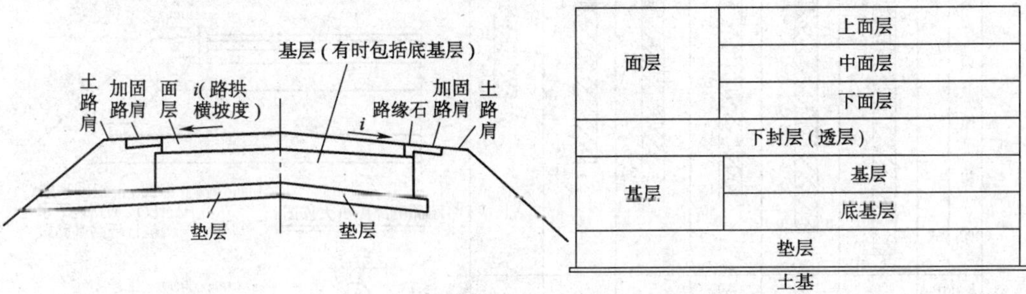

图 4-3　路面结构层划分示意

1）面层

面层路面最上面一层，直接承受行车荷载和自然因素作用，要求有足够强度、稳定性、平整度、抗滑性能、耐磨、不透水。对高级路面分上面层、中面层、下面层。

2）基层

设在面层之下，并与面层一起将车轮荷载的反复作用传递到垫层、土基起主要承重作用的层次。

（1）路面基层可分为基层和底基层。位于沥青面层或水泥混凝土面板下面、用高质量材料铺筑的主要承重层称为基层。在沥青路面或水泥混凝土路面基层下、用质量较次材料铺筑的次要承重层或辅助层称为底基层。基层较厚需分两层施工时，可分别称为上基层、下基层。底基层较厚需分两层施工时，可分别称为上底基层、下底基层。

（2）路面基层按力学特性分，沥青稳定碎石、沥青贯入式、级配碎石、级配砂砾等属柔性基层；水泥稳定土或粒料、石灰与粉煤灰稳定土或粒料属半刚性基层；碾压式水泥混凝土、贫混凝土等属刚性基层。

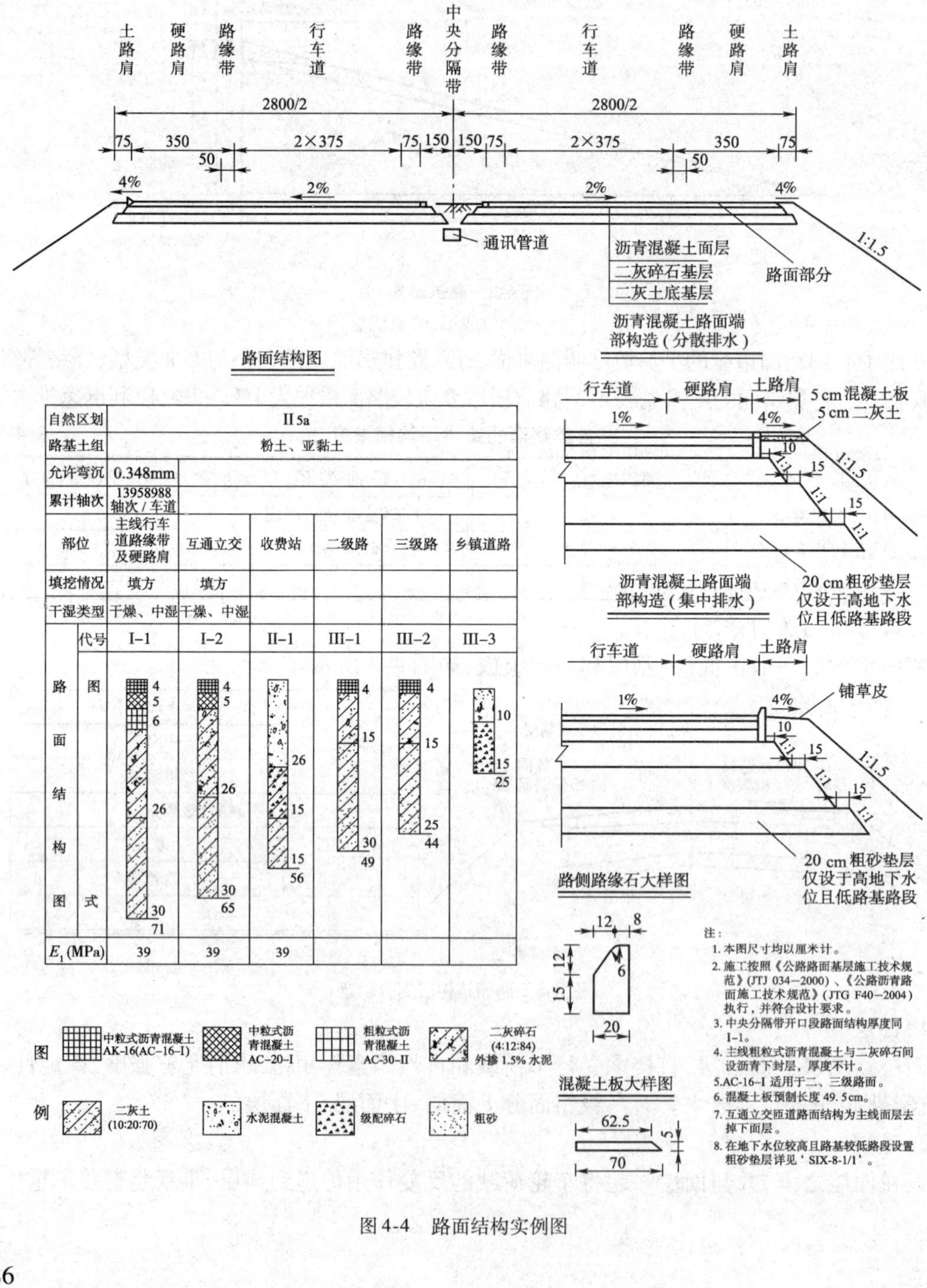

图4-4　路面结构实例图

(3)路面基层应有足够的强度、稳定性,良好的扩散应力的能力,及良好的水稳性。

3)垫层

设在基层与土基之间,按其作用和目的不同分为:

(1)稳定层:处理软弱地基,如:石灰土、石灰炉渣土。

(2)隔水层:隔断地下毛细水的上升。

(3)防冻层(隔温层):防止或减小土基的冻害。

(4)辅助层:为改善工作条件而铺设,如:块石下的砂垫层起找平作用。

某高速公路路面结构实例图,如图4-4所示。

课题二 路面基层

公路路面基层、底基层按材料力学性质可分为半刚性类、柔性类和刚性类;按材料组成可划分为有机结合料的稳定类、无机结合料稳定类和粒料类稳定类。

半刚性基层、底基层的种类有石灰稳定类、水泥稳定类和工业废渣稳定类(二灰、二灰碎石、二灰砂砾、二灰矿渣、二灰土、石灰煤渣);柔性基层、底基层的种类有有机结合料稳定类(沥青碎石、沥青贯入等)和无黏结粒料类(级配碎石、级配砾石、填隙碎石、级配砾碎石类等);刚性基层包括贫混凝土基层、水泥混凝土基层以及连续配筋水泥混凝土基层;粒料稳定类主要有嵌锁型和级配型(级配碎石、级配砾石、填隙碎石、泥结碎石、泥灰结碎石和天然砂砾等)。各种常用基层、底基层类型见表4-4。本课题主要介绍半刚性和无黏结粒料类基层、底基层。

各种常用基层、底基层类型　　表4-4

<table>
<tr><th colspan="4" rowspan="2">类　型</th><th rowspan="2">工程常用类型</th><th colspan="2">适应公路等级</th></tr>
<tr><th>高速、一级公路</th><th>二级及二级以下公路</th></tr>
<tr><td>有机结合料稳定类(柔性基层)</td><td colspan="3">热拌沥青碎石或乳化沥青碎石混合料、沥青贯入碎石等</td><td>热拌沥青碎石</td><td>基层</td><td></td></tr>
<tr><td rowspan="11">无机结合料稳定类(半刚性基层)</td><td rowspan="4">水泥稳定类</td><td colspan="2" rowspan="4">水泥稳定砂粒、碎石、砾石土、碎石土、未筛分碎石、石屑、石渣、高炉矿渣、钢渣等</td><td>水泥土</td><td>底基层</td><td>基层、底基层</td></tr>
<tr><td>水泥砂</td><td>基层、底基层</td><td>基层、底基层</td></tr>
<tr><td>水泥碎石</td><td>基层、底基层</td><td>基层、底基层</td></tr>
<tr><td>水泥砂砾</td><td>基层、底基层</td><td>基层、底基层</td></tr>
<tr><td rowspan="3">石灰稳定类</td><td colspan="2" rowspan="3">石灰稳定细粒土、天然砂砾土、天然碎石土以及石灰稳定级配砂砾、级配碎石和矿渣等</td><td>石灰土</td><td>底基层</td><td>基层、底基层</td></tr>
<tr><td>石灰砂土</td><td>底基层</td><td>基层、底基层</td></tr>
<tr><td>石灰碎石</td><td>底基层</td><td>基层、底基层</td></tr>
<tr><td rowspan="4">石灰工业废渣稳定类</td><td rowspan="3">石灰粉煤灰类</td><td rowspan="3">二灰、二灰土、二灰砂、二灰砂砾、二灰碎石、二灰矿渣等</td><td>二灰土</td><td>底基层</td><td>基层、底基层</td></tr>
<tr><td>二灰砂砾</td><td>基层、底基层</td><td>基层、底基层</td></tr>
<tr><td>二灰碎石</td><td>基层、底基层</td><td>基层、底基层</td></tr>
<tr><td>石灰煤渣类</td><td>石灰煤渣、石灰煤渣土、石灰煤渣碎石、石灰煤渣砂砾等</td><td>二灰矿渣</td><td>基层、底基层</td><td>基层、底基层</td></tr>
<tr><td rowspan="3">粒料稳定类(嵌锁型级配型)</td><td rowspan="2">嵌锁型</td><td colspan="2" rowspan="2">泥结碎石、泥灰结碎石、填隙碎石等</td><td>泥灰结碎石</td><td>垫层</td><td>垫层、底基层</td></tr>
<tr><td>级配碎石</td><td>垫层</td><td>垫层、底基层</td></tr>
<tr><td>级配型</td><td colspan="2">级配碎石、级配砂砾、级配砾石等</td><td>级配碎石</td><td>垫层</td><td>垫层、底基层</td></tr>
</table>

一、半刚性基层

采用无机结合料稳定集料或土类材料铺筑的基层称半刚性基层，具有整体性好、承载力大、刚度大、水稳性好等特点。半刚性基层主要有石灰稳定类、水泥稳定类、工业废渣稳定类。

1. *石灰稳定类基层*

在粉碎的土和原来松散的土（包括各种粗、中、细粒土）中，掺入足量的石灰和水，经拌和、整形和压实及养生后得到的混合料，当其抗压强度符合规定的要求时，称为石灰稳定土。

1）石灰稳定土种类

（1）用石灰稳定细粒土得到的强度符合要求的混合料，简称石灰土。即在土中掺加一定比例的硝石灰或生石灰粉，经加水拌和、平整、碾压成形、养生等工序后，使之成为一种具有一定抗压、抗折等性能的半刚性结构。

（2）用石灰稳定中粒土和粗粒土得到的强度符合要求的混合料，视所用原材料而定，原材料为天然砂砾土或级配砂砾时，简称石灰砂砾土；原材料为天然碎石土或级配碎石时，简称石灰碎石土。

（3）用石灰稳定原中级路面，使其适应做沥青路面和水泥混凝土路面的基层时，属于石灰砂砾土或石灰碎石土。

2）石灰稳定土强度形成

石灰稳定土强度形成主要依靠离子交换作用、火山灰作用、碳酸化作用、结晶作用 4 个作用形成。

3）影响石灰土强度与稳定性的因素

影响石灰土强度与稳定性的因素有土质、灰质、石灰剂量、含水量、压实度、龄期和养生条件（湿度与温度）等。

石灰剂量是指石灰质量占全部粗细土颗粒（即砾石、碎石、砂砾、粉粒和黏粒）干质量的百分率（石灰剂量 = 石灰质量/干土质量）。

石灰剂量确定应根据结构层技术要求进行混合料组成设计。对于黏质土及粉质土为 8% ~14%；对细粒土质砂则为 9% ~16%。石灰剂量不低于 6%，不高于 18%，一般以 10% ~14% 为宜。

4）石灰稳定土适用范围

（1）石灰稳定土适用于各级公路的底基层，以及二级和二级以下公路的基层，但石灰土不得用做二级公路的基层和二级以下公路高级路面的基层。

（2）在冰冻地区的潮湿路段以及其他地区的过分潮湿路段，不宜采用石灰土做基层。当只能采用石灰土时，应采取措施防止水分浸入石灰土层。

5）石灰稳定土施工季节

石灰稳定土层应在春末和夏季组织施工。施工期的日最低气温应在 5℃以上，并应在第一次重冰冻（-3 ~ -5℃）到来之前一个月到一个半月内完成。

6）石灰稳定土施工方法规定

（1）对于二级以下的公路，石灰稳定土基层和底基层可以采用路拌法施工。对于二级公路，宜采用专用的稳定土拌和机路拌或用集中厂拌法拌制混合料。

（2）对于高速公路和一级公路，直接铺筑在土基上的底基层下层可以用专用稳定土拌和机进行路拌法施工，如土基上层已用石灰或固化剂处理，则底基层的下层也应用集中拌和法拌制混合料。其上的各个稳定土层都应用集中厂拌法拌制混合料并宜用摊铺机摊铺混合料。

7)石灰土施工程序

在路面基层、底基层施工中,混合料的拌和方式主要有路拌法和厂拌法,工程上常用路拌法进行石灰土(石灰稳定细粒土)施工。

(1)石灰土路拌法施工工序,如图4-5所示。

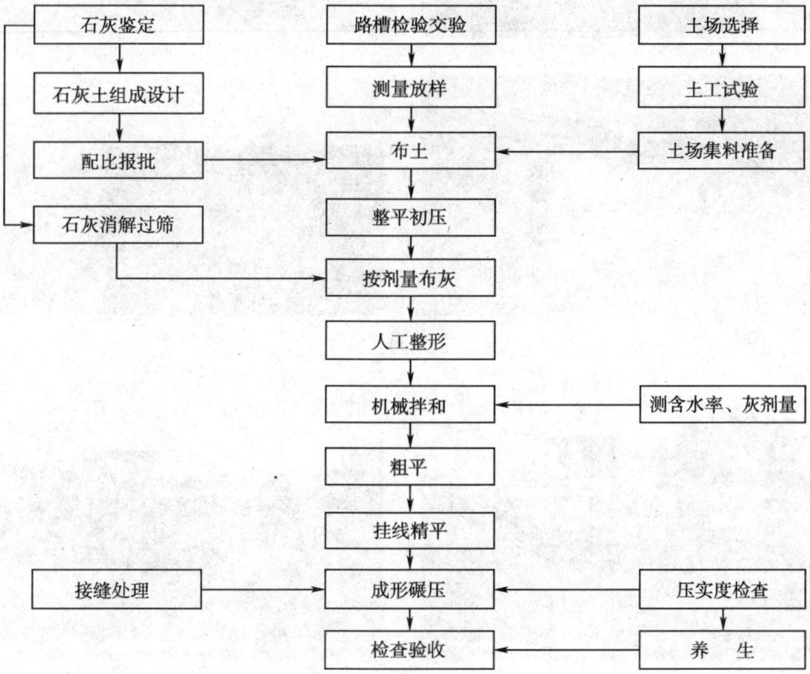

图4-5　石灰土路拌法施工工序

(2)石灰土路拌法施工实例图片,见图4-6。

2. 水泥稳定类基层

在粉碎的或原来松散的土中,掺入足量水泥和水,经拌和得到的混合料在压实及养生后,其抗压强度符合规定要求时,称为水泥稳定土。

1)水泥稳定土分类

水泥稳定土分为:

水泥土:用水泥稳定细粒土(砂性土、粉性土或黏性土)得到的混合料。

水泥砂:用水泥稳定砂得到的混合料。

水泥稳定粒料:用水泥稳定粗粒土和中粒土得到的混合料。

水泥稳定粒料类包括水泥稳定砂砾、砂砾土、碎石土、未筛分碎石、石屑、土等,以及水泥稳定经加工性能稳定的钢渣、矿渣等。

2)水泥稳定土强度形成的原理

水泥稳定土强度主要依靠离子交换及团粒化作用、硬凝反应和碳酸化作用形成。

3)影响水泥土强度与稳定性的因素

影响水泥土强度与稳定性的主要因素有土质、水泥成分与剂量、含水率、工艺过程和养生条件。水泥剂量以水泥质量占全部粗细土颗粒(即砾石、砂粒、粉粒和黏粒)的干质量的百分率表示,即:水泥剂量=水泥质量/干土质量。

a)

b)

图4-6　石灰土路拌法施工实例图片

a)备土、备灰;b)拌和、碾压

水泥稳定中粒土和粗粒土用做基层时,水泥剂量不宜超过6%。必要时,应首先改善集料的级配,然后用水泥稳定。

水泥稳定土施工时应严格控制延迟时间(从开始加水拌和到碾压完成时的延迟时间)。路拌法施工时,必须严密组织,采用流水作业法施工,尽可能缩短从加水拌和到碾压终了的延迟时间,此时间不应超过3~4h,并应短于水泥的终凝时间。采用集中厂拌法施工时,延迟时间不应超过2h。

4)水泥稳定土适用范围

水泥稳定土可适用于各级公路的基层和底基层,但水泥土不得用做二级和二级以上公路高级路面的基层。

5)水泥稳定土施工季节

水泥稳定土结构层宜在春末和气温较高季节组织施工。施工期的日最低气温应在5℃以上,在有冰冻的地区,并应在第一次重冰冻(-3~-5℃)到来之前半个月到一个月内完成。

6)水泥稳定土施工方法

(1)对于二级以下的公路,水泥稳定土基层和底基层可以采用路拌法施工。但对于二级公路,应采用专用的稳定土拌和机或使用集中拌和法制备混合料。

(2)对于高速公路和一级公路,直接铺筑在土基上的底基层下层可以用稳定土拌和机进行路拌法施工，当土基上层已用石灰或固化剂处理时，底基层的下层也宜用集中拌和法拌制混合料。其上的各个稳定土层都应用集中厂拌法拌制混合料，并用摊铺机摊铺基层混合料。

(3)基层分两层施工时，在铺筑上层前，应在下层顶面先撒薄层水泥或水泥净浆。

7)水泥稳定土施工程序

水泥稳定土施工时，必须采用流水作业法，使各工序紧密衔接。特别是要尽量缩短从加水拌和到碾压完成之间的延迟时间，所以在施工时应做延迟时间对强度影响的试验，以确定合适的延迟时间，并使此时水泥稳定土的强度仍能满足设计要求。

(1)水泥稳定粒料施工程序

公路常用水泥稳定粒料有水泥稳定碎石(用水泥稳定碎石得到的混合料)、水泥稳定砂砾(用水泥稳定砂砾得到的混合料)。采用中心站集中拌和法施工，施工工艺流程，如图 4-7 所示。

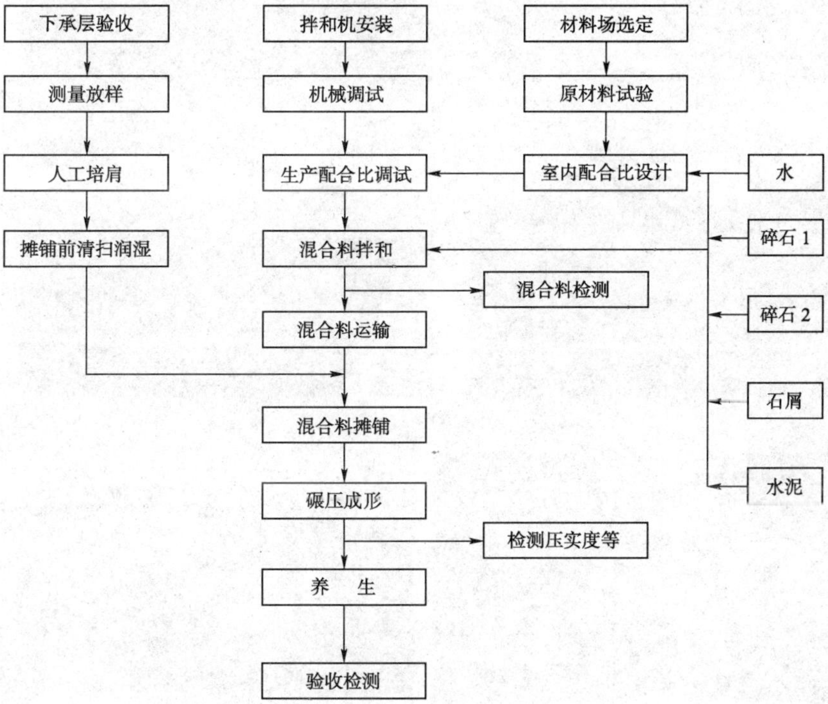

图 4-7　水泥稳定粒料集中拌和法施工工艺流程

(2)水泥稳定碎石施工实例图片，如图 4-8 所示。

3. *石灰工业废渣稳定土基层*

一定数量的石灰和粉煤灰或石灰和煤渣与其他集料相配合，加入适量的水，经拌和、压实及养生后得到的混合料，当其抗压强度符合规定要求时，称为石灰工业废渣稳定土。

1)石灰工业废渣稳定土分类

石灰工业废渣稳定土分为石灰粉煤灰类和石灰其他废渣类两大类，如图 4-9 所示。

2)石灰工业废渣稳定土的特点

石灰工业废渣稳定土基层具有水硬性、缓凝性、强度高、稳定性好，成板体，且强度随龄期不断增加，抗水、抗冻、抗裂而且收缩性小，适应各种气候环境和水文地质条件等特点。

图 4-8　水泥稳定碎石施工实例图片

a)拌和;b)放样;c)摊铺;d)养生

3)石灰工业废渣稳定土适用范围

石灰工业废渣稳定土适用于各级公路的基层和底基层,但二灰、二灰土和二灰砂不应用做二级和二级以上公路高级路面的基层。

4)石灰工业废渣稳定土施工季节

石灰工业废渣稳定土宜在春末和夏季组织施工。施工期的日最低气温应在5℃以上,并应在第一次重冰冻(-3~-5℃)到来之前一个月到一个半月内完成。

5)石灰工业废渣稳定土施工方法规定

(1)对于二级以下的公路,用石灰工业废渣做基层和底基层时,可以采用路拌法施工;对于二级公路，应采用专用的稳定土拌和机，或用集中厂拌法拌制混合料。

- 石灰工业废渣稳定土
  - 石灰粉煤灰类
    - 石灰粉煤灰（二灰）
    - 石灰粉煤灰土（二灰土）
    - 石灰粉煤灰砂（二灰砂）
    - 石灰粉煤灰砂砾（二灰砂砾）
    - 石灰粉煤灰碎石（二灰碎石）
    - 石灰粉煤灰矿渣（二灰煤矸石）
  - 石灰其他废渣类
    - 石灰煤渣
    - 石灰煤渣土
    - 石灰煤渣碎石
    - 石灰煤渣砂砾
    - 石灰煤渣矿渣
    - 石灰煤渣碎石土

图4-9　石灰工业废渣稳定土分类

（2）对于高速公路和一级公路，直接铺筑在土基上的底基层下层可以用专用的稳定土拌和机进行路拌法施工。如土基上层已用石灰或固化剂处理，则底基层的下层也应用集中拌和法拌制混合料。其上的各个稳定土层都应用集中厂拌法拌制混合料，并应用摊铺机摊铺基层混合料。

6）石灰工业废渣稳定土施工程序

公路工程上，常用二灰土、二灰碎石做底基层、基层。

二灰土是用石灰、粉煤灰稳定细粒土得到混合料的简称，即用石灰、粉煤灰与细粒土3种材料，按一定比例，通过专用机具，加水拌和均匀，再摊铺碾压成型的一种路面结构层。

用石灰、粉煤灰稳定集料（碎石、砾石或矿渣等）得到混合料称为二灰粒料，如二灰碎石、二灰砂砾、二灰矿渣等。

石灰工业废渣混合料采用质量配合比计算，以石灰∶粉煤灰∶集料的质量比表示。为提高其早期强度，可外加1%～2%的水泥或2%～5%的外加剂。如：二灰土（10∶20∶70），即石灰∶粉煤灰∶土＝10∶20∶70；如二灰碎石（4∶12∶84），即石灰∶粉煤灰∶碎石＝4∶12∶84（外掺1.5%水泥）。

（1）二灰土路拌法施工程序

二灰土一般采用路拌法施工，即用专用稳定土拌和机沿路拌和施工，施工流程如图4-10所示。

（2）二灰碎石施工工艺流程

二灰碎石采用集中拌和法（厂拌法）施工，施工工艺流程如图4-11所示。

二、粒料类基层

粒料稳定类主要有嵌锁型和级配型。

1.嵌挤型基层

以嵌挤原则修筑的路面基层，它是用分层撒铺矿料（各层矿料粒径大小基本相同）并经严格碾压而成的路面结构层（或采用尺寸大致均一的级配矿料进行拌和）。

嵌挤型路面基层具有强度高、稳定性好、抗滑耐磨能力强、渗透性大、抗老化能力强等特点。

嵌挤型路面基层类型有填隙碎石、泥结碎石及泥灰结碎石，层铺法表面处治、沥青贯入式，

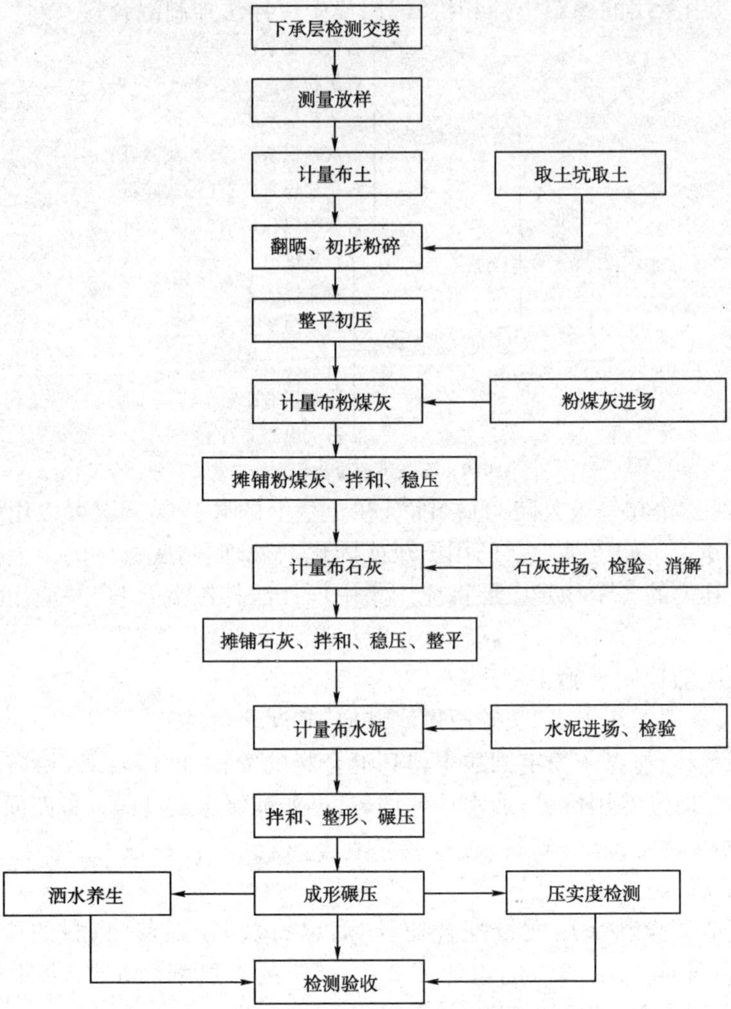

图4-10　二灰土路拌法施工工艺流程

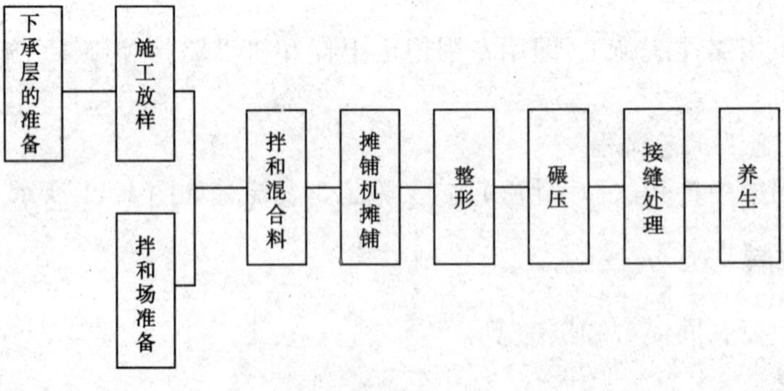

图4-11　二灰碎石施工工艺流程

路拌及厂拌沥青碎石等。

2. 密实级配型基层

以密实级配原则修筑的路面基层，它是采用颗粒大小不同的矿料按一定的比例配合，并掺入一定数量的结合料，拌制成混合料，经过摊铺碾压而形成的路面。

密实级配型基层具有强度高、耐久性好、密实而不透水、温度稳定性和抗滑能力较差等特点。

密实级配型基层类型有级配碎(砾)石路面、级配碎(砾)石掺灰、路拌法和厂拌法表面处治、沥青混凝土等。

3. 级配碎(砾)石施工程序

粗、中、小碎石集料和石屑各占一定比例的混合料,当其颗粒组成符合规定的密实级配要求时,称为级配碎石。

(1)级配碎(砾)石适用范围:级配碎(砾)石适用于轻交通的二级和二级以下公路的基层以及各级公路的底基层。

(2)级配碎(砾)石集中拌和法施工工艺流程,如图4-12所示。

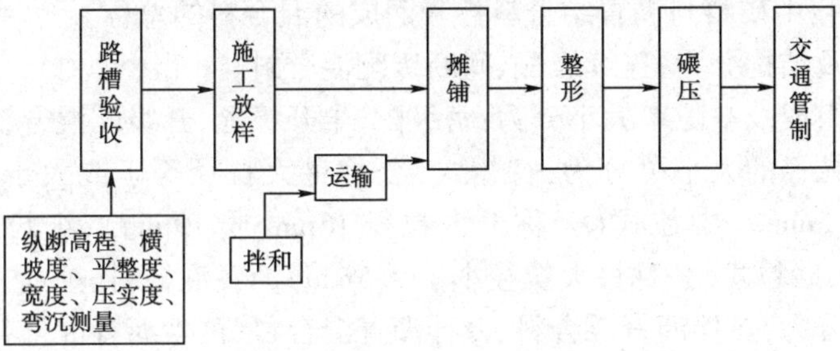

图4-12　级配碎石施工工艺流程

课题三　路面面层

路面面层是直接承受车轮荷载反复作用和自然因素影响的结构层,可由1~3层组成。表面层应根据使用要求设置抗滑耐磨、密实稳定的沥青层;中、下面层应根据公路等级、沥青层厚度、气候条件等选择适当的沥青结构层。本课题仅介绍沥青路面和水泥混凝土路面。

一、沥青路面

铺筑沥青面层的路面结构称为沥青路面。

1. 沥青路面特点

沥青路面的优点:

(1)沥青路面表面平整、坚实、无接缝,行车平稳、舒适、噪声小。

(2)沥青路面的强度可以调节,以适应不同交通量的需要。

(3)沥青路面晴天无尘土,雨天不泥泞,在烈日照射下不反光,便于行车。

(4)沥青路面适宜于机械化施工,质量较易得到保证,且施工进度快,开放交通快,还有利于修补和分期修建。

(5)现行的沥青再生技术可有效地提高资源利用率。

沥青路面的缺点:

(1)沥青路面的抗弯拉强度较低,故对基层的强度和稳定性要求较高。

(2)沥青面层的温度稳定性较差。夏季高温时,强度下降,易出现车辙、推移、波浪等现象;冬季低温时,由于沥青材料变脆而导致路面开裂。

(3)沥青路面施工受季节和气候影响较大。在低温季节和雨季,除乳化沥青外,不能施工。

(4)履带式车辆不能在沥青路面上行驶。

2. 基本术语

(1)沥青结合料:在沥青混合料中起胶结作用的沥青类材料(含添加的外掺剂、改性剂等)的总称。

(2)乳化沥青:石油沥青与水在乳化剂、稳定剂等的作用下经乳化加工制得的均匀沥青产品,也称沥青乳液。

(3)改性沥青:掺加橡胶、树脂、高分子聚合物、天然沥青、磨细的橡胶粉或者其他材料等外掺剂(改性剂),使沥青或沥青混合料的性能得以改善而制成的沥青结合料。

(4)改性乳化沥青:在制作乳化沥青的过程中同时加入聚合物胶乳,或将聚合物胶乳与乳化沥青成品混合,或对聚合物改性沥青进行乳化加工得到的乳化沥青产品。

(5)沥青混合料:由矿料与沥青结合料拌和而成的混合料的总称。

①按材料组成及结构分为:连续级配、间断级配混合料。

②按矿料级配组成及空隙率大小分为:密级配、半开级配、开级配混合料。

③按公称最大粒径的大小可分为:特粗式(公称最大粒径等于或大于31.5mm)、粗粒式(公称最大粒径26.5mm)、中粒式(公称最大粒径16mm或19mm)、细粒式(公称最大粒径9.5mm或13.2mm)、砂粒式(公称最大粒径小于9.5mm)沥青混合料。

④按制造工艺分为:热拌沥青混合料、冷拌沥青混合料、再生沥青混合料等。

(6)密级配沥青混合料:按密实级配原理设计组成的各种粒径颗粒的矿料与沥青结合料拌和而成,设计空隙率较小(对不同交通及气候情况、层位可作适当调整)的密实式沥青混凝土混合料(以AC表示)和密实式沥青稳定碎石混合料(以ATB表示)。按关键性筛孔通过率的不同又可分为细型、粗型密级配沥青混合料等。粗集料嵌挤作用较好的也称嵌挤密实型沥青混合料。

(7)沥青稳定碎石混合料(简称沥青碎石):由矿料和沥青组成具有一定级配要求的混合料,按空隙率、集料最大粒径、添加矿粉数量的多少,分为密级配沥青碎石(ATB)、开级配沥青碎石(OGFC表面层及ATPB基层)、半开级配沥青碎石(AM)。

(8)沥青玛蹄脂碎石混合料:由沥青结合料与少量的纤维稳定剂、细集料以及较多量的填料(矿粉)组成的沥青玛蹄脂,填充于间断级配的粗集料骨架的间隙,组成一体形成的沥青混合料,简称SMA。

3. 沥青路面分类

(1)按强度构成原理将沥青路面分为密实类和嵌挤类两大类。

密实类沥青路面要求矿料的级配按最大密实原则设计,其强度和稳定性主要取决于混合料的黏聚力和内摩阻力。密实类沥青路面按其空隙率的大小可分为闭式和开式两种。

嵌挤类沥青路面要求采用颗粒尺寸较为均一的矿料,路面的强度和稳定性主要依靠骨料颗粒之间相互嵌挤所产生的内摩阻力,而黏聚力则起着次要的作用。

(2)按施工工艺的不同,沥青路面可分为层铺法、路拌法和厂拌法3类。

层铺法是用分层洒布沥青,分层铺撒矿料和碾压的方法修筑路面。

路拌法是在路上用机械将矿料和沥青材料就地拌和摊铺和碾压密实而成为沥青面层。

厂拌法是将规定级配的矿料和沥青材料在工厂用专用设备加热拌和,然后送到工地摊铺碾压而成为沥青路面。

(3)根据沥青路面的技术特性,沥青面层可分为沥青混凝土、热拌沥青碎石、乳化沥青碎石混合料、沥青贯入式、沥青表面处治5种类型。

4. 沥青路面的施工程序

1）热拌沥青混合料面层施工

（1）热拌沥青混合料路面

热拌沥青混凝土路面是由几种大小不同的矿料，用沥青作结合料，按一定比例配合，在严格的配合比及温度条件下拌和，经压实形成路面面层。其特点是矿料、沥青及混合料从拌和到铺筑成形均须在较高的温度范围内完成。

（2）热拌沥青混合料适用于各种等级公路的沥青路面。

（3）热拌沥青混合料按集料公称最大粒径、矿料级配、孔隙率划分，分类见表4-5。

热拌沥青混合料种类 表4-5

混合料类型	密级配			开级配		半开级配	公称最大粒径（mm）	最大粒径（mm）
	连续级配		间断级配	间断级配				
	沥青混凝土	沥青稳定碎石	沥青玛蹄脂碎石	排水式沥青磨耗层	排水式沥青碎石基层	沥青稳定碎石		
特粗式	—	ATB—40	—	—	ATPB—40	—	37.5	53.0
粗粒式	—	ATB—30	—	—	ATPB—30	—	31.5	37.5
	AC—25	ATB—25	—	—	ATPB—25	—	26.5	31.5
中粒式	AC—20	—	SMA—20	—	—	AM—20	19.0	26.5
	AC—16	—	SMA—16	OGFC—16	—	AM—16	16.0	19.0
细粒式	AC—13	—	SMA—13	OGFC—13	—	AM—13	13.2	16.0
	AC—10	—	SMA—10	OGFC—10	—	AM—10	9.5	13.2
砂粒式	AC—5	—	—	—	—	AM—5	4.75	9.5
设计孔隙率[注]（%）	3~5	3~6	3~4	>18	>18	6~12		

注：孔隙率可按配合比设计要求适当调整。

（4）热拌沥青混合料的类型根据道路等级、路面类型、所处的结构层位，按表4-6选用。

热拌沥青混合料类型 表4-6

结构层次	高速公路、一级公路		其他等级公路	
	三层式沥青混凝土路面	两层式沥青混凝土路面	沥青混凝土路面	沥青碎石路面
上面层	AC—13 AC—16 AC—20 AK—13 AK—16 SMA—13 SMA—16	AC—16 AC—20 AK—16 SMA—16	AC—13 AC—16	AM—13
中面层	AC—20 AC—25			
下面层	AC—25 AC—30	AC—20 AC—25 AC—30	AC—20 AC—25 AC—30 AM—25 AM—30	AM—25 AM—30

（5）热拌沥青混合料的施工工艺流程，如图4-13所示。

2）沥青表面处治与封层施工

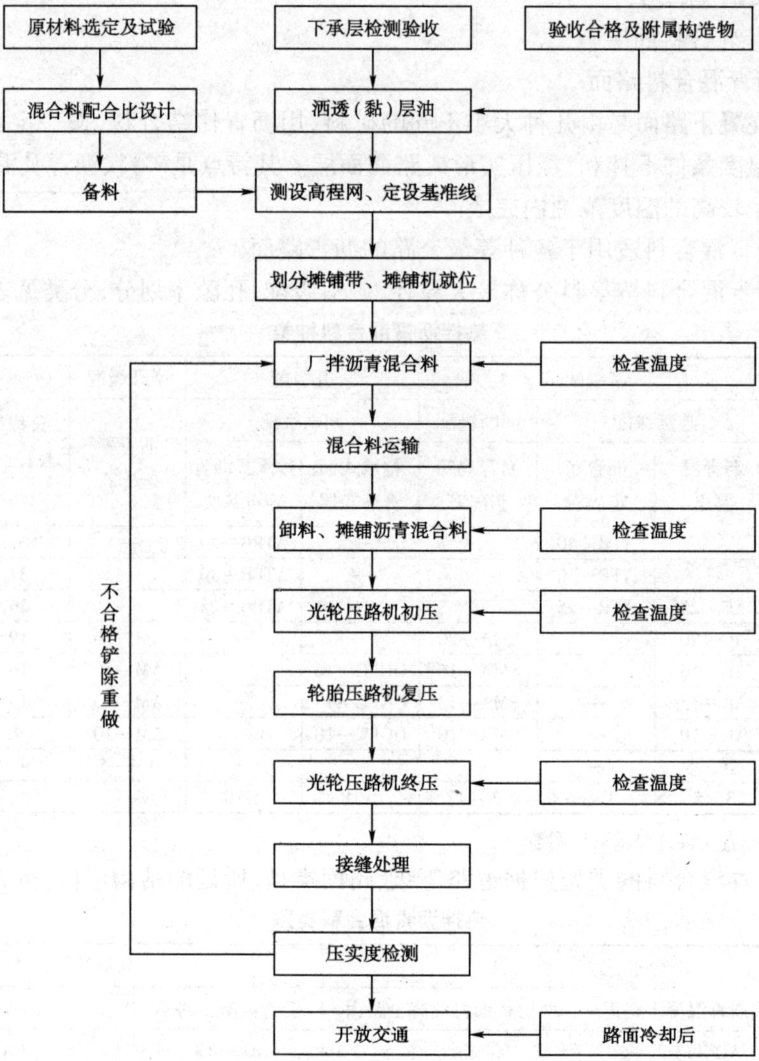

图4-13 热拌沥青混合料的施工工艺流程图

沥青表面处治适用于三级、四级公路的面层、旧沥青面层上加铺罩面或抗滑层、磨耗层等。各种封层适用于加铺薄层罩面、磨耗层、水泥混凝土路面上的应力缓冲层、各种防水和密水层、预防性养护罩面层。

沥青表面处治与封层宜选择在干燥和较热的季节施工，并在最高温度低于15℃到来以前半个月及雨季前结束。

(1)沥青表面处治

沥青表面处治路面是用沥青和集料按层铺法或拌和法铺筑而成的厚度不超过30mm的沥青路面。其厚度一般为10～30mm。层铺法分为单层、双层、三层。单层表处厚度为10～15mm；双层表处厚度为15～25mm；三层表处厚度为25～30mm。

三层式层铺法沥青表面处治施工工艺如下：

施工前的准备工作→安装路缘石→浇洒透层沥青→浇洒第一层沥青→撒铺第一层集料→碾压→浇洒第二层沥青→撒铺第二层集料→碾压→浇洒第三层沥青→撒铺第三层集料→碾压→控制交通→初期养护。

双层式或单层式沥青表面处治浇洒沥青及撒布集料的次数相应减少，其施工程序参照三层式进行。

(2)封层

封层是为封闭表面空隙、防止水分侵入而在沥青面层或基层上铺筑的有一定厚度的沥青混合料薄层。铺筑在沥青面层表面的称为上封层，铺筑在沥青面层下面、基层表面的称为下封层。

①上封层

a. 上封层根据情况可选择乳化沥青稀浆封层、微表处、改性沥青集料封层、薄层磨耗层或其他适宜的材料。

b. 铺设上封层的下卧层必须彻底清扫干净，对车辙、坑槽、裂缝进行处理或挖补。

c. 上封层的类型根据使用目的、路面的破损程度选用。

裂缝较细、较密的可采用涂洒类密封剂、软化再生剂等涂刷罩面；对二级及二级以下公路的旧沥青路面可以采用普通的乳化沥青稀浆封层，也可在喷洒道路石油沥青后撒布石屑(砂)后碾压作封层；对高速公路、一级公路有轻微损坏的宜铺筑微表处；对用于改善抗滑性能的上封层可采用稀浆封层、微表处或改性沥青集料封层。

②下封层

a. 多雨潮湿地区的高速公路、一级公路的沥青面层空隙率较大，有严重渗水可能，或铺筑基层不能及时铺筑沥青面层而需通行车辆时，宜在喷洒透层油后铺筑下封层。

b. 下封层宜采用层铺法表面处治或稀浆封层法施工。稀浆封层可采用乳化沥青或改性乳化沥青作结合料。下封层的厚度不宜小于6mm，且做到完全密水。

c. 以层铺法沥青表面处治铺筑下封层时，通常采用单层式。

(3)稀浆封层和微表处

稀浆封层是用适当级配的石屑或砂、填料(水泥、石灰、粉煤灰、石粉等)与乳化沥青、外掺剂和水，按一定比例拌和而成的流动状态的沥青混合料，将其均匀地摊铺在路面上形成的沥青封层。

微表处是用适当级配的石屑或砂、填料(水泥、石灰、粉煤灰、石粉等)采用聚合物改性乳化沥青、外掺剂和水，按一定比例拌和而成的流动状态的沥青混合料，将其均匀地摊铺在路面上形成的沥青封层。

①适用范围：微表处主要用于高速公路及一级公路的预防性养护以及填补轻度车辙，也适用于新建公路的抗滑磨耗层。

稀浆封层一般用于二级及二级以下公路的预防性养护，也适用于新建公路的下封层。

②施工要求：

a. 稀浆封层和微表处必须使用专用的摊铺机进行摊铺。单层微表处适用于旧路面车辙深度不大于15mm的情况，超过15mm的必须分两层铺筑，或先用V字形车辙摊铺箱摊铺，深度大于40mm时不适宜微表处处理。

b. 微表处必须采用改性乳化沥青，稀浆封层可采用普通乳化沥青或改性乳化沥青。

c. 稀浆封层和微表处应选择坚硬、粗糙、耐磨、洁净的集料。

d. 稀浆封层和微表处施工前，应彻底清除原路面的泥土、杂物，修补坑槽、凹陷，较宽的裂缝宜清理灌缝。在水泥混凝土路面上铺筑微表处时宜洒布黏层油，过于光滑的表面需拉毛处理。

e. 稀浆封层和微表处的最低施工温度不得低于10℃，严禁在雨天施工，摊铺后尚未成型混合料遇雨时应予铲除。

f. 稀浆封层和微表处两纵缝搭接的宽度不宜超过 80mm，横向接缝宜做成对接缝。分两层摊铺时，第一层摊铺后至少应开放交通 24h 后方可进行第二层摊铺。

g. 稀浆封层和微表处铺筑后的表面不得有超粒径料拖拉的严重划痕，横向接缝和纵向接缝处不得出现余料堆积或缺料现象，用 3m 直尺测量接缝处的不平整度不得大于 6mm。对微表处不得有横向波浪和深度超过 6mm 的纵向条纹。经养生和初期交通碾压稳定的稀浆封层和微表处，在行车作用下应不飞散且完全密水。

3）沥青贯入式路面施工

（1）沥青贯入式路面：沥青贯入式路面结构层是在初步压实的碎石（或破碎砾石）上，分层浇洒沥青、撒布嵌缝料，或再在上部铺筑热拌沥青混合料封层，经压实而形成沥青面层。

其厚度一般为 4～8cm，厚度为 6～8cm 称为深贯入式，厚度为 4～5cm 称为浅贯入式。乳化沥青贯入式路面的厚度不宜超过 5cm。当贯入层上部加铺拌和的沥青混合料面层成为上拌下贯式路面时，拌和层的厚度宜不小于 1.5cm。

沥青贯入式路面适用于三级及三级以下公路，也可作为沥青路面的联结层或基层。

沥青贯入式路面的最上层应撒布封层料或加铺拌和层。沥青贯入层作为联结层使用时，可不撒表面封层料。沥青贯入式路面宜选择在干燥和较热的季节施工，并宜在日最高温度降低至 15℃以前半个月结束，使贯入式结构层通过开放交通碾压成形。

沥青贯入式路面施工程序如图 4-14 所示。

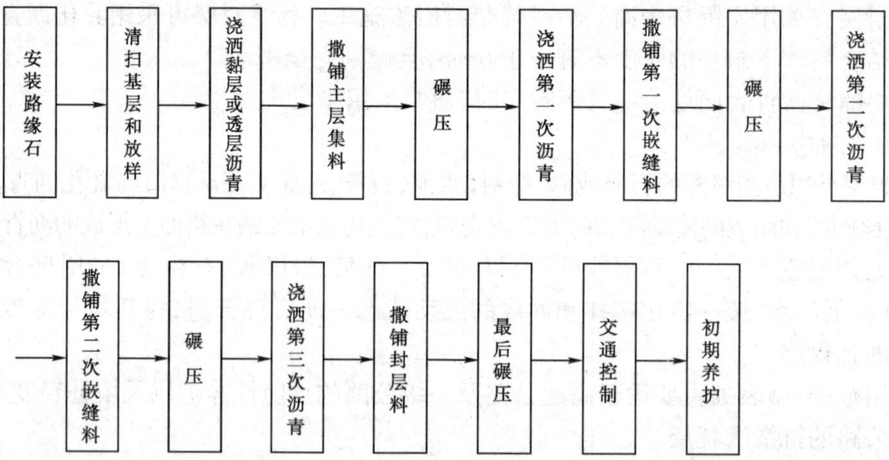

图 4-14　沥青贯入式路面施工工艺流程图

（2）沥青上拌下贯式路面施工

铺筑上拌下贯式路面时，贯入层不撒布封层料，拌和层应紧跟贯入层施工，使上下成为一整体。贯入部分采用乳化沥青时应待其破乳、水分蒸发且成型稳定后方可铺筑拌和层，当拌和层与贯入部分不能连续施工，且要在短期内通行施工车辆时，贯入层部分的第二遍嵌缝料应增加用量 $2\sim3m^3/1\ 000m^2$。在摊铺拌和层沥青混合料前，应作补充碾压，并浇洒黏层沥青。

4）透层、黏层

（1）透层

透层是为使沥青面层与非沥青材料基层结合良好，在基层上喷洒液体石油沥青、乳化沥青、煤沥青而形成的透入基层表面一定深度的薄层。

透层适用于无机结合料基层表面的有机结合料渗透层，用于路段的下面层与基层的层间处理，喷洒后，要求渗透深度宜不小于5～10mm。

透层的作用：

①层间连接作用。透层沥青能使沥青面层与基层间结合紧密，有利于提高路面结构的整体性，防止层间滑移，使沥青面层处于有利的受力状态。

②对基层的保护层作用。在基层上洒布透层沥青相当于对基层表面进行了处治，基层表面的开口空隙被填充，减少了基层表面的松散，提高了基层的耐磨性，可以防止和减少表面裂纹及施工车辆通行给基层带来的不利影响。

③封闭养生作用。基层成型后，及时喷洒透层沥青，封闭了基层表面的孔隙，缩短基层裸露时间，基层内水分蒸发散失相对较小，起到养生作用。

④在由于某种原因推迟铺筑面层的情况下，透层可向基层提供临时性防护，防止降雨和临时行车的破坏。

(2)黏层

黏层是为加强路面沥青层与沥青层之间、沥青层与水泥混凝土路面之间的黏结而洒布的沥青材料薄层。

在下列情况下，必须喷洒黏层油：

①双层式或三层式热拌热铺沥青混合料路面的沥青层之间。

②水泥混凝土路面、沥青稳定碎石基层或旧沥青路面层上加铺沥青层。

③路缘石、雨水口、检查井等构造物与新铺沥青混合料接触的侧面。

二、水泥混凝土路面

1. 水泥混凝土路面特点

以水泥混凝上做面层(配筋或不配筋)的路面称为水泥混凝土路面，亦称刚性路面。它包括普通混凝土路面、钢筋混凝土路面、碾压混凝土路面、钢纤维混凝土路面、连续配筋混凝土路面等。

普通混凝土(亦称无筋混凝土或素混凝土)路面指除接缝区和局部范围(边缘或角隅)外均不配钢筋的水泥混凝土路面，是目前我国采用的最广泛的一种水泥混凝土路面结构。本章主要介绍这一种路面。

水泥混凝土路面具有以下优点：

(1)强度高。混凝土具有很高的抗压强度和较高的抗弯拉强度以及抗磨耗能力。

(2)稳定性好。混凝土路面的水稳性、热稳性好。

(3)耐久性好。由于混凝土路面的强度和稳定性好，所以它经久耐用。

(4)有利于夜间行车，混凝土路面色泽鲜明，能见度好，对夜间行车有利。

水泥混凝土路面具有以下缺点：

(1)设置的接缝很多且接缝极易破坏，从而引起行车跳动，影响行车的舒适性。

(2)由于水泥混凝土路面要求相对稳固的路基和基层支撑条件，因此它不适用于基层、路基大变形和不均匀沉降的软基、高填方及长期浸水路段。

(3)超载对刚性路面极为不利，极易形成断板、断边、断角等结构性破坏。

(4)修复困难，混凝土路面损坏后，开挖很困难，修补工作量也大，又影响交通。

2. 水泥混凝土路面施工工艺流程

水泥混凝土路面施工方法有小型机具配套施工、轨道施工和滑模摊铺法施工。

(1)小型机具配套施工程序，见图4-15。

(2)轨道施工程序,见图4-16。

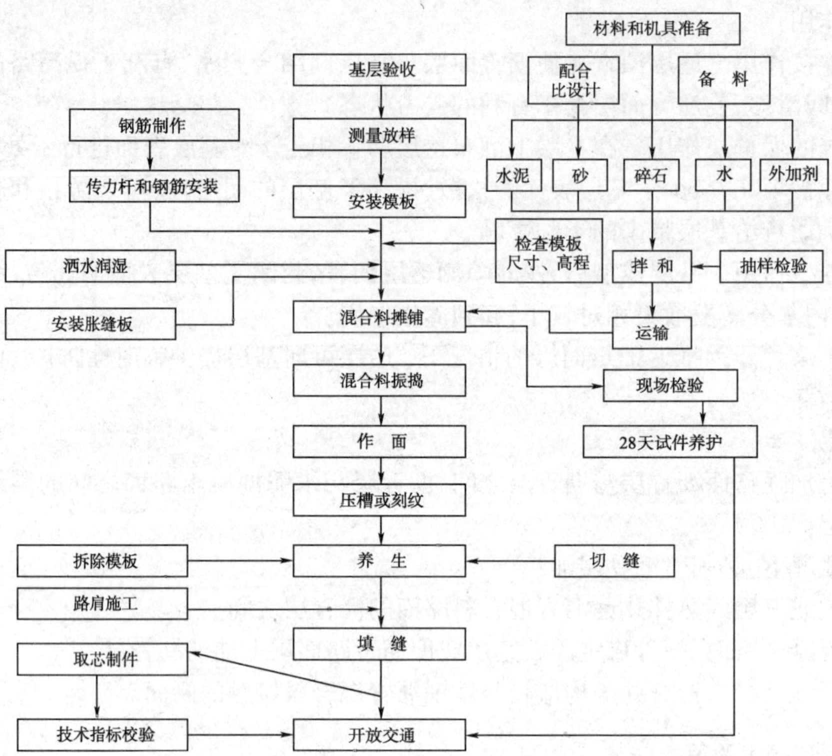

图4-15 小型机具配套施工程序

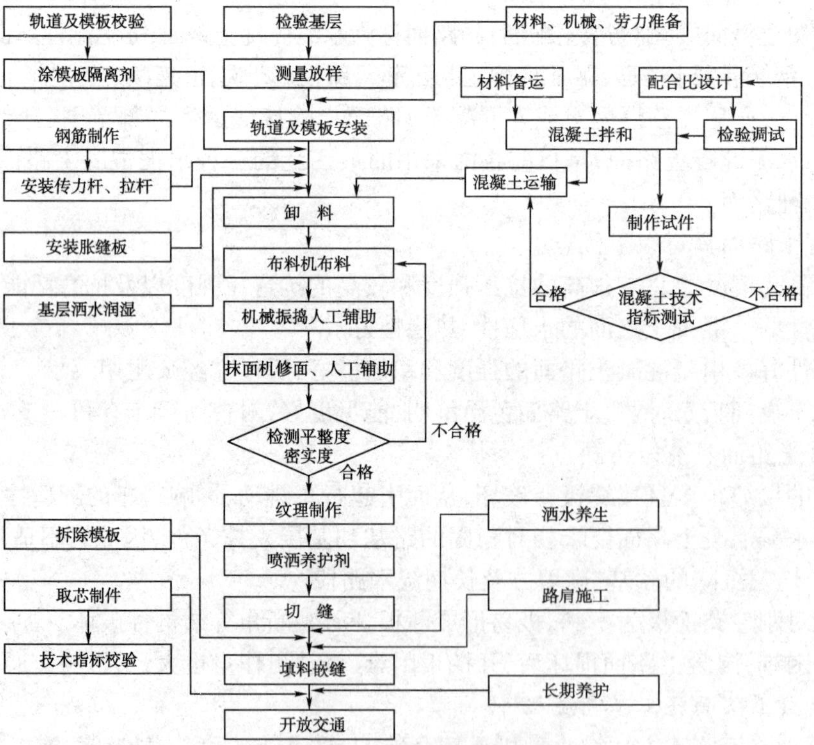

图4-16 轨道施工程序

(3)滑模摊铺法施工程序,如图 4-17 所示。

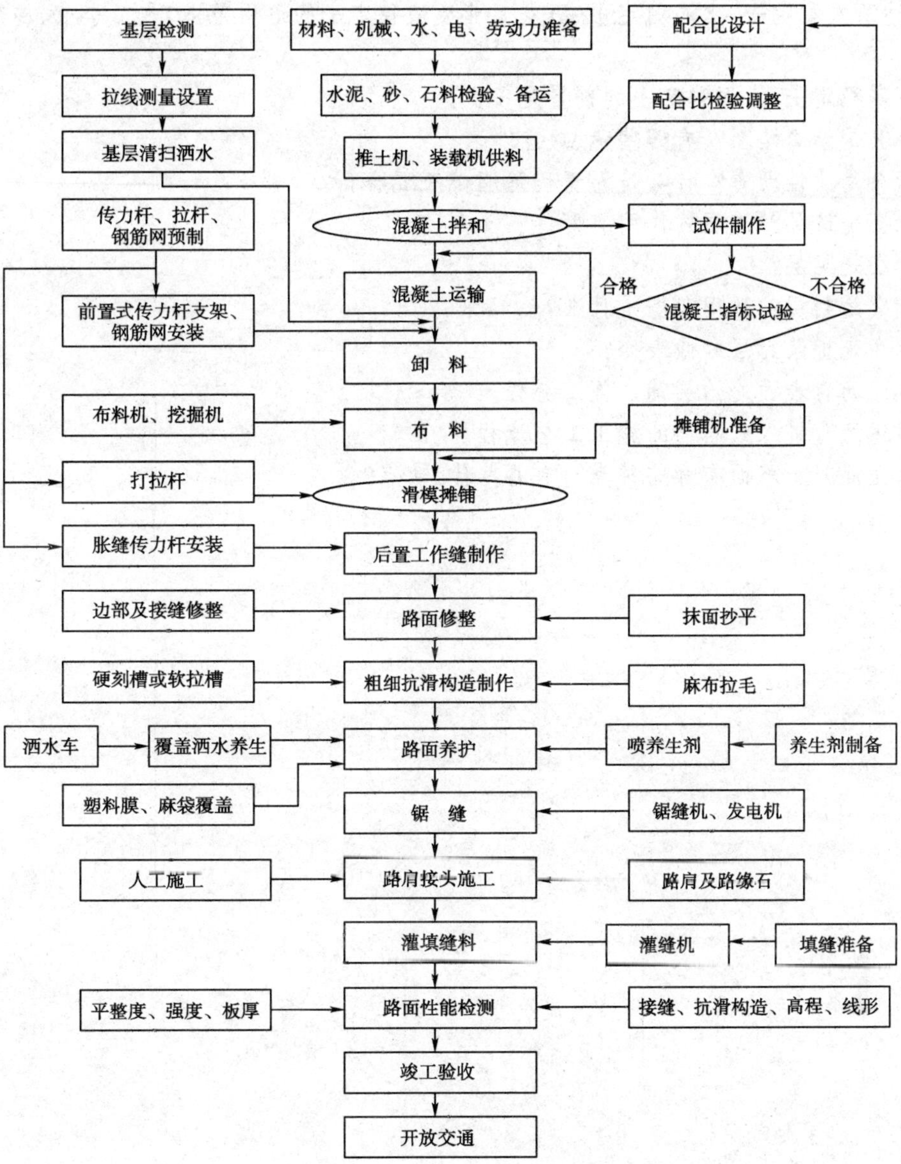

图 4-17 滑模摊铺法施工程序

复习思考题

1. 何为路面?
2. 对路面的基本要求有哪些?
3. 路面结构层如何划分?各层作用如何?
4. 路面划分几个等级?
5. 路面类型如何划分?
6. 何为石灰稳定土、石灰土?
7. 石灰稳定土、水泥稳定土强度形成的原理是什么?

8. 影响石灰稳定土、水泥稳定土强度的因素有哪些？

9. 简述石灰稳定土、水泥稳定土、石灰工业废渣稳定土的适用范围、施工季节、施工程序和方法。

10. 石灰稳定土、水泥稳定土的剂量是多少？

11. 什么是沥青路面？有哪些优、缺点？

12. 什么是改性沥青？什么是沥青玛蹄脂碎石混合料？

13. 什么是透层？透层的作用有哪些？

14. 什么是黏层？

15. 什么是封层？适用范围是什么？

16. 什么是稀浆封层和微表处？

17. 试述沥青表面处治层铺法施工流程。

18. 试述沥青贯入式路面的施工工艺流程。

19. 水泥混凝土路面有哪些种类？有哪些优、缺点？

单元五　桥涵工程

知识点：

1. 桥梁的基本组成、主要尺寸、类型；
2. 钢筋混凝土空心梁（板）的分类、构造和制作工艺；
3. 桥面系构造；
4. 桥梁墩、台形式和构造；
5. 桥梁地基基础的种类，钻孔灌注桩的施工工艺流程；
6. 涵洞的组成、分类、构造及施工工艺流程。

技能点：

1. 钢筋混凝土空心梁（板）的制作工艺流程；
2. 钻孔灌注桩的施工工艺；
3. 涵洞的施工工艺。

在公路、城市道路和铁路以及水利工程中，为了跨越各种障碍（如河流、沟谷或其他路线等）需修建各种类型的桥梁或涵洞，因而桥涵是陆路交通中的重要组成部分。就其数量来说，即使地形不复杂的路段，每公里路线的桥涵数量一般也有2~3座；从造价角度来看，桥涵建筑造价一般要占公路路线总造价的10%~20%；同时桥涵施工也比较复杂。

课题一　桥梁基本知识

一、桥梁的基本组成部分

桥梁是公路、铁路、渠道、管线、行人等跨越各种障碍（如河流、沟谷或其他线路等）使用的建筑物。桥梁一般由上部结构、下部结构、附属结构3部分组成，如图5-1、图5-2所示。

1. 上部结构

上部结构又叫桥跨结构，是在线路中断时跨越障碍的主要承载结构，包括承重结构（主梁或拱圈等）和桥面系两部分。其作用是承受车辆荷载，并通过支座传给墩台。

2. 下部结构

下部结构包括桥墩和桥台，是支撑桥跨结构并将恒载和车辆等活载传至地基的建筑物。设在桥两端的称为桥台，它除了上述作用外，还与路堤相衔接，以抵御路堤土压力，防止路堤填土的滑坡和坍落。在两孔和两孔以上的桥梁中除桥台外其余的中间支撑结构称为桥墩。单孔桥没有中间桥墩。对于两端悬出的桥垮结构，则往往不用桥台而设置中间的岸墩。

3. 附属结构

附属结构是指桥头路堤锥形护坡、护岸等，其作用是防止路堤填土不致向河中坍塌，并抵御水流的冲刷。

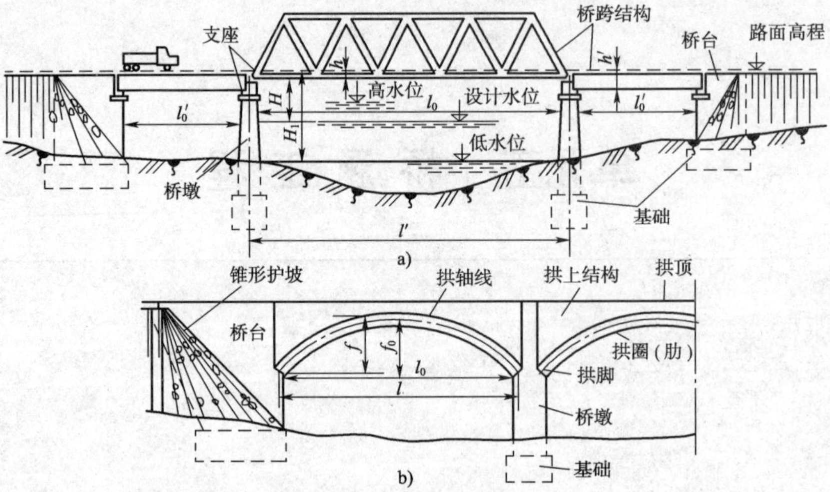

图 5-1　桥梁概貌

a)梁桥;b)拱桥

a)　　b)

图 5-2　桥梁实例图

a)梁桥实例图;b)拱桥实例图

二、桥梁的主要尺寸

(1)净跨径:对于梁桥,是指设计洪水位上相邻两个桥墩(或桥台)之间的净距,用 l_0 表示(图 5-1a);对于拱桥,是指每孔拱跨两个拱脚截面最低点之间的水平距离(图 5-1b)。

(2)总跨径:是指多孔桥梁中各孔净跨径的总和,也称桥梁孔径,用 $\sum l_0$ 表示,它反映了桥下宣泄洪水的能力。

(3)计算跨径:对于有支座的桥梁,是指桥跨结构相邻两个支座中心之间的距离,用 l 表示。对于拱桥,是指两相邻拱脚截面形心点之间的水平距离。因为拱圈(或拱肋)各截面形心点的连线称为拱轴线,故计算跨径也就是拱轴线两端点之间的水平距离。桥跨结构的力学计算是以计算跨径 l 为基准的。

(4)桥梁全长:简称桥长,有桥台的桥梁为两岸桥台侧墙或八字墙尾端间的距离;无桥台的桥梁为桥面系长度,用 L 表示。在一条线路中,桥梁和涵洞总长的比重反映它们在整段线路建设中的重要程度。

(5)桥梁高度:简称桥高,是指桥面与低水位之间的高差,如图 5-1 中的 H_1,或为桥面与桥下线路路面之间的距离。桥高在某种程度上反映了桥梁施工的难易程度。

(6)桥下净空高度：是设计洪水位或计算通航水位至桥跨结构最下缘之间的距离，用 H 表示，它应保证能安全泄洪，并不得小于对该河流通航所规定的净空高度。

(7)建筑高度：是桥上行车路面（或轨顶）高程至桥跨结构最下缘之间的距离（图 5-1 中的 h 及 h'）。它不仅与桥梁结构的体系和跨径的大小有关，而且还随行车部分在桥上布置的高度位置而异。公路（或铁路）定线中所确定的桥面（或轨顶）高程，对通航净空顶部高程之差，又称为容许建筑高度。显然，桥梁的建筑高度不得大于其容许建筑高度，否则就不能保证桥下的通航要求。

(8)桥面净空：指为了保证车辆和行人的安全通行，桥面以上垂直于行车方向应有的限界空间（净宽和净高）。规定在桥面净空范围内不得有任何桥梁构件或其他装置。

(9)净矢高：是从拱顶截面下缘至相邻两拱脚截面下缘最低点之连线的垂直距离，用 f_0 表示（图 5-1）。

(10)计算矢高：是从拱顶截面形心至相邻两拱脚截面形心之连线的垂直距离，用 f 表示（图 5-1）。

(11)矢跨比：是拱桥中拱圈（或拱肋）的计算矢高 f 与计算跨径 l 之比（f/l），也称拱矢度，它是反映拱桥受力特性的一个重要指标。

(12)标准跨径：对于梁桥，它是指两相邻桥墩中线之间的距离，或墩中线至桥台台背前缘之间的距离；对于拱桥，则是指净跨径。我国《公路工程标准》规定，当标准设计或新建桥涵的跨径在 50m 及以下时，宜采用标准化跨径[见图 5-1a）中 l']。

三、桥梁的主要类型

1. 按桥梁主要构件的受力情况分类

1)梁桥

主要承重构件是梁（板）。在竖向荷载作用下承受弯矩，墩台只承受竖向压力，通常要用抗弯能力强的材料，如钢筋混凝土等来建造，见图 5-3。

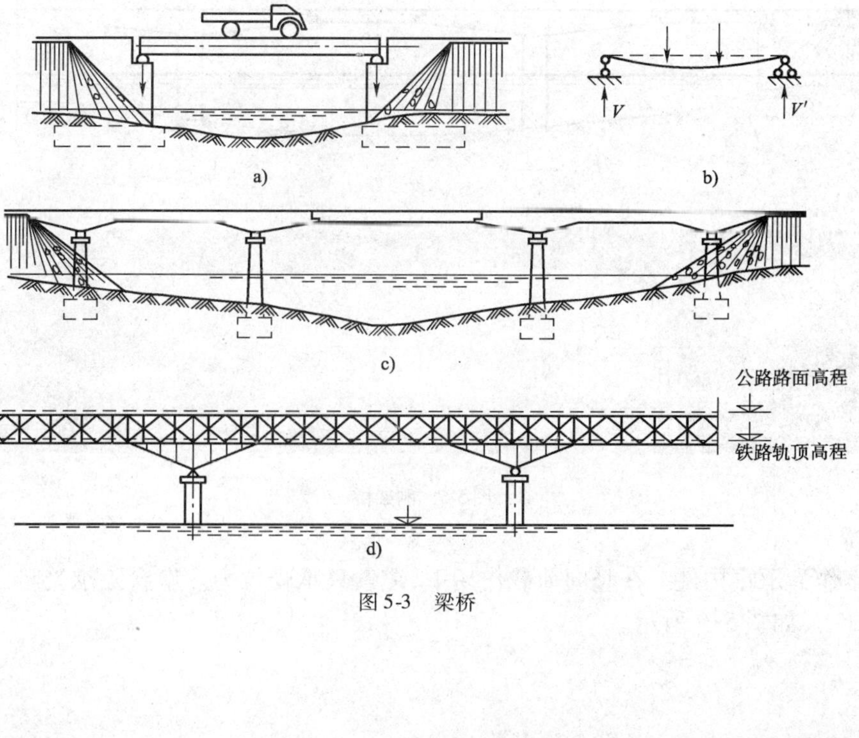

图 5-3　梁桥

2）拱桥

主要承重构件是拱圈或拱肋。在竖向荷载作用下，主要承受压力，但也承受弯矩。墩台除承受竖向压力和弯矩外，还承受水平推力，如图 5-4 所示。

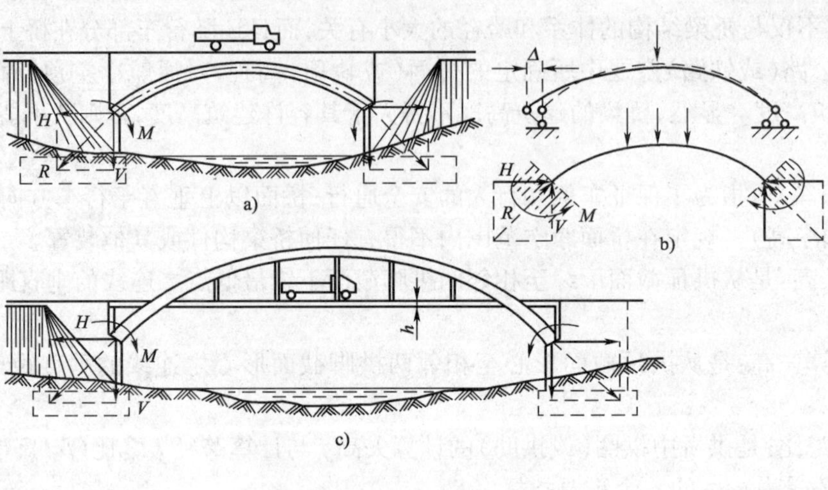

图 5-4　拱桥

3）刚架桥

上部构造和墩台（支柱）彼此连成一个整体，在竖向荷载作用下，柱脚产生竖向反力、水平反力和弯矩。这种桥的受力情况介于梁和拱之间，如图 5-5 所示。

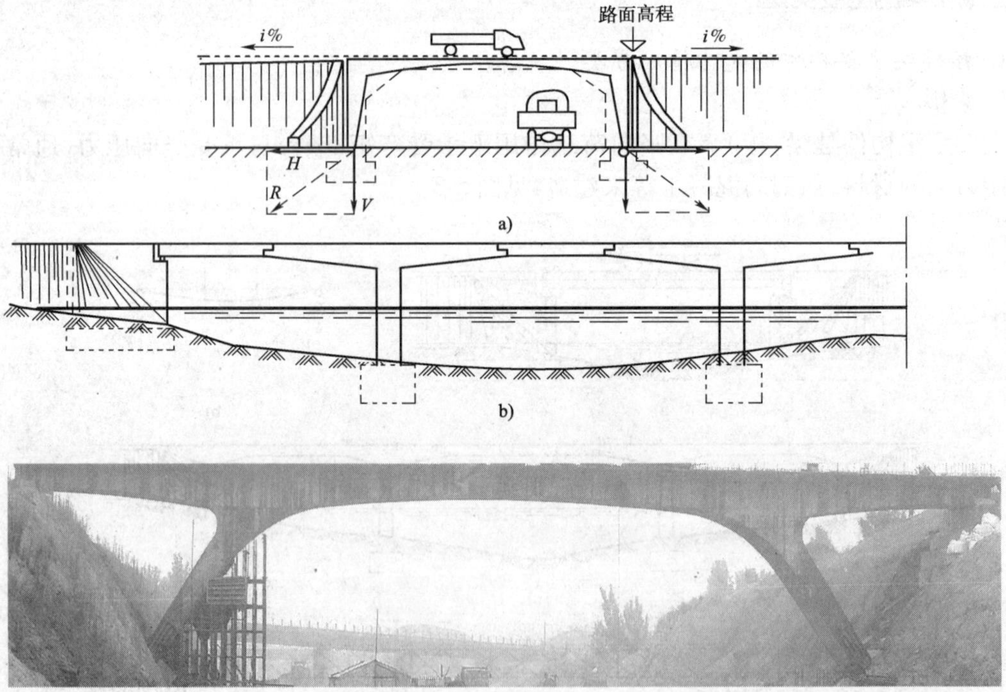

图 5-5　刚架桥

4）吊桥

以缆索作为承重构件。在竖向荷载作用下，缆索只承受拉力。墩台除承受竖向反力外，还承受水平推力，如图 5-6 所示。

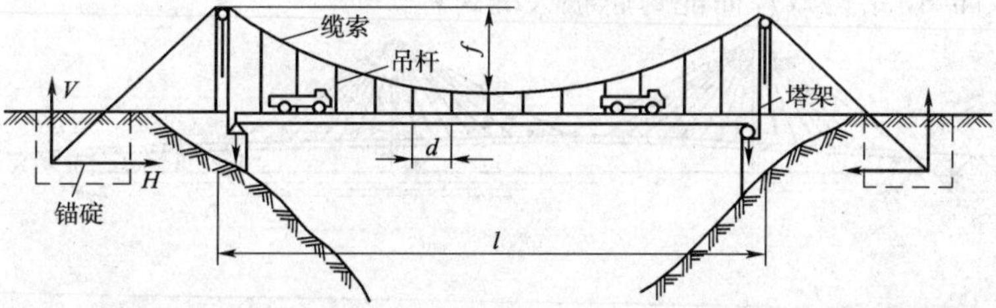

图 5-6　吊桥

5）组合体系桥

它是由几个不同体系的结构所组成，互相联系，共同受力。

（1）梁、拱组合体系

它是利用梁的受弯与拱的承压特点组成联合结构。其中梁和拱都是主要承重物，两者相互配合共同受力，如图 5-7 所示。

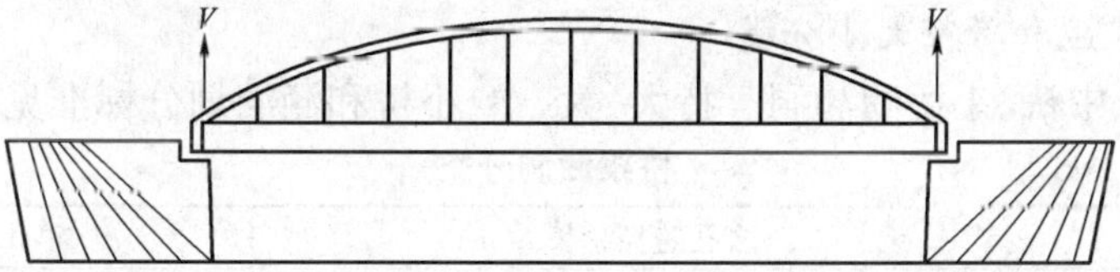

a）

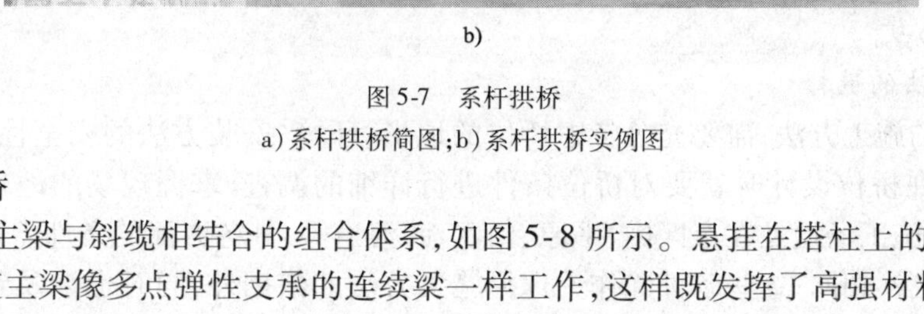

b）

图 5-7　系杆拱桥

a）系杆拱桥简图；b）系杆拱桥实例图

（2）斜拉桥

它是一种主梁与斜缆相结合的组合体系，如图 5-8 所示。悬挂在塔柱上的被张紧的斜缆将主梁吊住，使主梁像多点弹性支承的连续梁一样工作，这样既发挥了高强材料的作用，又显著减少了主梁截面，使结构减轻而能跨越很大的跨径。

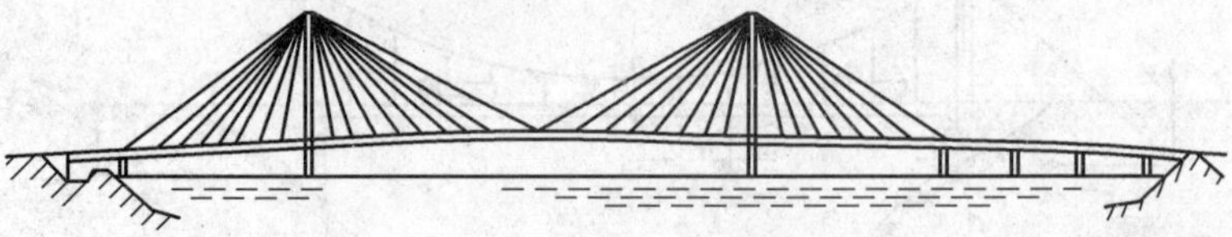

a)

b)

图 5-8　斜拉桥

a）斜拉桥简图；b）斜拉桥实例图

2. 按上部构造所用材料分类

木桥、钢筋混凝土桥、圬工桥（砖、石、混凝土）和钢桥等。

3. 按行车道的位置分类

上承式桥、中承式桥和下承式桥。桥面布置在主要的承重结构之上的称为上承式桥；桥面布置在桥跨结构之下的称为下承式桥；桥面布置在桥跨结构高度中间的称为中承式桥。

4. 按使用条件不同分类

固定式桥梁、浮桥、开启式桥、漫水桥等。

5. 按桥梁的长度和跨径大小分类

特大桥、大桥、中桥、小桥和涵洞。特大、大、中、小桥和涵洞划分标准见表 5-1。

桥梁涵洞分类　　表 5-1

桥涵分类	多孔跨径总长 L(m)	单孔跨径 L_K(m)
特大桥	$L>1\,000$	$L_K>150$
大　桥	$100\leqslant L\leqslant 1\,000$	$40\leqslant L_K\leqslant 150$
中　桥	$30<L<100$	$20\leqslant L_K<40$
小　桥	$8\leqslant L\leqslant 30$	$5\leqslant L_K<20$
涵　洞	—	$L_K<5$

四、桥梁施工方法的分类和选择

1. 施工方法的分类

桥梁的形式是多种多样的，这就决定了施工方法的多样性。根据各种施工方法的特点，其归纳分类见图 5-9。

2. 施工方法的选择

选择桥梁的施工方法，需要充分考虑桥位的地形、环境、安装方法的安全性、经济性、施工速度等。因此在桥位设计时就要对桥位条件进行详细的调查，掌握现场的地理环境、地质条件、气象条件。施工场地处在市区内、平原、山区、跨河道等，其各方面的条件差别很大，运输条件和环境约束也不相同，这些条件除作为选择施工方法的依据外，同时也涉及到设计方案、桥跨及结构形式的选定。

- 施工方法
  - 基础施工方法
    - 扩大基础施工方法
      - 机械开挖基坑浇筑法
      - 人工开挖基坑浇筑法
      - 土石围堰开挖基坑浇筑法
      - 板桩围堰开挖法
    - 桩基施工方法
      - 沉入桩施工方法
        - 锤击法
        - 振动法
        - 静力压桩法
        - 辅助沉桩法
          - 射水辅助沉桩
          - 预钻孔辅助沉桩
        - 沉管灌注桩
      - 灌注桩施工方法
        - 人工挖孔法
        - 机械成孔法
          - 螺旋钻机成孔法
          - 潜水钻孔机成孔法
          - 冲击钻机成孔法
          - 正循环回转法
          - 反循环回转法
          - 冲击钻机成孔法
          - 旋转锥钻孔法
      - 大直径钻孔埋置空桩
    - 沉井基础施工方法
      - 排水开挖下沉法
      - 不排水开挖下沉法
      - 空气幕下沉法
      - 泥浆润滑下沉法
    - 管柱基础施工方法
    - 地下连续墙施工方法
  - 墩台施工方法
    - 传统施工方法(立模现浇施工、砌筑施工)
    - 滑升模板施工法
    - 爬升模板施工法
    - 翻升模板施工法
  - 上部结构施工方法
    - 预制安装法
      - 自行式吊车吊装法
      - 跨墩龙门安装法
      - 架桥机安装法
      - 扒杆安装法
      - 浮吊架设法
      - 浮运整孔架设法
      - 缆索吊装法
      - 提升法
      - 逐孔拼装法
      - 悬臂拼装法
    - 现浇法
      - 固定支架法
      - 逐孔现浇法
      - 悬臂浇筑法
      - 顶推法
    - 转体法
    - 劲性骨架法

图 5-9　施工方法分类

在选择施工方法时，桥梁的类型、跨径、施工的技术水平、机具设备条件也是应该考虑的重要因素。虽然桥梁的施工方法很多，但对于不同的桥梁类型，有的适合，有的就不适合，有的则在特定的条件下可以使用。在实际施工中不大可能仅采用分类中某一种施工方法，多数情况下是将几种方法组合起来应用的。各种桥型可选择的主要施工方法如表5-2所示、桥梁施工方法使用的桥梁跨径范围如表5-3所示，可作施工方法选择的参考。但在确定施工方法时，要考虑以下几点：

各种类型桥梁可选择的主要施工方法 表5-2

桥涵类型 / 施工方法	简支梁桥	悬臂梁桥 T形刚构	连续梁桥	刚架桥	拱桥	组合体系桥	斜拉桥	悬索桥
现场浇注法	√	√	√	√	√	√	√	
预制安装法	√	√	√	√	√	√	√	√
悬臂施工法		√	√	√	√		√	√
转体施工法		√		√	√		√	
顶推施工法			√		√		√	
逐孔施工法		√	√	√	√			
横移施工法	√	√	√			√	√	
提升与浮运施工法	√	√	√			√		

各种施工方法的适用跨径 表5-3

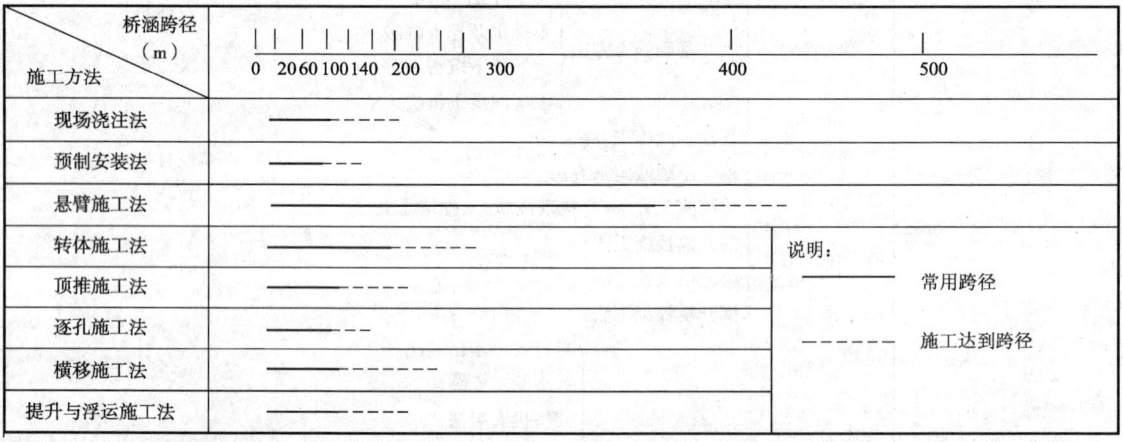

（1）桥梁的结构形式和规模；

（2）桥位处的地形、自然环境和社会环境；

（3）施工机械和施工管理的制约；

（4）以往的施工经验；

（5）安全性和经济性。

五、桥梁施工准备工作

桥梁在正式开工之前，必须做好一系列的准备工作，其主要内容有：

（1）组织有关人员对设计文件、图纸、资料进行研究和现场核对，必要时进行补充调查。研究设计文件、图纸、资料时，应首先查明是否齐全、清楚、图纸本身及相互之间有无矛盾和错误，如发现图纸和资料欠缺、错误、矛盾等情况，应向建设单位提出，予以补全、更正。较复杂的中桥、大桥和特大桥，可要求建设单位进行设计交底，施工单位可提出修改意见供建设单位考虑。

(2)根据招、投标文件,施工合同,设计文件及有关规范编报施工组织设计。其内容包括:编制说明、施工组织机构、施工平面布置图、施工方法、施工详图、资源计划、总进度计划和进度图、质量管理、安全生产、环境保护。

(3)做好施工现场准备,修建施工临时设施,安装调试施工机具及标定试验机具,进行施工测量及复核测量资料,做好材料的储存和堆放,做好开工前的试验检测工作。

(4)施工单位必须建立健全质量保证体系,主要内容为:质量方针、质量目标、质量保证机构、质量保证程序、质量保证措施。

课题二　桥梁上部结构

桥梁上部结构包括桥面系(桥面铺装、桥面排水设施、人行道、栏杆、护栏、防撞墙、伸缩装置、桥面照明系统、桥上交通标志和标线、桥头搭板)、桥跨结构和桥梁支座。

一、钢筋混凝土空心板(梁)的构造

1. 梁桥的分类

梁桥按横截面形式分为:

(1)板桥。主要承重结构为矩形截面,如图 5-10 所示。

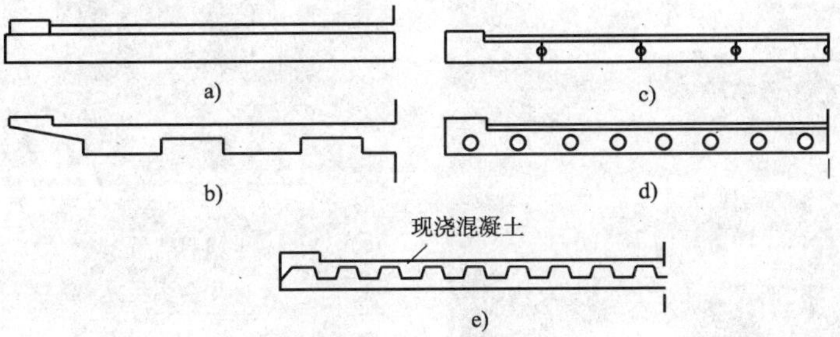

图 5-10　板桥横截面

(2)肋梁桥。承重结构为肋梁,如图 5-11 所示。

(3)箱梁桥。承重结构为封闭的薄壁箱形梁,如图 5-12 所示。

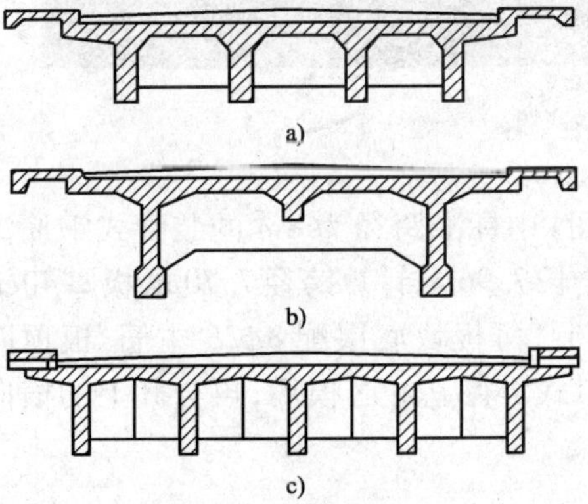

图 5-11　肋式截面

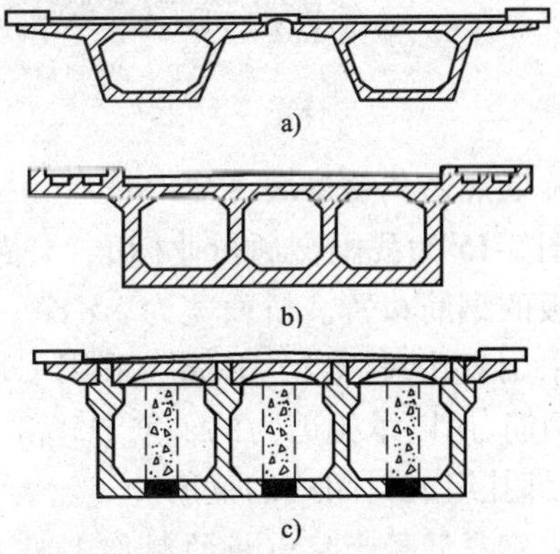

图 5-12　箱形截面

2. 装配式正交空心板

装配式钢筋混凝土空心板桥常用跨度为 6 ~ 13m,装配式预应力混凝土空心板桥常用的

跨径为 8 ~ 20m。空心板的顶板和底板厚度均不应小于 80mm，空心板的空洞端部应予填封。

1）截面形式

空心板截面的开孔形式主要有：

（1）单孔形式：图 5-13 中 a）、b），挖空面积最多，但顶板需配置横向受力钢筋以承担车轮荷载。

（2）双孔形式：图 5-13 中 c）、d）。图 c）挖成两个圆孔，当用无缝钢管作芯模时施工较方便，但其挖空面积小；图 d）的芯膜由两半圆或两块侧模板组成，当板的厚度改变时，只需更换两侧模板。空心板横断面最薄处不得小于 7cm。

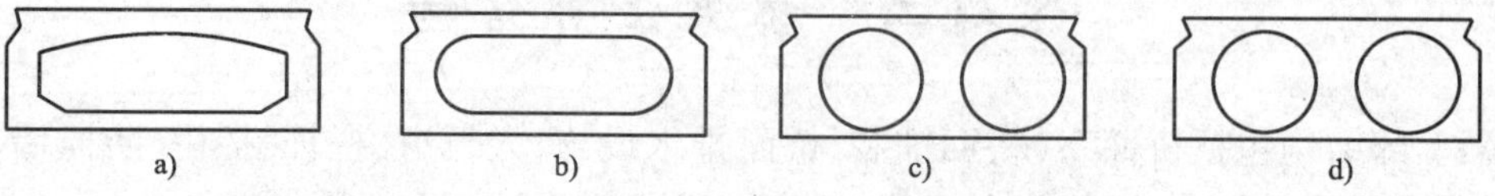

图 5-13　空心板的截面形式

2）工程实例图（图 5-14）

图 5-14　空心板实例

3. 装配式钢筋混凝土空心板的构造

图 5-15 为我国交通行业标准《公路桥涵标准图》中标准跨径为 8m 的装配式钢筋混凝土空心板的钢筋布置。桥面宽为 2 × 净 − 11.0m，板全长 7.96m，计算跨径 7.70m，板厚 40cm。横截面采用双孔圆，半径 18cm。采用 C40 混凝土预制，每板块底层配 $8\phi25$ 主筋，板顶面配置 $3\phi8$ 钢筋，用以承担剪力的箍筋 N5 和 N6 做成开口式。待立好芯模后，再与其上的横向钢筋 N4 相绑扎组成封闭式的箍筋。

4. 钢筋混凝土空心板的制作工艺

钢筋混凝土空心板的制作分为构件的预制、运输、安装 3 个阶段。

预制工艺流程为：制作底座→绑扎钢筋→模板安装→固定芯模→浇筑混凝土→模板拆除→混凝土养生→移梁。

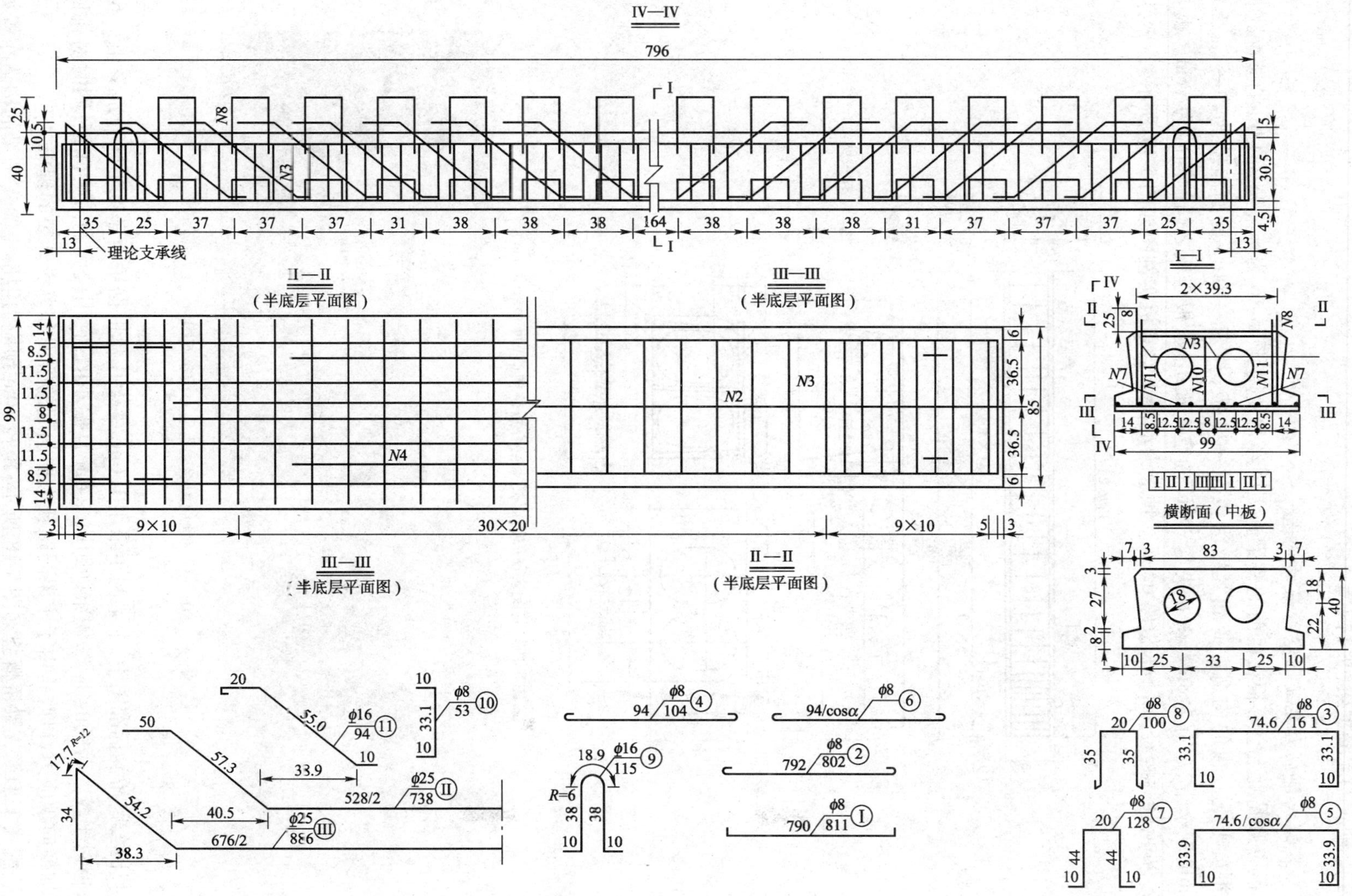

图 5-15　装配式钢筋混凝土空心板的钢筋布置图

二、预应力混凝土梁（板）构造

1.装配式预应力混凝土空心板的构造

预应力混凝土空心板在目前的桥梁施工中经常使用，图 5-16 为标准跨径 13m 的装配式预应力混凝土空心板的构造。荷载等级为汽车—20 级，挂车—100。桥面净空为净—7 + 2 × 0.25m的安全带，总宽为 8m。由 8 块宽 99cm 的空心板组成，板与板之间的间隙为 1cm。板全长 12.96m，计算跨径 12.6m，板厚 60cm。预应力混凝土空心板实例图如图 5-17 所示。

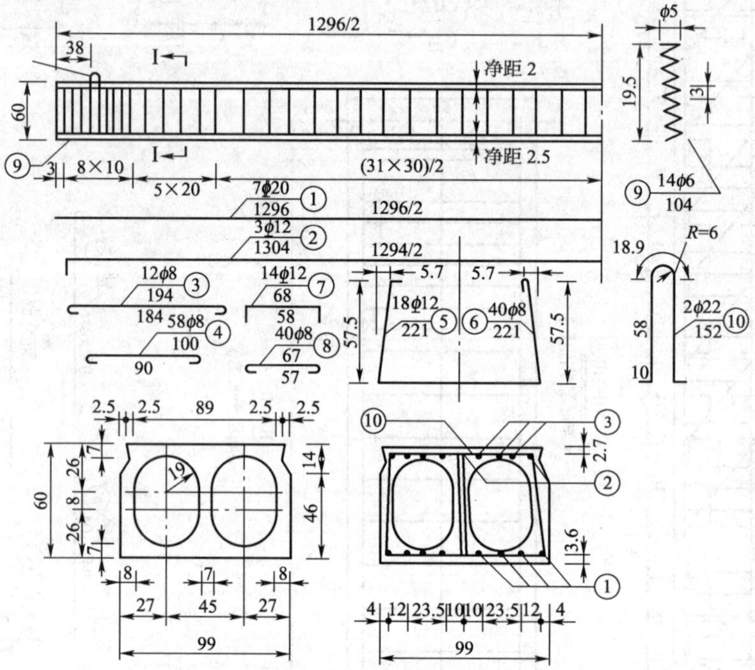

图 5-16　装配式预应力混凝土空心板桥构造（尺寸单位：cm）

图 5-17　预应力混凝土空心板实例图

2.预应力 T 形梁

我国公路桥涵标准图中，主梁间距采用 1.6m，主梁片数根据桥面净宽不同分别采用 5、6、7 片，但对于较大跨径的 T 梁，主梁间距取 1.6m 是偏小的，宜用较大的主梁间距；同时对桥面板施加横向预应力，可改善由于主梁间距较大而引起的桥面和翼缘开裂的现象。

装配式 T 形简支梁桥概貌如图 5-18 所示；跨径 30m 预应力混凝土简支 T 梁的构造布置如图 5-19 所示；工程实例图如图 5-20 所示。

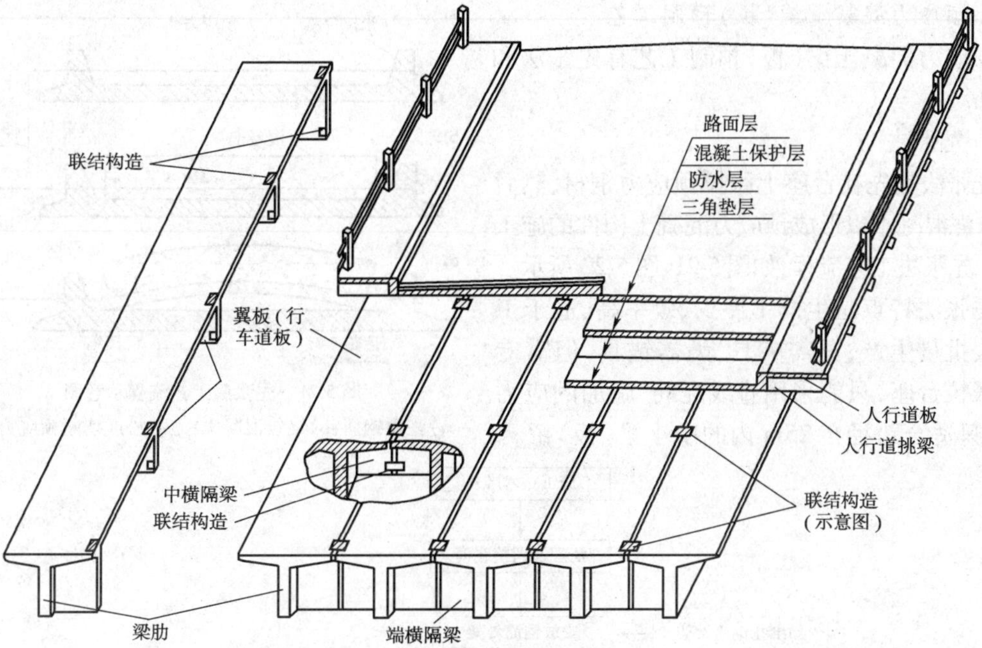

图 5-18　装配式 T 形简支梁桥概貌

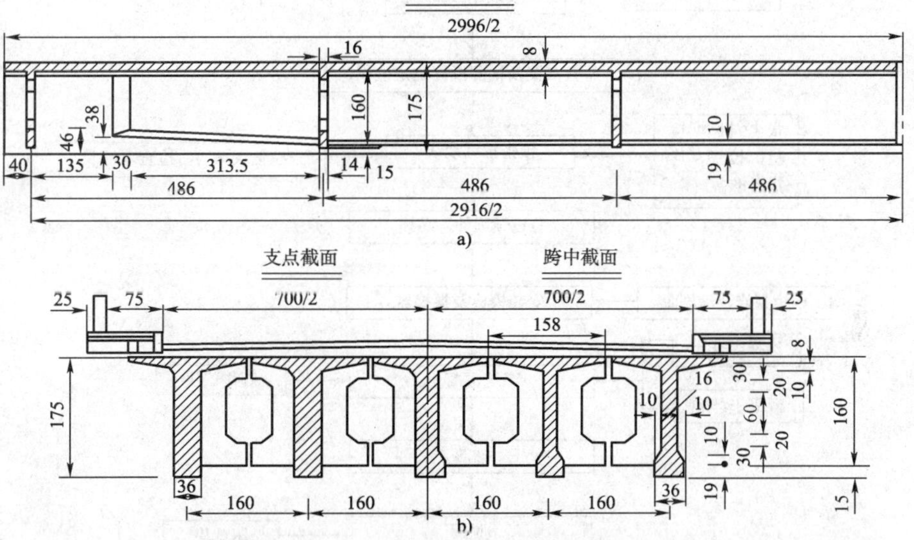

图 5-19　跨径 30m 预应力混凝土 T 梁的构造布置

图 5-20　工程实例图

3. 预应力混凝土梁(板)预制工艺

预应力混凝土梁(板)预制工艺有先张法和后张法。

1)先张法

先张法是先在台座上张拉预应力钢材,然后浇筑水泥混凝土以形成预应力混凝土构件的施工方法。先张法工艺流程,如图5-21、图5-22所示。

先张法特点是生产工序少、效率高、适于工厂化大批量生产;只需夹具,无需锚具,但需专门的张拉台座,只能采用直线配筋,施加的应力较小,只适合跨径在25m内的中小梁(板)桥。

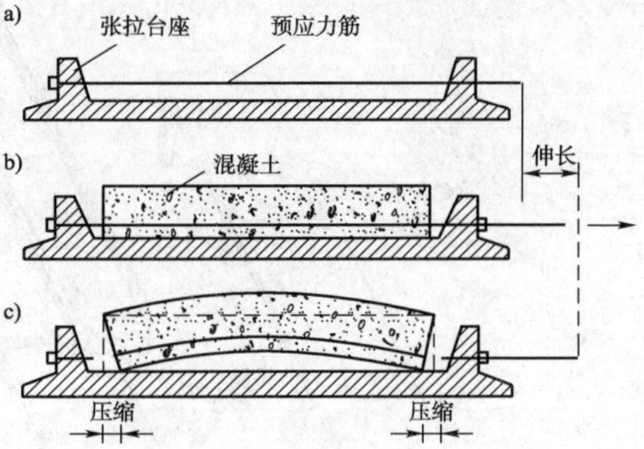

图5-21 先张法工艺流程示意图

a)张拉钢筋;b)浇筑混凝土;c)放松或切断预应力筋

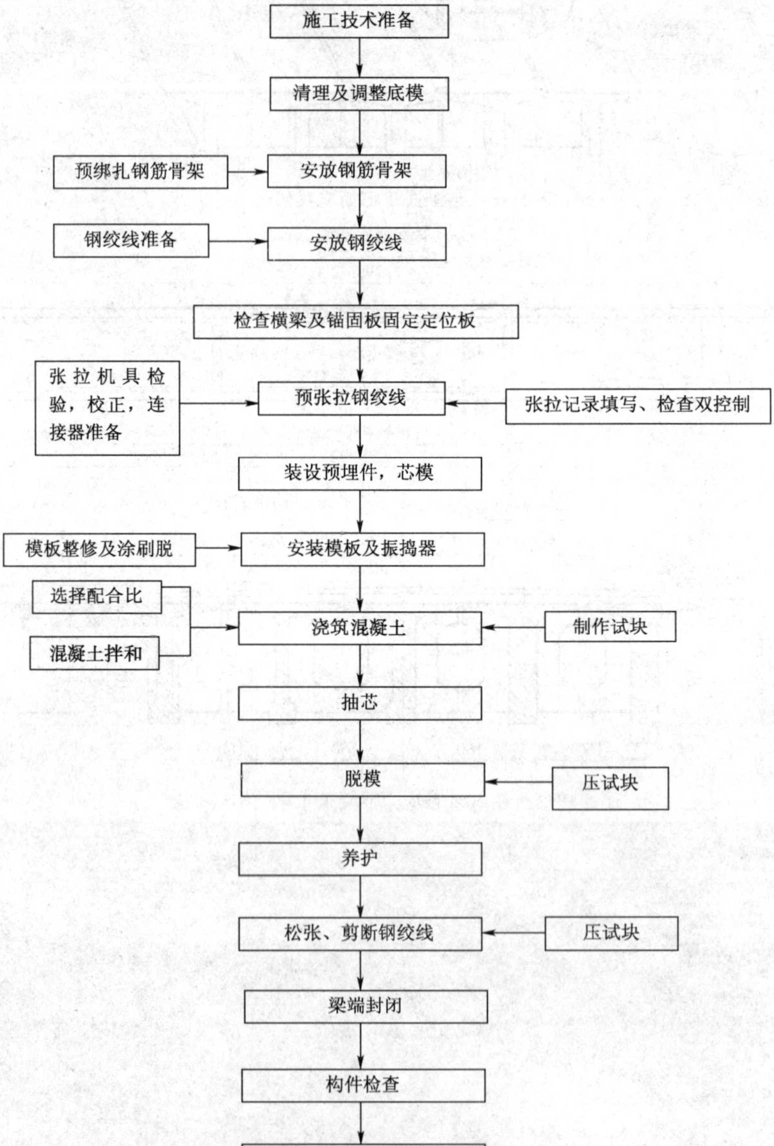

图5-22 先张法制作预应力混凝土构件的基本工艺流程

2)后张法

后张法是先浇筑水泥混凝土,待达到规定的强度后再张拉预应力筋以形成预应力混凝土构件的施工方法,如图5-23、图5-24所示。

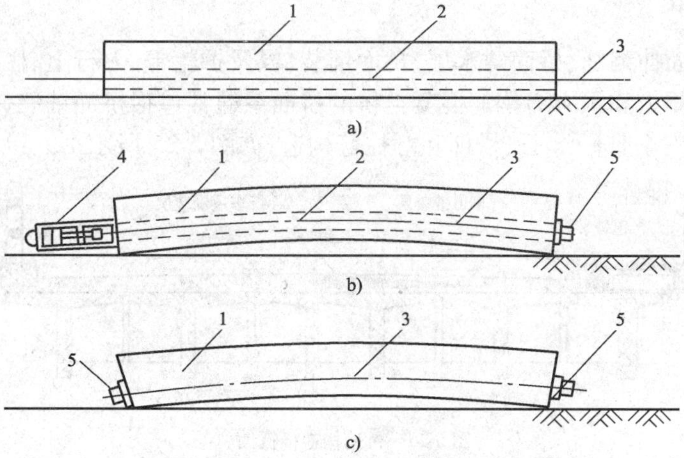

图5-23 后张法生产示意图

a)制作混凝土构件;b)张拉钢筋;c)锚固和孔道灌浆

1-混凝土构件;2-预留孔道;3-预应力筋;4-千斤顶;5-锚具

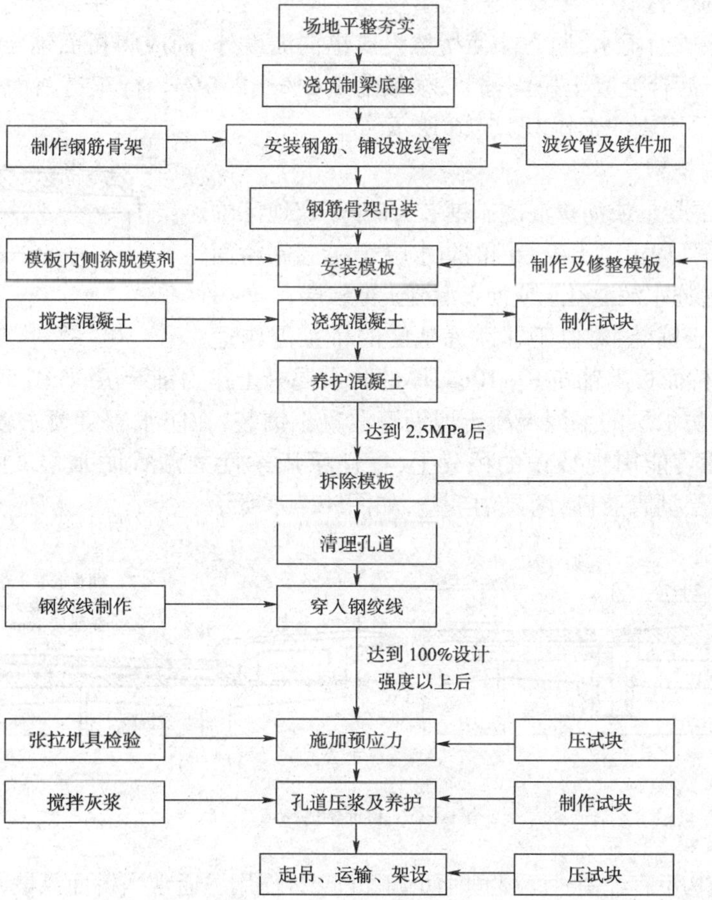

图5-24 后张法T梁预制工艺流程图

后张法的特点是张拉设备简单,不需专门台座,便于现场施工,可采用直线、曲线配筋,施加的应力较大,适合预制大型构件。

三、桥面系构造

桥面系包括桥面伸缩缝、桥面防水层、桥面铺装,以及护轮带、人行道、栏杆与护栏、灯柱等附属工程。钢筋混凝土和预应力钢筋混凝土桥的桥面系通常包括桥面铺装、防水和排水设备、伸缩缝、人行道(或安全带)、缘石、栏杆和灯柱等构造,如图 5-25 所示。

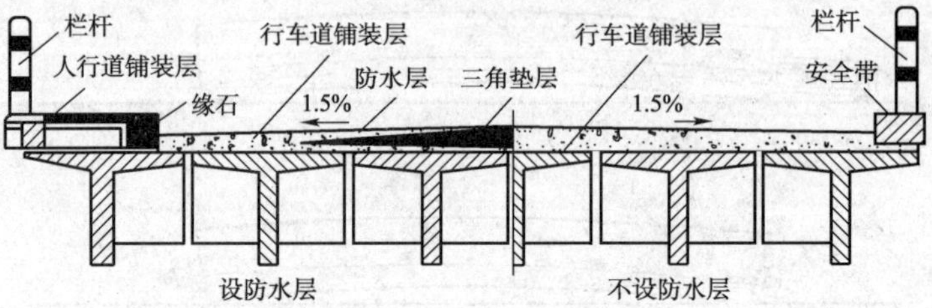

图 5-25　桥面构造横截面

1. 桥面铺装

桥面铺装也称行车道铺装,其功用是保护属于主梁整体部分的行车道板不受车辆轮胎的直接磨耗,防止主梁遭受雨水的侵蚀,并能对车辆轮重的集中荷载起一定的分布作用。

1)桥面横坡的设置

为了迅速排除桥面雨水,通常除使桥梁设有纵向坡度外,尚应将桥面铺装沿横向设置双向的桥面横坡。对于沥青混凝土桥面铺装,横坡为 1.5% ~2.0%。行车道路面普遍采用抛物线形横坡,人行道则采用直线形,如图 5-26 所示。

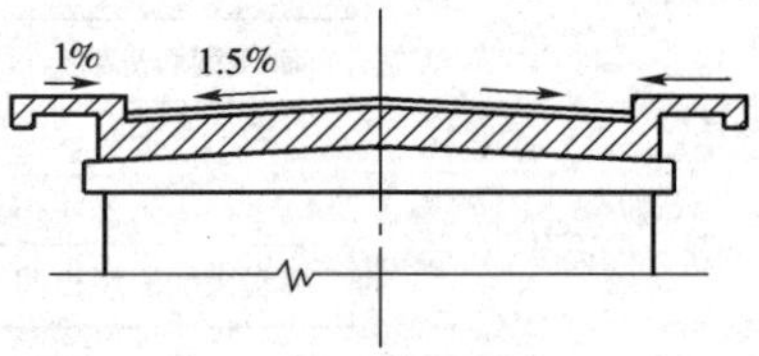

图 5-26　桥面横坡的设置

2)桥面铺装的类型

(1)普通水泥混凝土或沥青混凝土铺装:在非严寒地区的小跨径桥上,通常桥面内可以不设专门的防水层,而直接在桥面上铺筑 5 ~8cm 的普通水泥混凝土或沥青混凝土铺装层。

(2)防水混凝土铺装:对位于非冰冻地区的桥梁需作适当的防水时,可在桥面板上铺筑 8 ~10cm 厚的防水混凝土作为铺装层,如图 5-27a)所示。

(3)具有贴式防水层的水泥混凝土或沥青混凝土铺装:在防水程度要求较高,或在桥面板位于结构受拉区而可能出现裂纹的桥梁上,往往采用柔性的贴式防水层。防水层的结构为"三油二毡",即三层沥青胶砂,两层油毛毡,如图5-27b)所示。

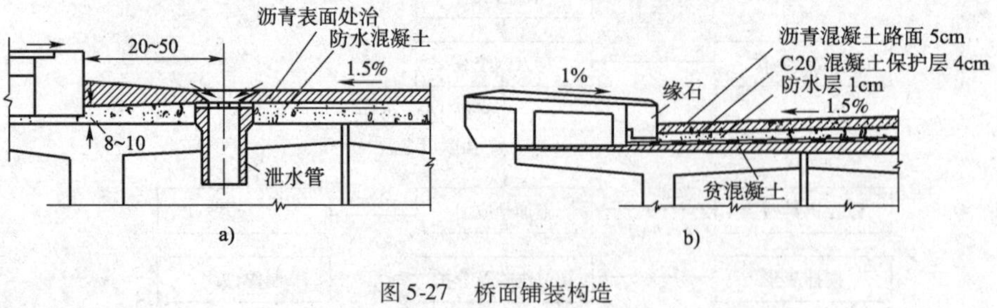

图 5-27　桥面铺装构造

2. 桥面排水设施

钢筋混凝土结构不宜经受时而湿润时而干晒的交替作用。通常当桥面纵坡大于 2% 而桥长小于 50m 时,雨水可流至桥头从引道上排除,桥上就不必设置专门的泄水孔道。当纵坡大于 2%,但桥长超过 50m 时，宜在桥上每隔 12 ~ 15m 设置一个泄水管。如桥面纵坡小于 2% 则宜每隔 6 ~ 8m 设置一个泄水管。泄水管可以沿行车道两侧左右对称排列，也可交错排列，其离缘石的距离为 20 ~ 50cm，如图 5-27a）所示。

梁式桥上常用的泄水管道有金属泄水管、钢筋混凝土泄水管、横向排水管道，如图 5-28、图 5-29 所示。

3. 桥面伸缩缝

为了保证桥跨结构在气温变化、活载作用、混凝土收缩与徐变等影响下按静力图式自由的变形，就需要使桥面在两梁端之间以及在梁端与桥台背墙之间设置横向的伸缩缝（亦称变形缝）。其作用是不但要保证梁能自由变形，而且要使车辆在设缝处能平顺的通过和防止雨水、垃圾泥土等渗入阻塞。

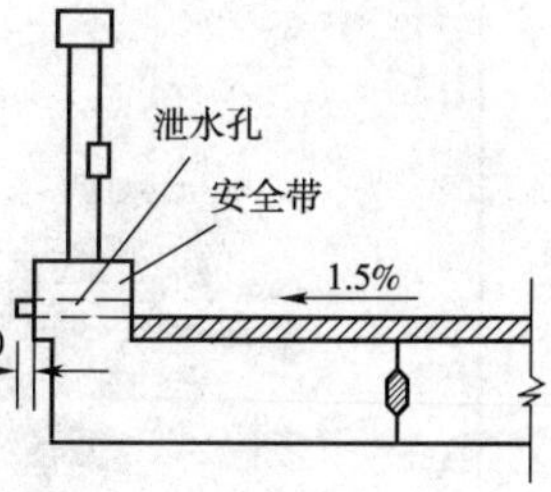

图 5-28　横向泄水孔道

图 5-29　桥面泄水管布置实例

伸缩缝的形式较多，工程上常用梳形钢板伸缩缝装置、橡胶伸缩缝装置以及毛勒伸缩缝装置。

1）梳形钢板伸缩装置

构造如图 5-30 所示，梳形钢板伸缩装置是由梳形板、锚栓、垫板、锚板、封头板及排水槽等组成，有的还在梳齿之间填塞合成橡胶，以起防水作用。实例见图 5-31。

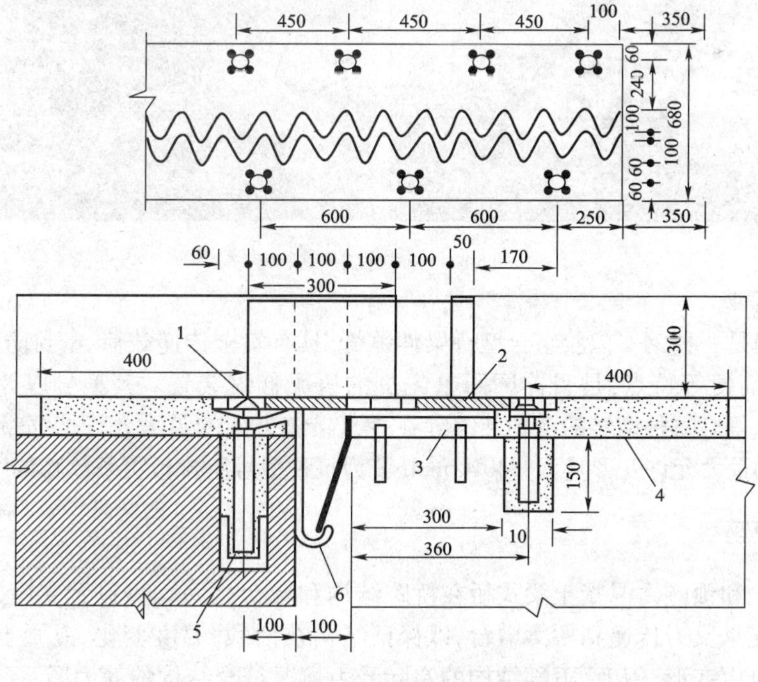

图 5-30　梳形钢板伸缩装置构造图（单位：mm）

1-封头板；2-垫板；3-锚板；4-C40 混凝土；5-锚栓；6-排水槽

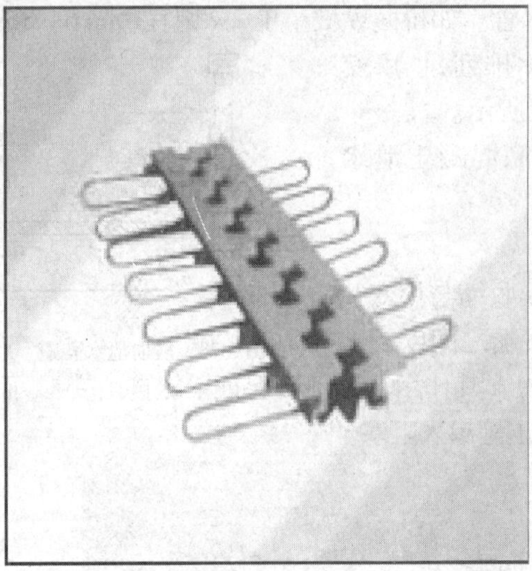

图 5-31　钢板伸缩装置实例

2)橡胶伸缩装置

橡胶伸缩装置是指伸缩体采用橡胶构件的伸缩装置。伸缩体内所用的橡胶有良好的耐老化、耐气候和抗腐蚀的性能。常用板式橡胶伸缩装置,如图 5-32 所示。

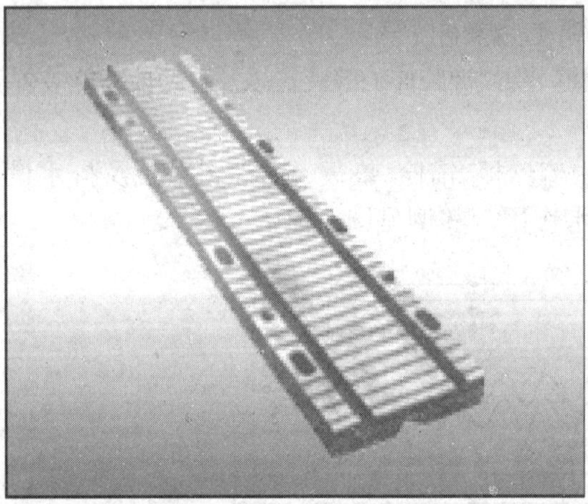

图 5-32　板式橡胶伸缩装置

3)毛勒伸缩缝

毛勒伸缩缝是一种钢—橡胶组合型桥梁伸缩缝,具有安全传递载荷、密封防水性良好、伸缩自如、施工安装简便等特点,是目前国际上先进的桥梁伸缩装置。其型号以 80 为倍率,例如 D80、D160、D240 等。每种型号的毛勒伸缩缝在垂直接缝方向的最大允许伸缩量为 80N/mm;平行于接缝方向的最大允许变形量为 ±40N/mm(N 为每种型号所含橡胶条数),如图 5-33 所示。

四、梁桥支座

钢筋混凝土和预应力混凝土梁式桥在桥跨结构和墩台之间均需设置支座,其主要作用是将上部结构的支承反力传递到桥梁墩台,以保证结构在活载、温度变化、混凝土收缩和徐变等因素作用下能自由变形,使上、下部结构的实际受力情况符合结构的静力图示(图 5-34)。

梁桥的支座有固定支座和活动支座两种。固定支座既要固定主梁在墩台上的位置并传递竖向压力和水平力，又要保证主梁发生挠曲时在支承处能自由转动，如图 5-34 左端所示。活动支座只传递竖向压力，但要保证主梁在支承处既能自由转动又能水平移动，如图 5-34 右端所示。

图 5-33　毛勒伸缩缝实例图

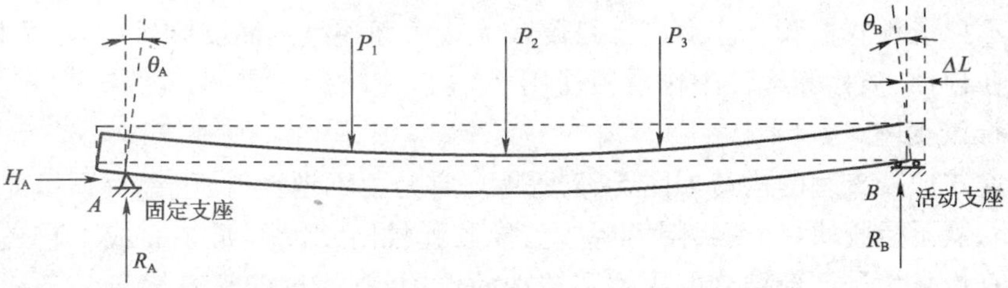

图 5-34　简支梁的静力图示

桥梁工程常用支座的类型有简易垫层支座、橡胶支座、球形钢支座等。

1. 简易垫层支座

对于标准跨径小于 10m 的简支板或简支梁桥，可不设专门的支座结构，而直接采用由几层油毛毡或石棉做成的简易垫层支座。这种垫层支座经压实后的厚度不小于 1cm，变形性能较差。为了防止墩、台顶部前缘被压裂并避免上部结构端部和墩、台顶部可能被拉裂，通常将墩、台顶部的前缘削成斜角，并最好在板或梁端底部以及墩、台顶部内增设 1 ~ 2 层钢筋网予以加强，如图 5-35 所示。

2. 橡胶支座

橡胶支座一般分为板式橡胶支座、聚四氟乙烯滑板式橡胶支座和盆式橡胶支座 3 类。

1）板式橡胶支座

板式橡胶支座的构造最简单，从外形上看它就是一块放置在上、下部结构之间的矩形黑色橡胶板，其内部结构为几层橡胶和薄钢片镶嵌、黏合、压制而成，如图 5-36a）、b）所示。

它的活动机理是：利用橡胶的不均匀弹性压缩实现转角 θ，利用其剪切变形实现水平位移 Δ，如图 5-36c）所示。

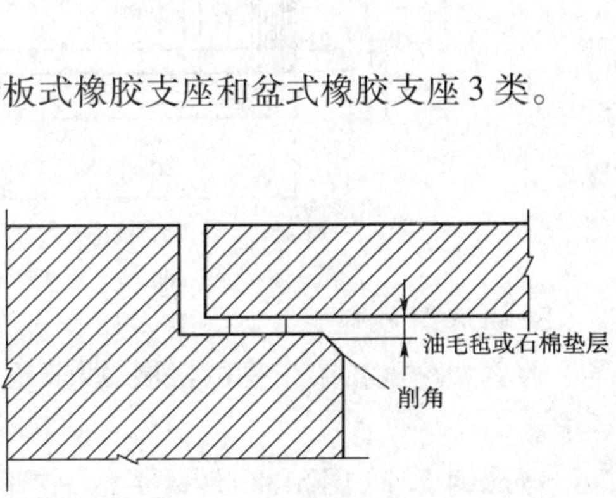

图 5-35　简易垫层支座

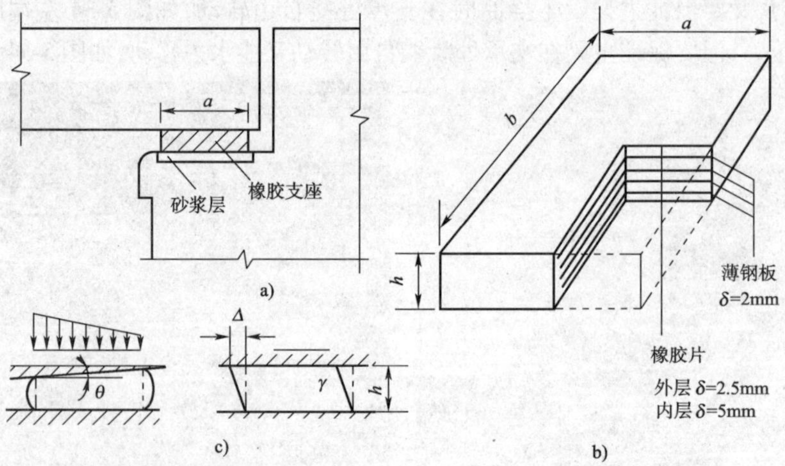

图 5-36　板式橡胶支座

2）聚四氟乙烯滑板式橡胶支座

聚四氟乙烯滑板式橡胶支座是在普通板式橡胶支座上按照支座平面尺寸大小粘附一层聚四氟乙烯滑板（厚 2 ~ 4 ㎜）而成。

聚四氟乙烯滑板式橡胶支座适应于跨度较大或桥面连续的简支梁桥、连续梁桥。此外，这种支座还可在顶推、横移等施工中作滑板使用。

3）盆式橡胶支座

常用的盆式橡胶支座的构造如图 5-37 所示。它是由不锈钢滑板、锡青铜填充的聚四氟乙烯板、钢盆环、氯丁橡胶块、钢密封圈、缸盆塞、橡胶弹性防水圈等组装而成。它是利用设置在钢盆中的橡胶板来承受上部结构的压力和转动的作用，利用聚四氟乙烯板和不锈钢板之间的平面滑动来适应桥梁的水平位移要求。

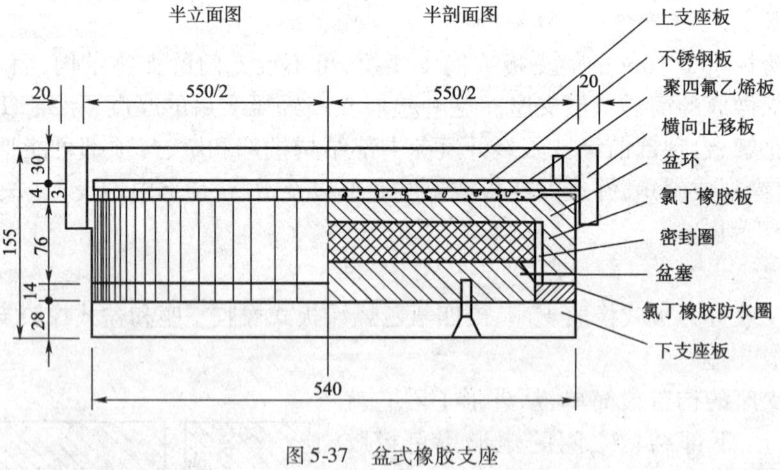

图 5-37　盆式橡胶支座

3. 球形钢支座

随着大跨度桥梁结构的发展，要求桥梁支座的承载能力大，同时具备适应大位移和转角的要求。

球形钢支座（图 5-38）转动灵活，它不但具备盆式橡胶支座承载能力大、允许支座位移大等特点，而且能更好地适应支座大转角的需要。

球形钢支座有固定支座、单向活动支座和多向活动支座之分。活动支座的主要组成是上支座板、不锈钢位移板、聚四氟乙烯滑板、中间球形钢芯板、聚四氟乙烯球形板、橡胶密封圈、下支座板和上下固定连接螺栓等。

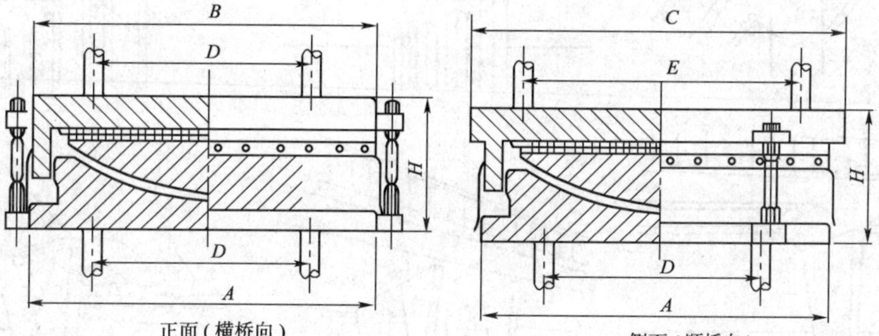

图 5-38　球形钢支座

课题三　桥梁下部结构

一、梁桥墩、台形式和构造

桥梁墩、台的主要作用是承受上部结构传来的荷载,并通过基础将此荷载及自身重力传递到地基上。桥墩一般指多跨桥梁的中间支承结构物,它除承受上部结构的荷载外,还要承受流水压力,水面以上的风力以及可能出现的冰荷载、船只、排筏或漂浮物的撞击力。桥台除了支承桥跨结构外,它又是衔接两岸接线路堤的构筑物;既要能挡土护岸,又要能承受台背填土及填土上车辆荷载所产生的附加侧压力。

桥梁墩台由墩台帽、墩台身、基础 3 部分组成,如图 5-39、图 5-40 所示。

公路桥梁常用的墩、台形式大体上可以归纳为两大类:重力式墩、台(如图 5-39 所示)和轻型墩、台,如图 5-41 所示。

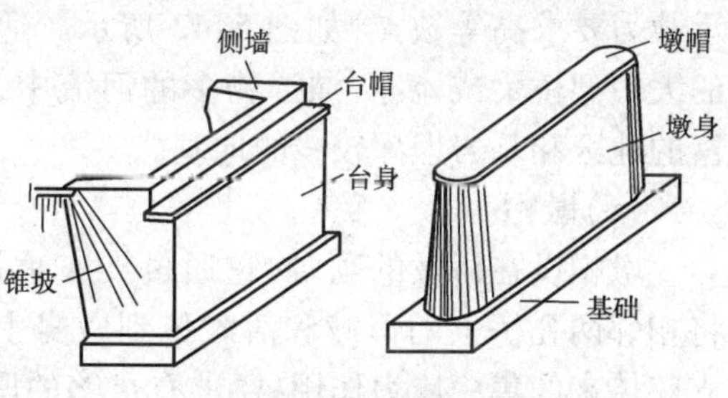

图 5-39　梁桥重力式墩、台

图 5-40　桥梁墩台实例图

1. 梁桥桥墩的构造

1)梁桥重力式桥墩

重力式桥墩主要依靠自身重力(包括桥跨结构重力)来平衡外力,从而保证桥墩的稳定。

图 5-41　轻型墩、台

一般用圬工材料修筑，具有刚度大、防撞能力强等优点，以及阻水面积大、圬工数量大、对地基承载力要求高等缺点，如图 5-42 所示。适用于荷载较大的大中型桥梁或流冰、漂浮物多的河流中，以及砂石料丰富的地区和基岩埋深较浅的地基。

图 5-42　重力式桥墩实例图

（1）墩帽

墩帽设在桥墩的顶端，它通过支座承托上部结构，并将相邻两孔桥上的恒载和活载传到墩身上。由于它受到支座传来的集中应力作用，要求有足够的厚度和强度。最小厚度一般不小于 0.4m，中小跨径梁桥也不小于 0.3m。采用 C20 以上混凝土浇注并配置构造筋。小跨径非严寒地区可不设构造筋，如图5-43、图5-44 所示。

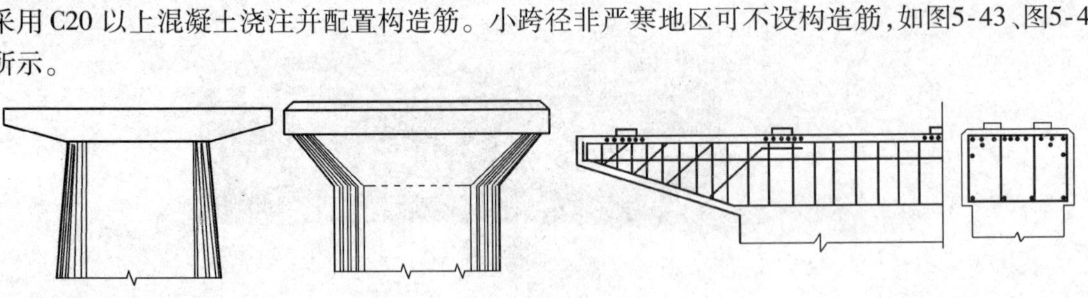

图 5-43　悬臂式和托盘式墩帽

对于小桥，也可用 M5 以上砂浆砌 C25 号以上料石作墩帽。顶面做成已定的排水坡，并在四周墩身顶出檐 5 ~ 10cm，且在其上做成沟槽型滴水以免水侵蚀墩身，如图 5-45 所示。

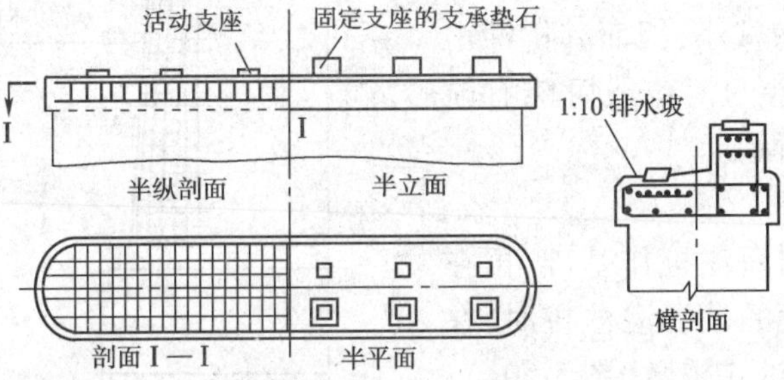

图 5-44　墩帽钢筋构造

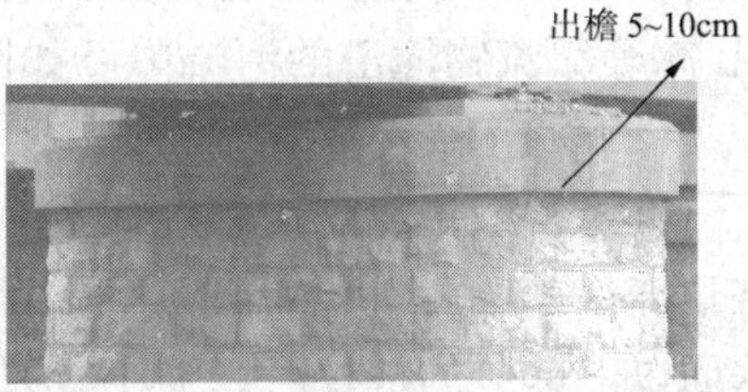

图 5-45　墩帽

(2)墩身

墩身是桥墩的主体，通常由块石、混凝土或钢筋混凝土做成。

墩身的顶宽，对于小跨径桥不宜小于 80cm；对中跨径桥不宜小于 100cm；对大跨径桥视上部构造的类型而定。侧坡一般采用 20∶1 ~ 30∶1，小跨径的也可采用直坡。

墩身在平面上的形状可做成圆端形、尖端形、圆形或矩形，如图 5-46 所示。

为便于水流和漂浮物通过，墩身平面形状可以做成圆端形或尖端形(图 5-46a、b)；无水的岸墩或高架桥墩可以做成矩形(图 5-46d)；在水流与桥梁斜交或流向不稳定时，宜做成圆形(图 5-46c)。

在有强烈流冰或大量漂浮物的河道上，桥墩的迎水端应做成破冰棱，破冰棱可由强度高的石料砌成，也可以用高标号的混凝土辅之以钢筋加固，如图 5-47 所示。

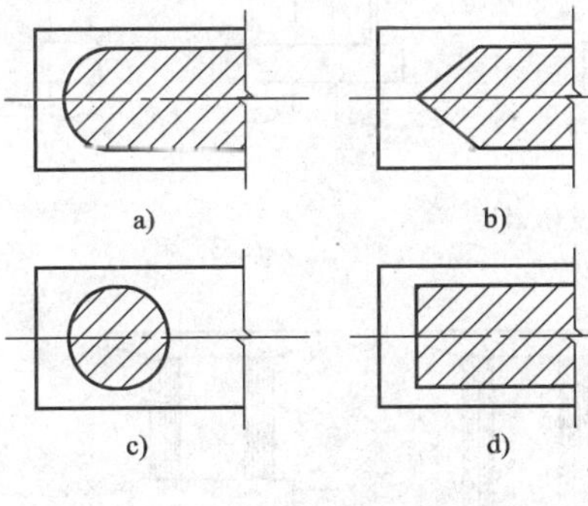

图 5-46　墩身平面

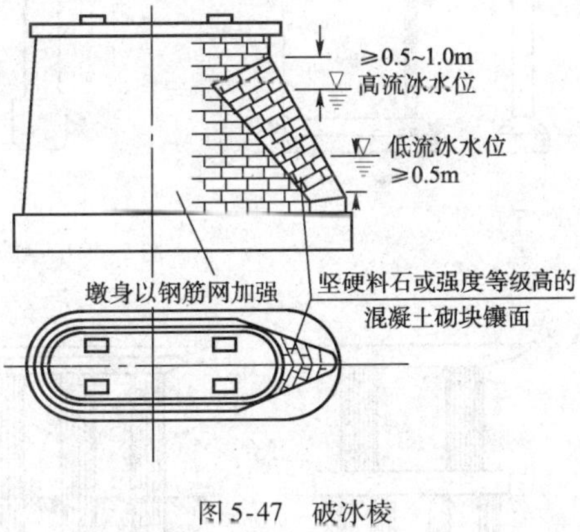

图 5-47　破冰棱

当河流属于中等流冰情况或河道上经常有大量漂浮物时，对于混凝土重力式桥墩的迎水面可以用直径 10 ~ 12mm 的钢筋加强，钢筋的垂直间距为 10 ~ 20cm，水平距离约为 20cm，如图 5-48 所示。

(3)基础

基础是桥墩与地基直接接触的部分，其类型与尺寸往往取决于地基条件，尤其是地基承载力。最常见的是刚性扩大基础，一般采用 C15 以上片石混凝土或浆砌块石筑成。基础的平面尺寸较墩身底面尺寸略大，四周襟边宽度 20cm 左右。基础可以做成单层，也可以做成 2 ~ 3 层台阶式的。台阶的宽度由基础用材的刚性角控制。

2)梁桥轻型桥墩

(1)实体轻型桥墩

适用于中小跨径的桥梁上。可用混凝土、浆砌块石或钢筋混凝土材料做成。其中实体式钢筋混凝土薄壁桥墩最为典型，与重力式桥墩相比，其圬工体积显著减少，自重力减小，因而其抗冲击能力较低，不宜用于流速大并夹有大量泥砂的河流或可能有航船、冰等漂流物撞击的河流中。如图 5-49 所示。

(2)桩(柱)式桥墩

桩式桥墩一般既用灌注桩作墩身，又用灌注桩作基础，再在桩顶浇一盖梁(图 5-50f)。当采用直径较大的钻孔灌注桩时，在水面以上部分的桩径可以缩小，形成变截面桩式桥墩(图 5-50g)，并在桩径变化处设置横系梁以增强其刚度。在桥跨不大于 30m，墩身不高于 10m 的公路桥梁上采用较多。

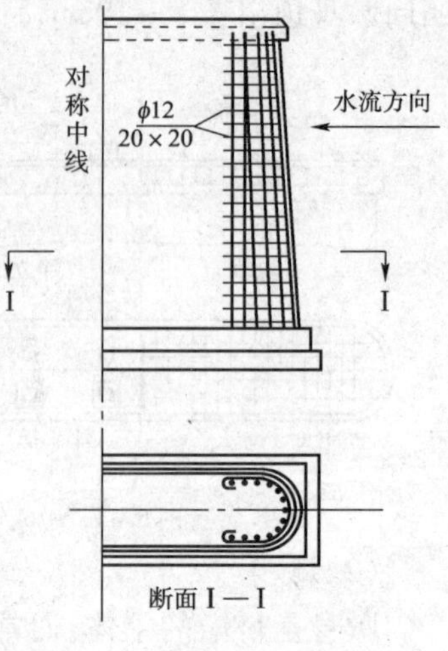

图 5-48　混凝土墩身钢筋网

柱式桥墩一般常在灌注桩顶浇一承台，然后在承台设立柱(图 5-50a)，或在浅基础上设立柱(图 5-50b)，再在立柱上浇一盖梁。双柱式桥墩有时在两柱中间加做隔墙，在平面上形成哑铃式(图 5-50c)，以增强墩柱间抗撞击的刚度及防止漂浮物卡在中间引起桥墩损坏。当桥墩较高时，也可把高水位以下部分做成实体式，以上部分仍为柱式，成为混合式柱墩(图 5-50d)。当水流方向不稳定或与墩身斜交，且桥宽不大时，可采用单柱式桥墩(图 5-50e)。柱式桥墩的墩身重量小、节约材料、外形美观，是公路桥梁中采用较多的类型。

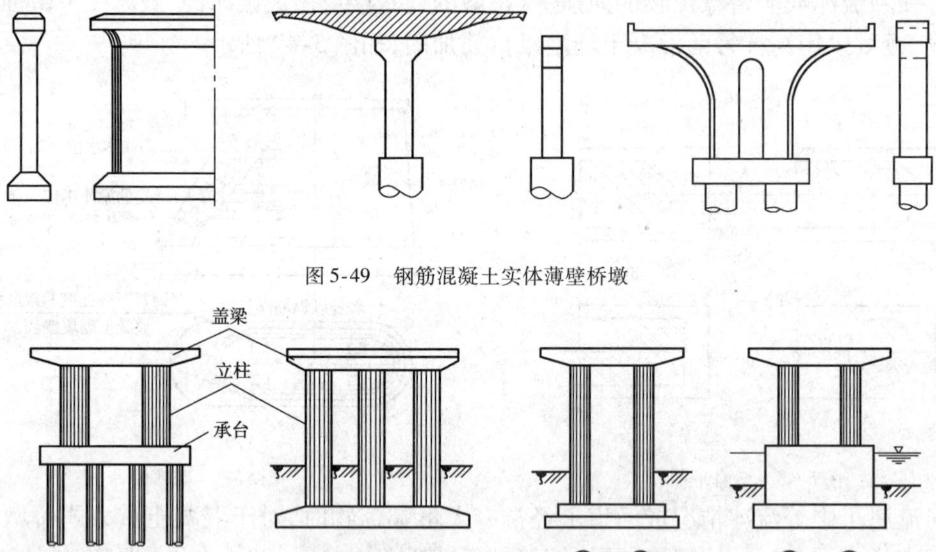

图 5-49　钢筋混凝土实体薄壁桥墩

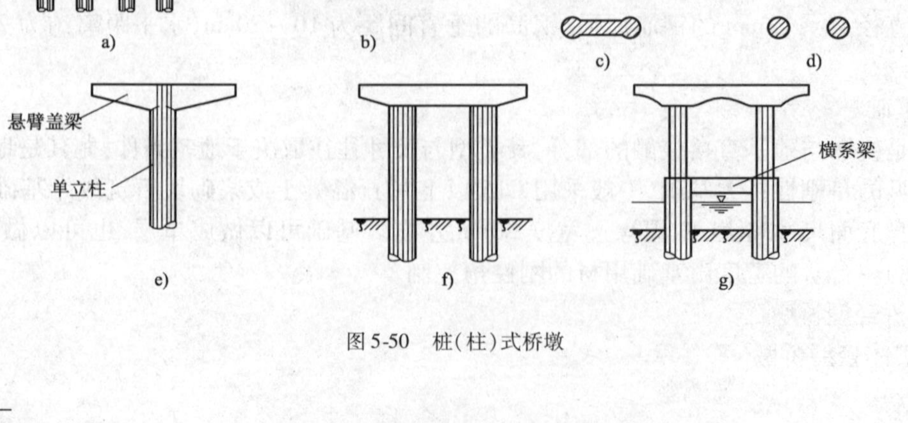

图 5-50　桩(柱)式桥墩

盖梁是柱式桥墩的墩帽，一般用20～30号的钢筋混凝土就地浇筑，也有采用预制安装或预应力混凝土的。盖梁的横截面形状一般为矩形或者T形。

墩身：一般用直径0.6～1.5m的圆柱或方形、六角形柱。

桩柱顶一般应嵌入盖梁或承台15～20cm，使桩柱与盖梁或承台有较好的整体性。

横系梁：当用横系梁加强桩柱的整体性时，其高度可取为桩径的0.8～1.0倍，宽度可取为桩(柱)径的0.6～1.0倍，如图5-51所示。

(3)柔性排架桩墩

柔性排架桩墩是由单排或双排的钢筋混凝土桩与钢筋混凝土盖梁连接而成(图5-52)。一般采用预制的矩形桩，其截面尺寸常为25×35、30×35、30×40等。盖梁也采用矩形截面，高度为40～50cm，宽度为60～80cm，采用C30的钢筋混凝土。当桩墩高度大于5m时，为避免行车可能发生的纵向晃动，宜设置双排架墩。

图5-51　柱式桥墩

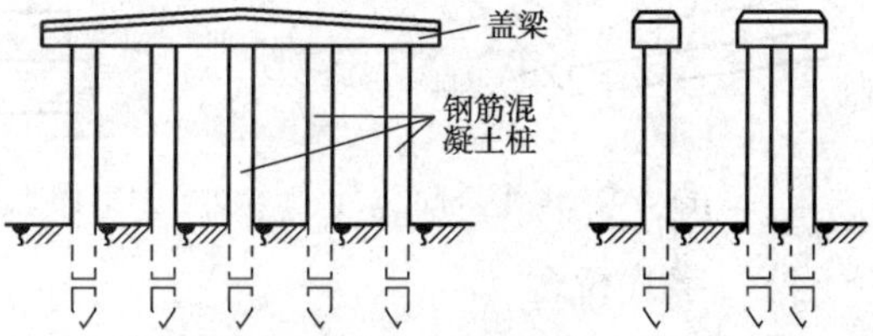

图5-52　柔性排架桩墩

柔性桩墩的优点是用料省、施工速度快，缺点是用钢量大，使用高度和承载能力受到限制，因此它只适合于低浅宽滩河流、通航要求低和流速不大的河流上修建小跨径桥梁时采用。

2. 梁桥桥台构造

桥台通常按其形式划分为重力式桥台、轻型桥台、框架式桥台等。

1)重力式桥台

重力式桥台一般采用砌石、片石混凝土或混凝土等圬工材料就地砌筑或浇筑而成，主要依靠自重力来平衡台后土压力，从而保证自身的稳定。

重力式桥台依据桥梁跨径、桥台高度及地形条件的不同有多种形式，常用的类型有：U形桥台、埋置式桥台、八字式、一字式桥台、拱形桥台、埋置衡重式高桥台等。

(1)U形桥台

U形桥台适用于8m以上跨径的桥梁，由台身(前墙)、台帽、基础与两侧翼墙组成，在平面上呈U字形。一般采用砌石、片石混凝土或混凝土等圬工材料就地砌筑或浇筑而成。台身支承桥跨结构，并承受台后土压力。翼墙与台身连成整体承受土压力，并起到与路堤衔接的作用。基底承压较大，应力较小。圬工体积大，台内的填土易积水，所以要注意防水、防冻，以免桥台结构开裂，如图5-53所示。

(2)埋置式桥台

埋置式桥台适用于桥头为浅滩，溜坡受冲刷较小，填土高度在10m以下的中等跨径的多跨桥中。

桥台台身为圬工实体，台帽及耳墙采用钢筋混凝土。台身埋置于台前溜坡内，利用台前溜坡填土抵消部分台后填土压力，不需另设翼墙，仅由台帽两端的耳墙与路堤衔接。

圬工数量较小，但溜坡对河道有影响。如图 5-54 所示。

(3)八字式桥台

八字式桥台适用于堤岸稳定、桥台不高、河床压缩小的中小跨桥，以及跨越人工河道的桥和立交桥。台身两侧为独立的翼墙，将台身与翼墙分开，台身与翼墙斜交，并在其间设变形缝，用砌石、片石混凝土或混凝土等圬工材料就地砌筑或浇筑而成。除挡住路堤填土外，还起引导河流的作用，如图 5-55 所示。

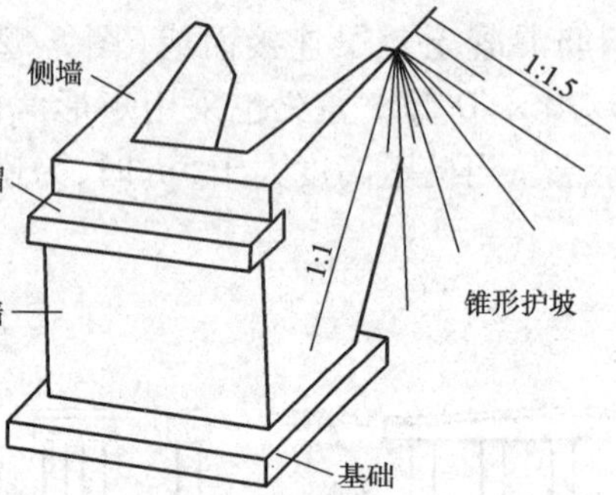

图 5-53　U 形桥台

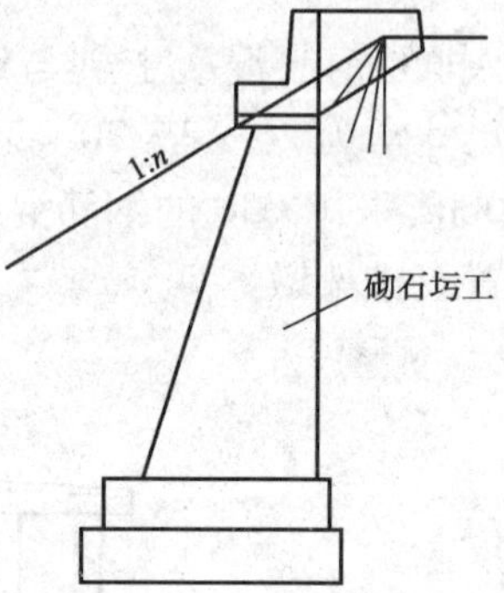

图 5-54　埋置式桥台

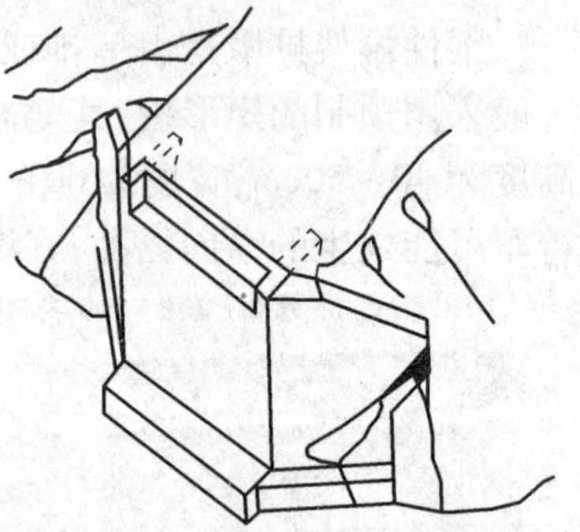
图 5-55　八字式桥台

(4)一字式桥台

一字式桥台适用于河岸稳定、桥台不高、河床压缩小的中小跨桥，以及跨越人工河道的桥和立交桥，如图 5-56 所示。

当台身两侧为独立的翼墙，将台身与翼墙分开，台身与翼墙在同一平面，并在其间设变形缝。一般用砌石、片石混凝土或混凝土等圬工材料就地砌筑或浇筑而成。除挡住路堤填土外，还起引导河流的作用。

(5)拱形桥台

拱形桥台台身用块石或混凝土砌筑，中间挖空成拱筒形，以节省圬工。适用于基岩埋藏浅或地质良好而有浅滩河流的多孔桥。但桥台不宜过高，以免墩身放坡深入桥孔过多，影响过水面积，如图 5-57 所示。

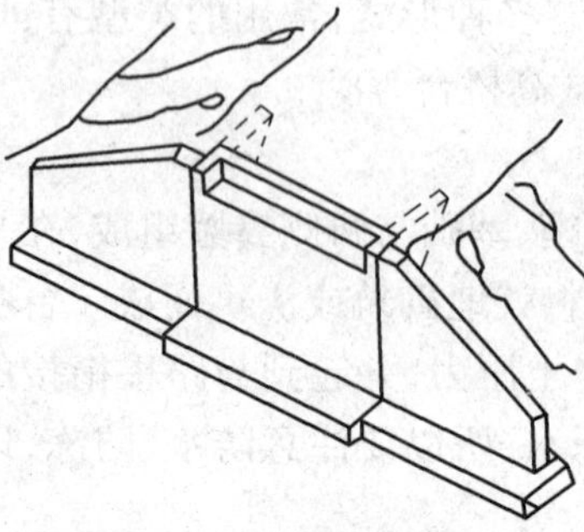
图 5-56　一字式桥台

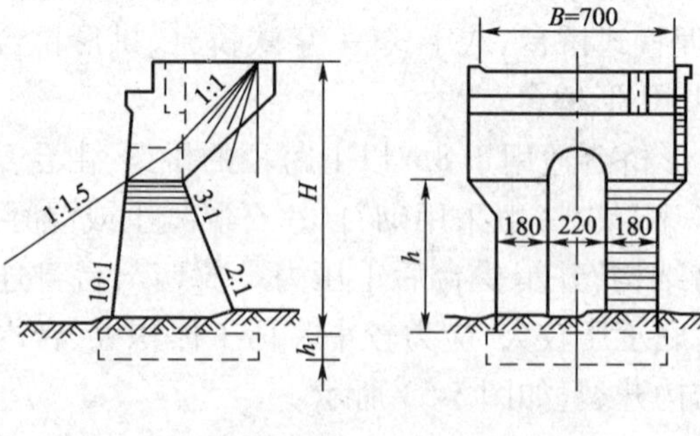

图 5-57　拱形桥台

(6)埋置衡重式桥台

它适用于跨径大于 20m，高度大于 10m 的跨深沟及山区特殊地形的桥梁。

利用衡重台及其上的填土重力平衡部分土压力，在高桥中圬工较省，如图 5-58 所示。

2)轻型桥台

轻型桥台通常用圬工材料砌筑或钢筋混凝土浇筑。圬工轻型桥台只限于桥台高度较小的情况。钢筋混凝土轻型桥台应用范围更广泛。

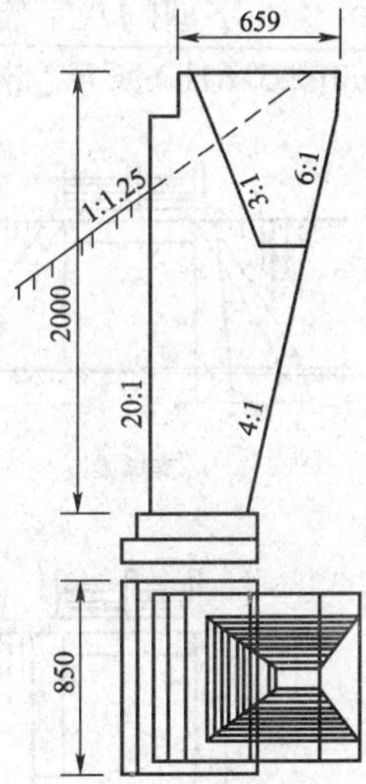

图 5-58　埋置衡重式桥台

从结构形式上分，轻型桥台包括薄壁型轻型台和支撑梁型轻型桥台。

(1)薄壁轻型桥台

常用的形式有悬壁式、扶壁式、撑墙式和箱式，如图 5-59 所示。其主要特点是利用钢筋混凝土结构的抗弯能力来减少圬工体积从而使桥台轻型化。

(2)支撑梁型轻型桥台

对于单跨或少跨的小跨径桥，在条件许可的情况下。可在轻型桥墩台基础间设置 3～5 根支撑梁，成为支撑型桥台，如图 5-60 所示。其主要特点是：利用上部结构及下部的支撑梁作为桥台的支撑，以防止桥台向跨中移动或倾覆；整个构造物成为四铰刚构系统；除台身按上下铰接支承的简支竖梁承受水平土压力外，桥台还应作为弹性地基梁加以验算。

图 5-59　薄壁轻型桥台

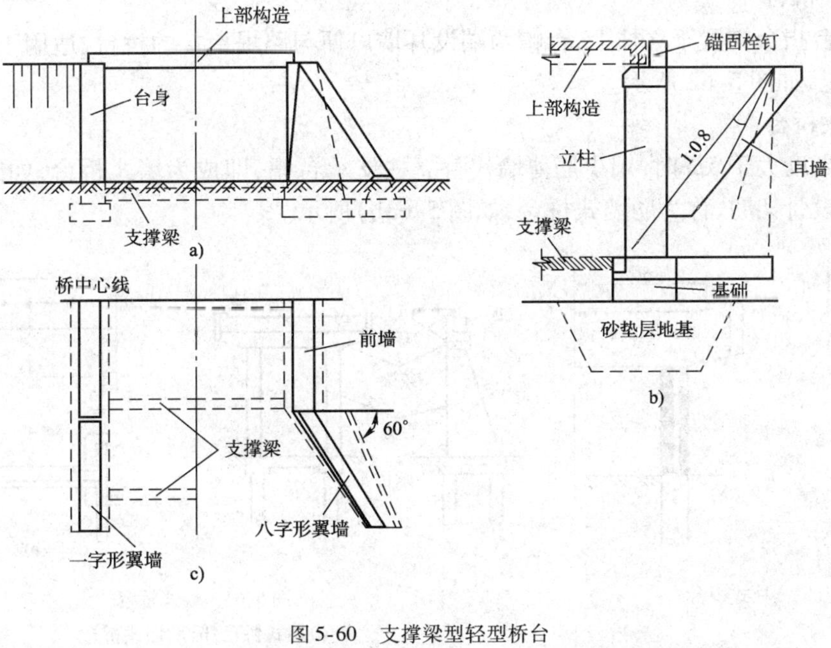

图 5-60　支撑梁型轻型桥台

轻型桥台翼墙形式有八字式、一字式和耳墙式。

八字型的八字墙与台身之间设断缝分开，如图 5-61a）所示；一字翼墙式与台身连成一体，如图 5-61b）所示；带耳墙的桥台由台身、耳墙和边柱 3 部分组成，如图 5-61c）所示。

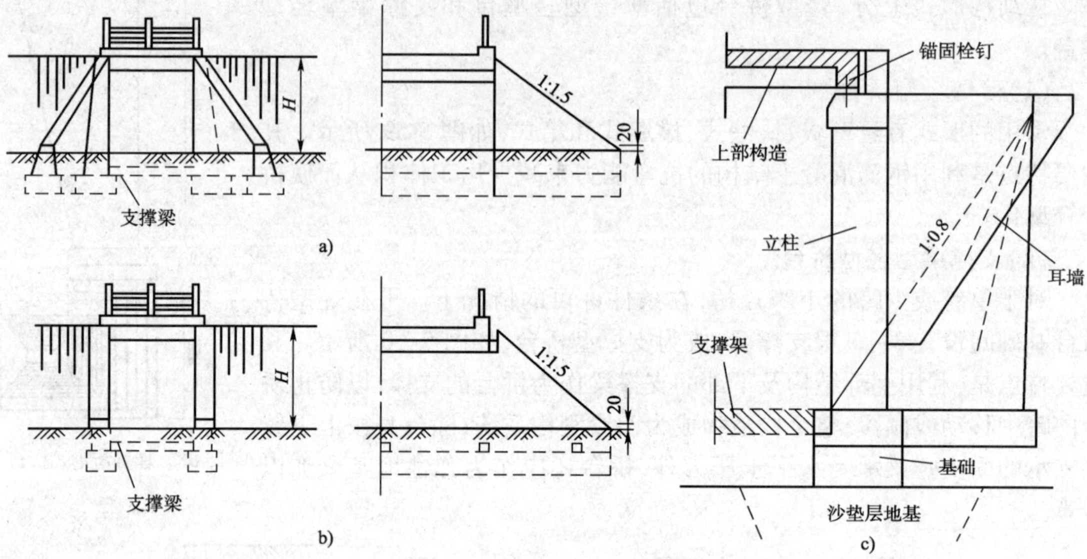

图 5-61　轻型桥台翼墙形式

a）八字式；b）一字式；c）耳墙式

3）框架式桥台

框架式桥台适用于地基承载力较低，台身高度大于 4m、跨径大于 10m 的梁桥。

框架式桥台由台帽、桩柱及基础或承台组成，是在横桥向呈框架式结构，桩基埋入土中，所受土压力较小的桩基础轻型桥台。其构造形式有：

（1）柱式桥台

柱式桥台指台帽置于立柱上，台帽两端设耳墙以便与路堤衔接的桥台，适用于填土高度小于 5m 的情况，如图 5-62 所示。

（2）墙式桥台

当填土高度大于 5m 时，用少筋薄墙代替立柱支承台帽，即成为墙式桥台，如图 5-63a）所示。若墙中设骨架肋，称为肋墙式桥台，如图 5-63b）所示。

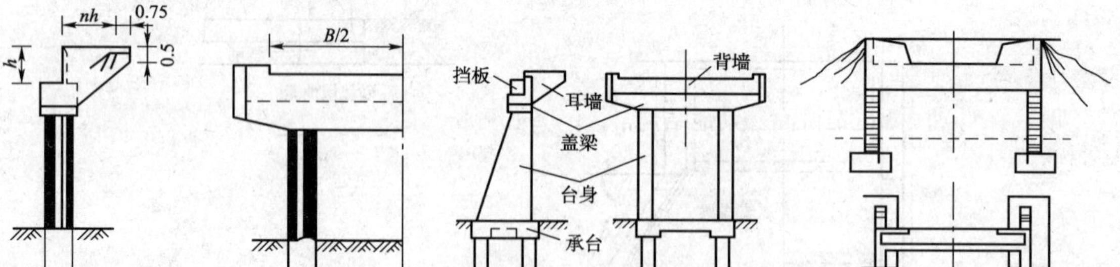

图 5-62　柱式桥台

图 5-63　墙式桥台

a）墙式桥台；b）肋墙式桥台

（3）排架装配式桥台，如图 5-64 所示。

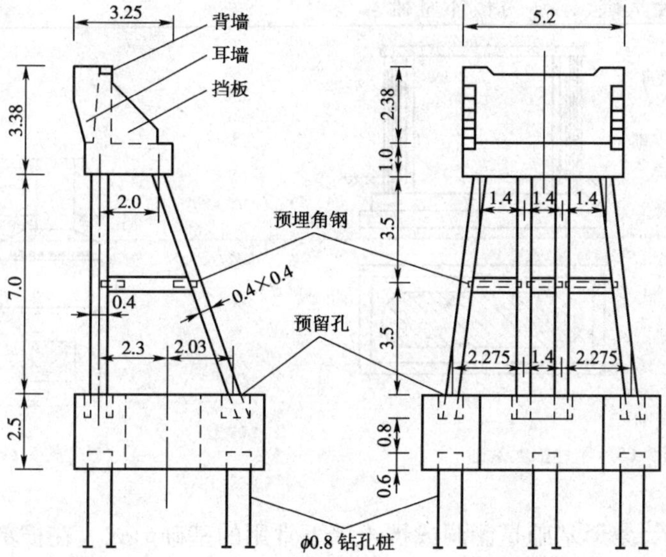

图 5-64　排架装配式桥台

二、桥梁地基基础的种类与构造

1. 地基基础的种类

基础是结构物直接与地层接触的最下部分，其作用是将荷载及结构自重等传至地基。地基一般位于基础底面以下，是承受由基础传来的结构物作用的地层。

地基可分为天然地基与人工地基。未经人工处理而直接放置基础的天然土层称为天然地基。如果天然地层土质过于软弱或存在不良工程地质问题，需要经过人工加固或处理后才能修筑基础，这种地基称为人工地基。

桥梁上常用基础的形式有浅基础和深基础两种。浅基础与深基础是根据基础埋置深度确定的，通常将埋置深度较浅（一般在 4～5m 以内），且施工简单的基础称为浅基础。若浅层土质不良，须将基础置于较深的良好土层上，在计算中考虑基础侧面土体的摩阻力和侧向抗力的基础形式称为深基础。

1）浅基础

天然地基上的浅基础，根据受力条件和构造可分为刚性基础和柔性基础两大类。在桥梁工程中，多数采用刚性基础。刚性基础常用的形式有刚性扩大基础、单独基础、条形基础和联合基础。

（1）刚性扩大基础

如图 5-65 所示，这是桥涵及其他结构常用的基础形式，其平面常为矩形。基础平面尺寸一般较墩、台底面要大一些，扩大的最小和最大尺寸，视土质、基础厚度、埋置深度及施工方法和材料刚性角而定。基础较厚时，可在纵横两个剖面上都砌筑成台阶形，以减少基础自重，节省材料。

（2）单独基础

如图 5-66 所示，单独基础是立柱式桥墩常用的基础形式之一。它的纵横剖面均可砌筑成台阶形。但采用砖或石砌筑时，则在柱子与基础之间用混凝土墩连接。

（3）联合基础

如图 5-67 所示，也是桥涵基础常用的形式之一。特别是涵洞，在地质土质不均匀时，为了防止不均衡沉降和局部破坏，往往在涵墙下不分别砌筑基础。在涵洞跨径较小时，因其基础相距甚近,而采用联合基础,亦称为整体基础。

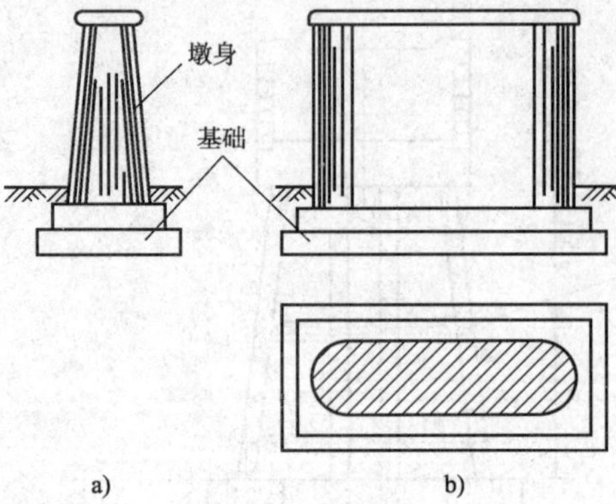

图 5-65　刚性扩大基础

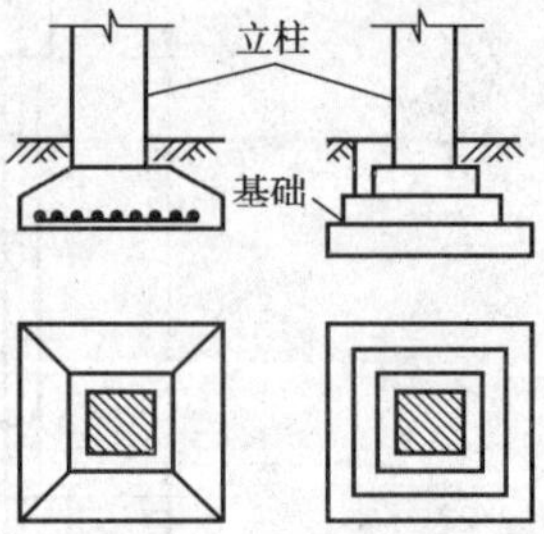

图 5-66　单独基础

(4)条形基础

如图 5-68 所示,条形基础是涵洞或挡土墙下常用的基础形式。在横剖面可以是矩形或将一侧砌筑成台阶形。如挡土墙很大,为了避免在沿墙长方向因不均匀沉降而开裂,可根据土质与地形予以分段,设置沉降缝。

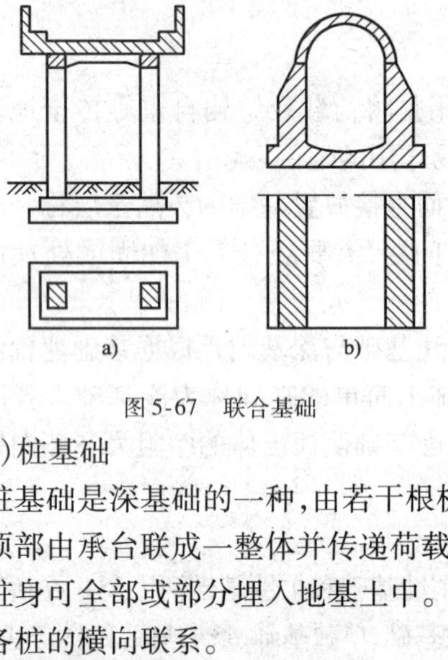

图 5-67　联合基础

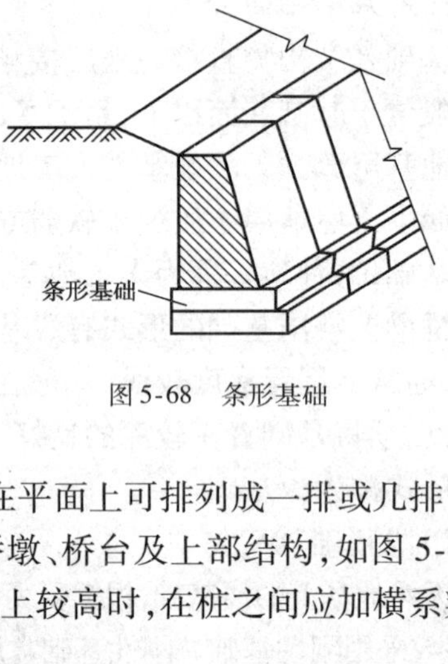

图 5-68　条形基础

2)桩基础

桩基础是深基础的一种,由若干根桩和承台组成。桩在平面上可排列成一排或几排,所有桩的顶部由承台联成一整体并传递荷载。在承台上修筑桥墩、桥台及上部结构,如图 5-69 所示。桩身可全部或部分埋入地基土中。当桩身外露在地面上较高时,在桩之间应加横系梁,以加强各桩的横向联系。

(1)桩基础按承台位置分类

高桩承台:承台的底面位于地面(或冲刷线)以上;高桩承台由于承台位置较高或设在施工水位以上,可减少墩台的圬工数量,避免或减少水下作业,施工方便、经济。但其基础刚度小,外露段周围无土来共同承受荷载,在稳定性方面低于低桩承台。

低桩承台:承台的底面位于地面(或冲刷线)以下,如图 5-70 所示。

(2)按桩的受力分类

①摩擦桩:桩所发挥的承载力以侧摩阻力为主,如图 5-71 所示。

②柱桩或端承桩(支承桩):桩所发挥的承载力以桩底土层的抵抗力为主。按我国习惯,柱桩专指桩底直接支承在基岩上的桩,此时因桩的沉降甚微,认为桩侧摩阻力可忽略不计,全部垂直荷载由桩底岩层抗力承受。但对于较长的支承桩,因受荷后桩身弹性压缩较大,将在桩

侧产生摩阻力，故设计时尚应考虑。

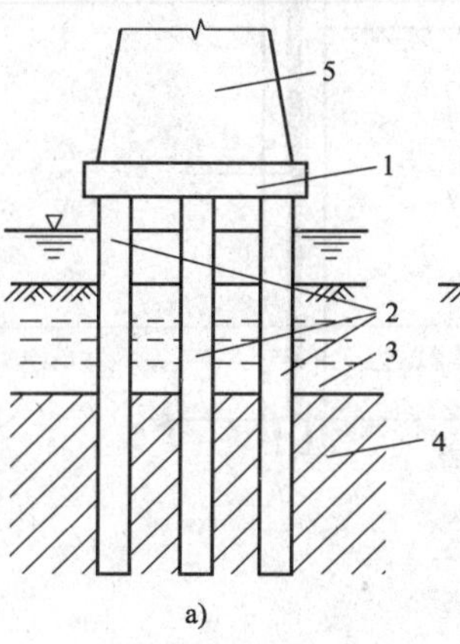

图 5-69　桩基础

1-承台；2-基桩；3-松软土层；4-持力层；5-墩身

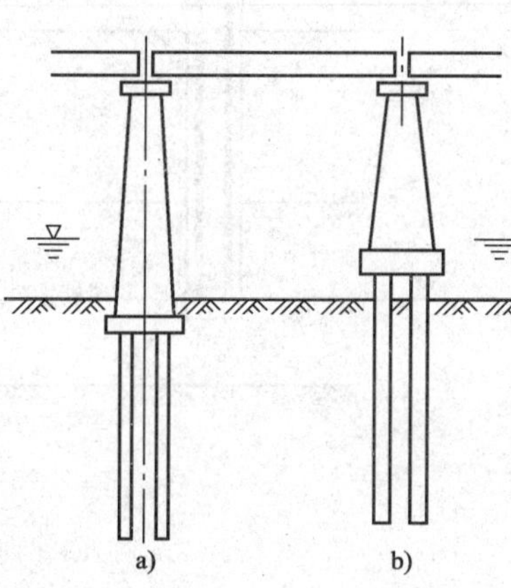

图 5-70　高桩承台和低桩承台

a）低桩承台；b）高桩承台

③竖直桩与斜桩：按桩轴向可分为竖直桩、单向斜桩、多向斜桩等，如图 5-72 所示。斜桩的特点是能承受较大的水平荷载，但需要有相应的施工设备和工艺。

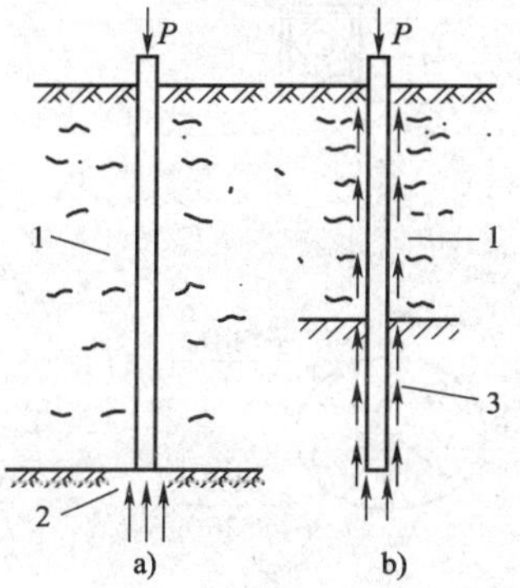

图 5-71　柱桩和摩擦桩

1-软弱土层；2-岩层或硬土层；3-中等土层

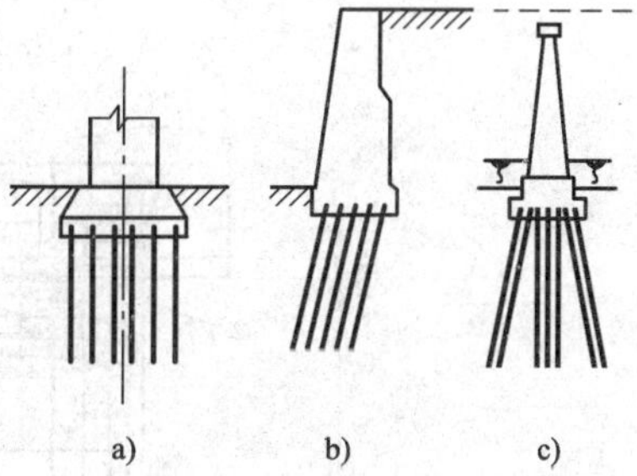

图 5-72　竖直桩和斜桩

a）竖直桩；b）单向斜桩；c）多向斜桩

④桩墩：桩墩是通过在地基中成孔后灌注混凝土形成的大口径断面柱形深基础，即以单个桩墩代替群桩及承台。桩墩基础底端可支于基岩之上，也可嵌入基岩或较坚硬的土层中。

桩墩一般为直柱形，其底端尺寸可扩大而做成扩底桩墩。桩墩断面形状常为圆形，直径不小于 0.8m。桩墩一般为钢筋混凝土结构。当桩墩受力很大时可用钢套筒或钢核桩墩，如图5-73所示。

（3）桩按施工方法分类

①沉桩（预制桩）：沉桩是将各种预先制好的桩（主要是钢筋混凝土或预应力混凝土实心桩或管桩，也有钢桩或木桩）以不同的沉桩方式沉入地基内达到所需的深度，如图5-74所示。

根据沉桩方式不同可分为：打入桩（锤击桩）、振动下沉桩、静力压桩。

②灌注桩：是在现场地基中钻挖桩孔，然后浇筑钢筋混凝土或混凝土而成的桩，如图 5-75 所示。

灌注桩分为：

钻孔灌注桩：钻孔灌注桩系指用钻（冲）孔机具在土中钻进，边破碎土体边出土渣而成孔，然后在孔内放入钢筋骨架，灌注混凝土而成的桩。

挖孔灌注桩：依靠人工（用部分机械配合）或机械在地基中挖出桩孔，然后浇筑混凝土或钢筋混凝土而成的桩。一般适用于无水或渗水量小的土层。

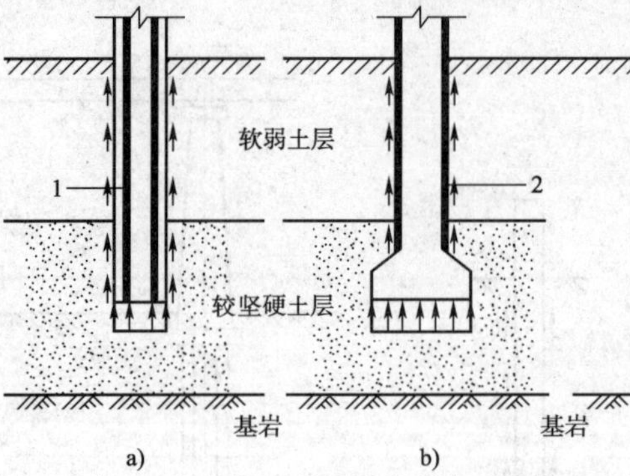

图 5-73　柱墩

a)、b)摩擦柱墩;c)端承柱墩

1-钢筋;2-钢套筒;3-钢核

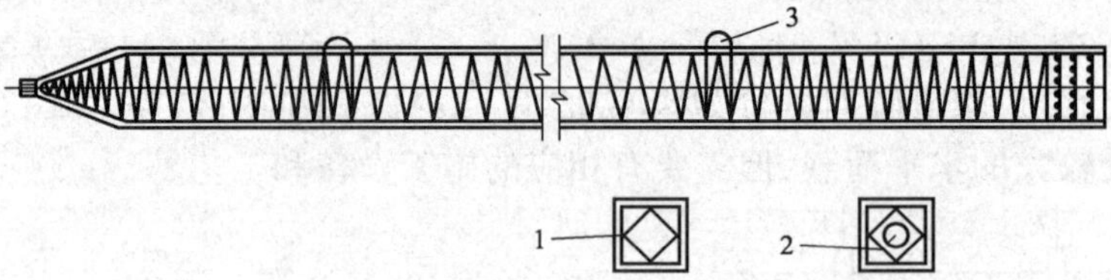

图 5-74　预制钢筋混凝土方桩

1-实心方桩;2-空心方桩;3-吊环

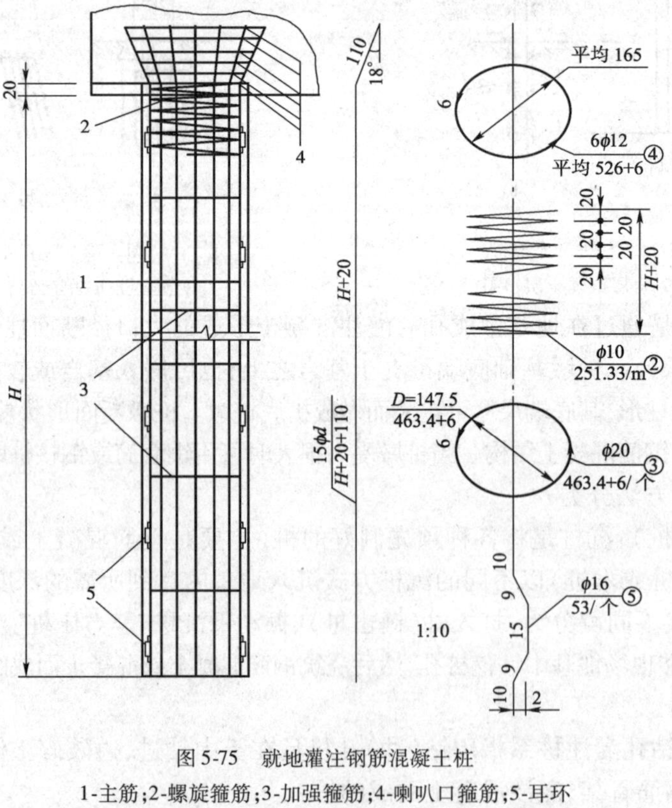

图 5-75　就地灌注钢筋混凝土桩

1-主筋;2-螺旋箍筋;3-加强箍筋;4-喇叭口箍筋;5-耳环

沉管灌注桩:系指采用锤击或振动的方法把带有钢筋混凝土的桩尖或带有活瓣式桩尖(沉管时桩尖闭合,拔管时活瓣张开)的钢套管沉入土层中成孔,然后在套管内放置钢筋笼,并边灌混凝土边拔套管而成的灌注桩。

爆扩桩：系指就地成孔后，用炸药爆炸扩大孔底，浇注混凝土而成的桩。

③管柱基础：将预制的大直径（1～5m）钢筋混凝土或预应力钢筋混凝土或钢管柱（实际是一种巨型的管桩，每节长度根据施工条件而定，一般4m、8m、10m，接头用法兰盘和螺栓连接），用大型振动沉桩锤沿导向结构将其振动下沉到基岩，然后在管柱内钻岩成孔，下放钢筋笼，灌注混凝土，将管桩与岩盘牢固连接，如图5-76所示。

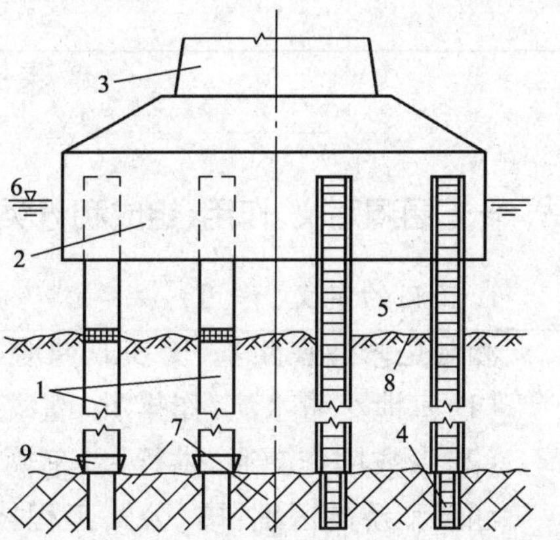

图5-76　管柱基础

1-管柱；2-承台；3-墩身；4-嵌固于岩层；5-钢筋骨架；6-低水位；7-岩层；8-覆盖层；9-钢管靴

④钻埋空心桩：将预制桩壳预拼连接后，吊放沉入已成的桩孔内，然后进行桩侧填石压浆和桩底填石压浆而形成的预应力钢筋混凝土空心桩。

钻埋空心桩直径可达4～5m，无需振动下沉管柱那样繁重的设备，施工较简单；水下混凝土的用量可减少40%；通过桩周和柱底二次压注水泥浆来加固地基，与钻孔桩相比承载力可提高30%～40%；实现了基础工程部分工厂化施工；可取消承台，与空心墩相配合。

2. 钻孔灌注桩施工工艺流程

桥梁工程基础常用钻孔灌注桩，其施工工艺流程如图5-77所示。

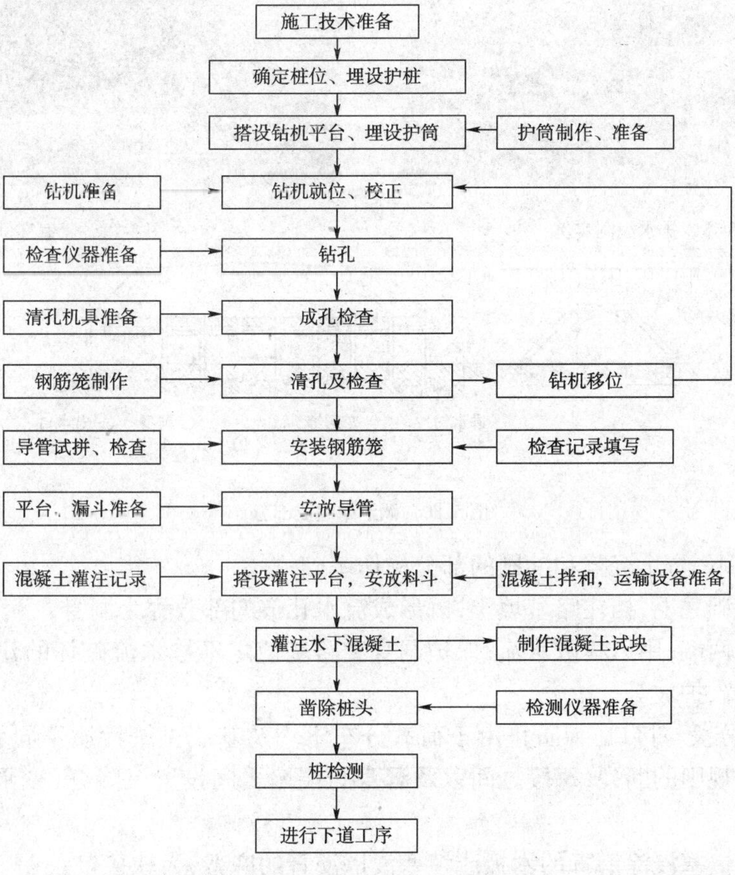

图5-77　钻孔灌注桩的施工工艺流程图

课题四　涵　　洞

一、涵洞定义、作用、组成和分类

1. 涵洞的定义、作用

涵洞是修建在路基、堤坝或塘堰当中由洞身及洞口建筑组成的排水结构物。其作用是：

(1)宣泄小量水流，作排洪、灌溉之用，实例如图5-78所示。

(2)少数用作交通，供行人、车辆通过，又叫通道，实例如图5-79所示。

涵洞和桥的区别：按《公路工程技术标准》规定，单孔跨径小于5m的统称涵洞；而圆管涵和箱涵则不论孔径大小，孔数多少，都叫涵洞。

2. 涵洞的组成

(1)涵洞由洞身、洞口、基础和附属工程组成，如图5-80所示。

图5-78　排水涵洞实例

图5-79　通道实例

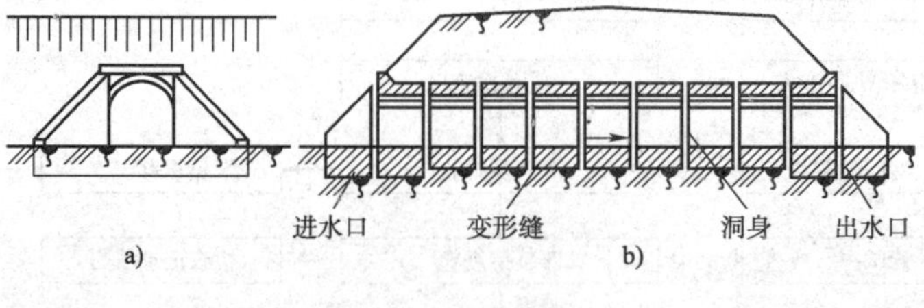

图5-80　涵洞的组成部分

①在地面以下，防止沉陷和冲刷的部分称作基础；

②建筑在基础之上，挡住路基填土，以形成流水孔道的部分称为洞身；

③设在洞身两端，用以集散水流，保护洞身和路基使之不被水流破坏的建筑物称为洞口，它包括端墙、翼墙、护坡等。

(2)涵洞的分段与接口：为防止由于荷载分布不均及基底土壤性质不同引起的不均匀沉陷而导致涵洞不规则的断裂，每段之间以及洞身与端墙之间设置沉降缝(变形缝)，如图5-80所示。

①沉降缝间嵌塞浸涂沥青的木板或填塞浸以沥青的麻絮，为软接口。

②在联结处，设置水泥砂浆加铁丝网，再加水泥砂浆的结构，称为硬接口。

3. 涵洞分类

(1)按构造形式不同,涵洞可分为圆管涵、拱涵、盖板涵、箱涵。

①圆管涵的直径一般为0.5~1.5m,受力情况和适应基础的性能较好,两端仅需设置端台,故圬工数量少,造价低,但低路堤使用受到限制。实例如图5-81a)所示。

②盖板涵在结构形式方面有利于在低路堤上使用,当填土较小时可以做成明涵。实例如图5-81b)所示。

③拱涵一般超载潜力较大,砌筑技术容易掌握,便于群众修建,是一种普遍采用的涵洞形式。实例如图5-81c)所示。

④箱涵适用于软土地基,但因施工困难且造价较高,一般较少采用。实例如图5-81d)所示。

a)

b)

c)

d)

图5-81 涵洞按构造形式分实例图

(2)按洞顶填土情况,涵洞有明涵和暗涵之分。明涵洞顶无填土,适用于低路堤及浅沟渠处。暗涵洞顶有填土,且最小填土厚度应大于50cm,适用于高路堤及深沟渠处。

(3)按建筑材料不同,涵洞有砖涵、石涵、混凝土涵及钢筋混凝土涵等。

(4)按水利性能分类,有无压力式涵洞、半压力式涵洞、压力式涵洞和倒虹吸管。

二、涵洞构造

1. 洞身构造

洞身是涵洞的主要组成部分,它的截面形式有圆形、拱形、矩形(箱形)三大类,如图5-82所示。

一般情况同一涵洞的洞身截面不变,但为充分发挥洞身截面的泄水能力,有时在涵洞进口处采用提高节,如图5-83所示。

交通涵、灌溉涵和涵前不允许有过高积水时,不采用提高节。圆形截面不便使用提高节,

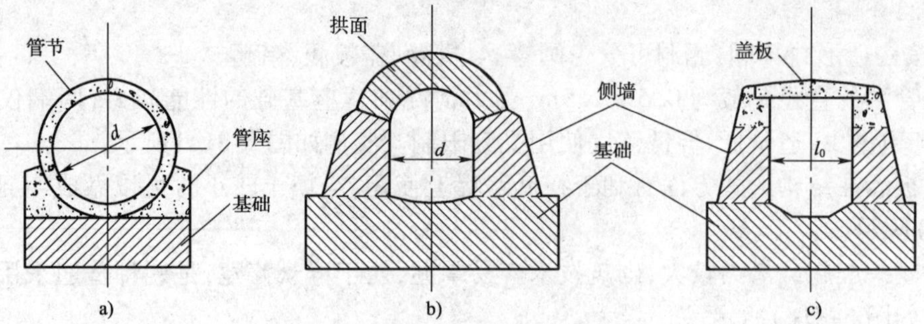

图 5-82　涵洞的截面形式

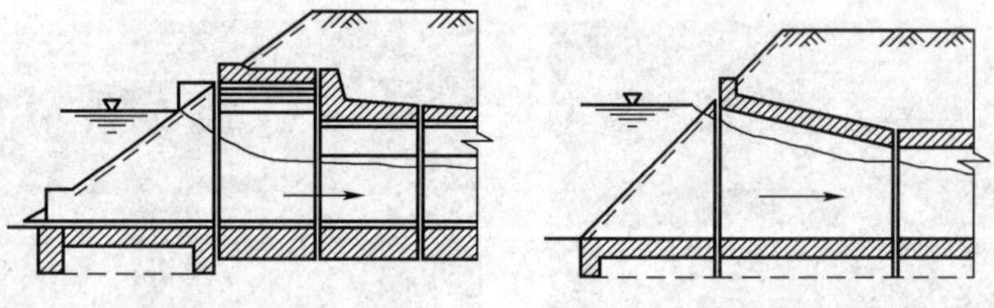

图 5-83　涵洞的提高节
a) 拱涵；b) 箱涵

所以圆形管涵不采用提高节。

涵洞洞底应有适当纵坡，其最小值为 0.4%，一般不宜大于 5%，特别是圆涵的纵坡不宜过大，以免管壁受急流冲刷。当洞底纵坡大于 5% 时，其基础底部宜每隔 3～5m 设防滑横墙，或将基础作成阶梯形，且前后两段涵洞盖板或拱圈的搭接高度不得小于其厚度的 1/4，如图 5-84 所示。

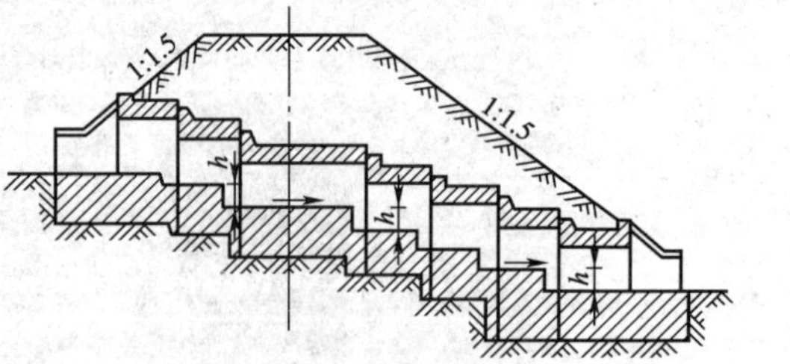

图 5-84　阶梯形涵洞洞身

1) 圆管涵

钢筋混凝土管涵可分为刚性管涵和四铰管涵。

(1) 圆管涵的常用材料：以钢筋混凝土及混凝土管涵最为常见，瓦管涵及三合土篾管涵仅在少数地方的道路上使用。

(2) 钢筋混凝土圆管涵的特点：在土壤的垂直及水平压力作用下，静力工作性能良好。这种涵洞不仅混凝土的用量小，而且具有制造上的优点，即钢筋骨架和涵管本身制造简单，圆形管节在移动时也很方便。

(3) 钢筋混凝土管涵常用孔径：0.5m、0.75m、1.0m、1.25m、1.5m 及 2m，一般在工厂预制成长 1m 的管节，运到现场安装。

刚性管涵如图 5-85 所示。刚性管涵在横截面上构成一个刚性环，圆环厚度随直径大小和填土高度而变，一般为 8～15cm。为抵抗拉力布置双层钢筋，内外两层螺旋形主筋及纵向分配钢筋组成一个钢筋骨架。刚性管涵可根据地基土性质安置在混凝土基础上或砂垫层上。

四铰式管涵如图 5-86 所示，采用四铰式管涵的目的是为了降低圆管的应力，可以缩小截面尺寸，减少配筋数量，也可以采用纯混凝土。铰分别布置在最大弯矩处，即涵洞的两侧及涵洞的顶部和底部。

2) 拱涵

(1)拱涵洞身由拱圈、侧墙(墙台)和基础组成,如图 5-87 所示。拱圈形状普遍采用圆弧拱,如图 5-88 所示。侧墙(涵台)的断面形状,采用内壁垂直的梯形断面。

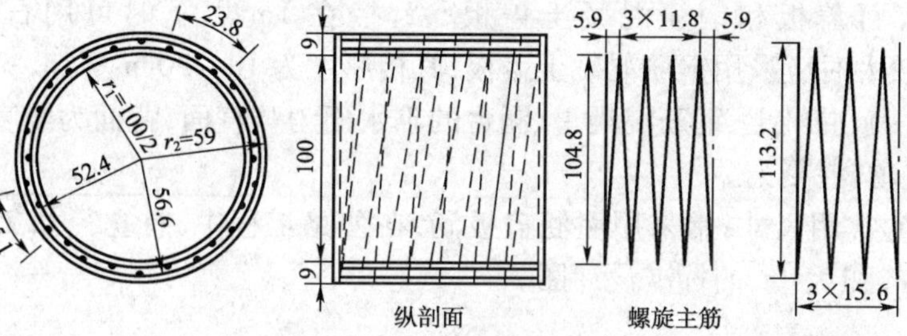

图 5-85　钢筋混凝土圆管构造

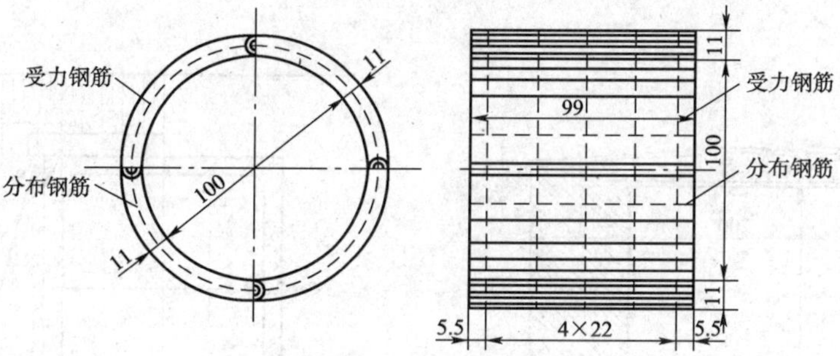

图 5-86　四铰式管涵

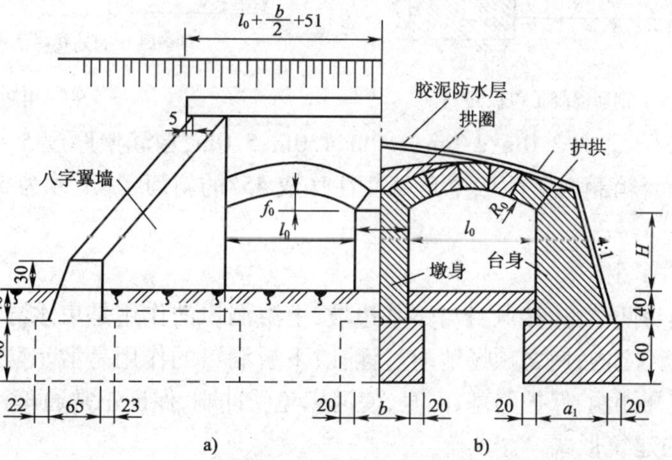

图 5-87　双孔石拱涵构造

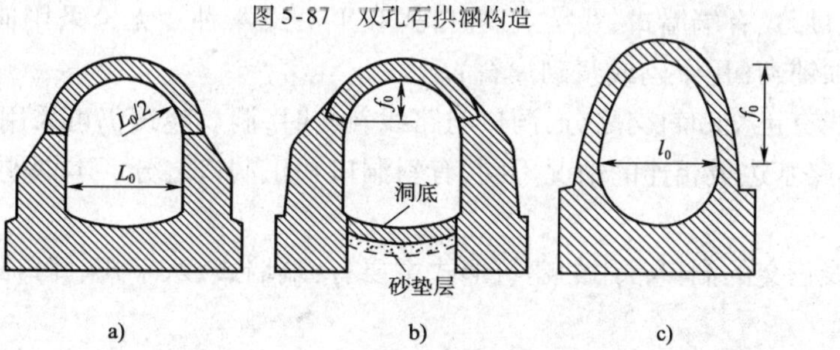

图 5-88　拱涵横截面

(2)拱涵的标准跨径:拱涵的矢跨比不宜小于 1∶4,在公路桥涵标准图中有跨径(孔径)0.5m、0.75m、1.0m、1.25m、1.5m 及 2m 的各级载重拱涵设计图,可供选用。

3）盖板涵

盖板涵是常用的矩形涵洞，由基础、侧墙（涵台）和盖板组成，如图5-89所示。

（1）盖板：有石盖板和钢筋混凝土盖板。跨径在1m以下时可用石盖板，其厚度为15～40cm；跨径较大时应采用钢筋混凝土盖板，其板厚度为10～30cm。

（2）侧墙：石砌、混凝土、钢筋混凝土，涵台的临水面为竖直面，背面为竖直或斜坡。

（3）基础：石砌、混凝土。

（4）盖板涵的常用尺寸：常采用明涵盖板涵，在公路工程中，有孔径0.75m、1.0m、1.5m、2.0m、2.5m、3.0m和4.0m的标准设计图。

4）箱涵

箱涵洞身可采用钢筋混凝土封闭薄壁结构，根据需要作成长方形断面或正方形断面，如图5-90所示。

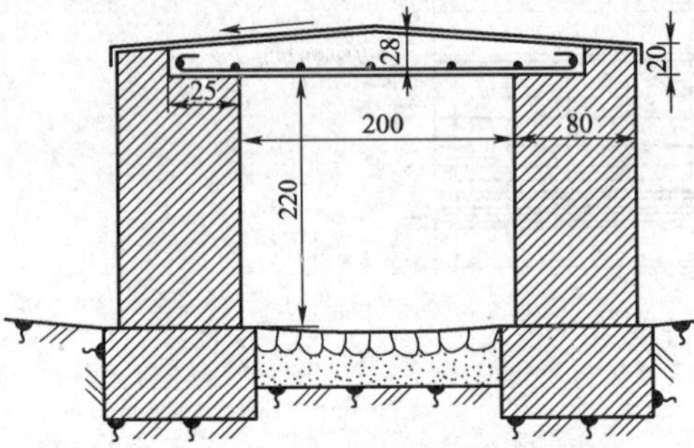

图5-89　钢筋混凝土盖板涵

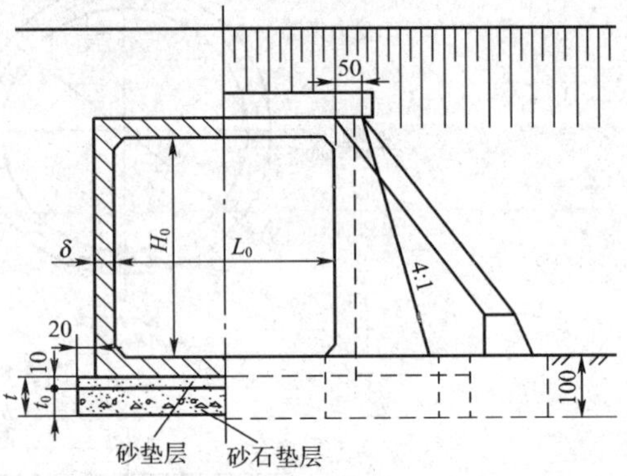

图5-90　箱涵洞身

箱涵的常用跨径L_0为2.0m、2.5m、3.0m、4.0m、5.0m，箱涵壁厚度δ一般为22～35cm，垫层厚度为40～70cm，箱涵内壁面四个角处往往作成45°的斜面，其尺寸为5cm×5cm。

2. 洞口建筑

1）涵洞洞口的作用

洞口建筑在洞身两端，连接洞身与路基边坡，上游洞口的作用是束水导流，把面积较大的水流汇集于一定的孔径之内，使之顺畅地通过涵孔；下游洞口的作用是散水防冲，使通过涵洞的水流扩散并顺畅地离开涵洞，保护路基、洞身，使河床免受冲刷，保证正常通车，防止农田受害。

2）洞口常用的建筑形式

常用的洞口形式有端墙式、八字式、井口式和平头式4种。无论采用何种形式，洞口的进出水口河床必须铺砌（用干砌或浆砌片石）。

洞口与路线有正交和斜交之分，洞口与路线斜交时，洞口建筑仍可采用正交涵洞的洞口形式，根据洞口与路基边坡相连的情况不同，有斜洞口和正洞口之分。本课题只介绍涵洞与路线正交的洞口形式。

涵洞与路线正交的洞口常用的建筑形式主要有：端墙式、八字式、井口式、平头式。

（1）端墙式

端墙式洞口建筑由一道垂直于涵洞轴线的竖直端墙以及盖于其上的帽石和设在其下的基础组成，如图5-91所示。墙前洞口两侧砌筑片石锥体护坡，构造简单，但泄水能力较小，适用于流量较小的涵洞或人工渠道及不受冲刷影响的岩石河沟上。

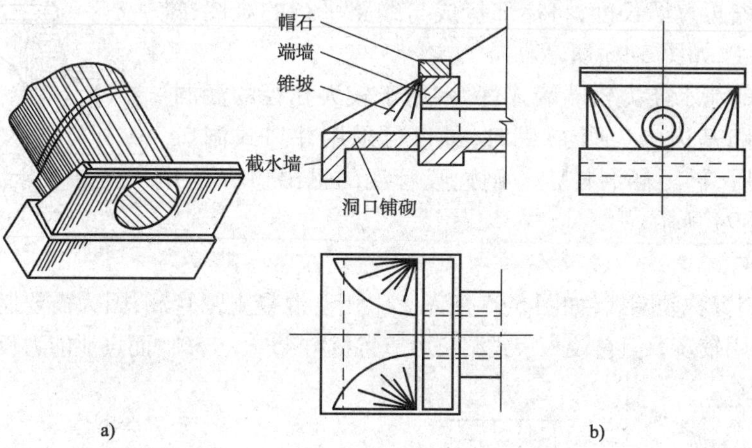

图 5-91　端墙式洞口

（2）八字式

八字式洞口除有端墙外，端墙前洞口两侧还有张开成八字形的翼墙，如图 5-92 所示。翼墙敞角不宜过小，以免流急冲刷；也不宜过大，过大则靠近翼墙处易发生涡流，导致加大冲刷。翼墙与涵洞轴线的交角，进口处应为 13°左右，出口处不宜大于 10°，但一般都按 30°设置。

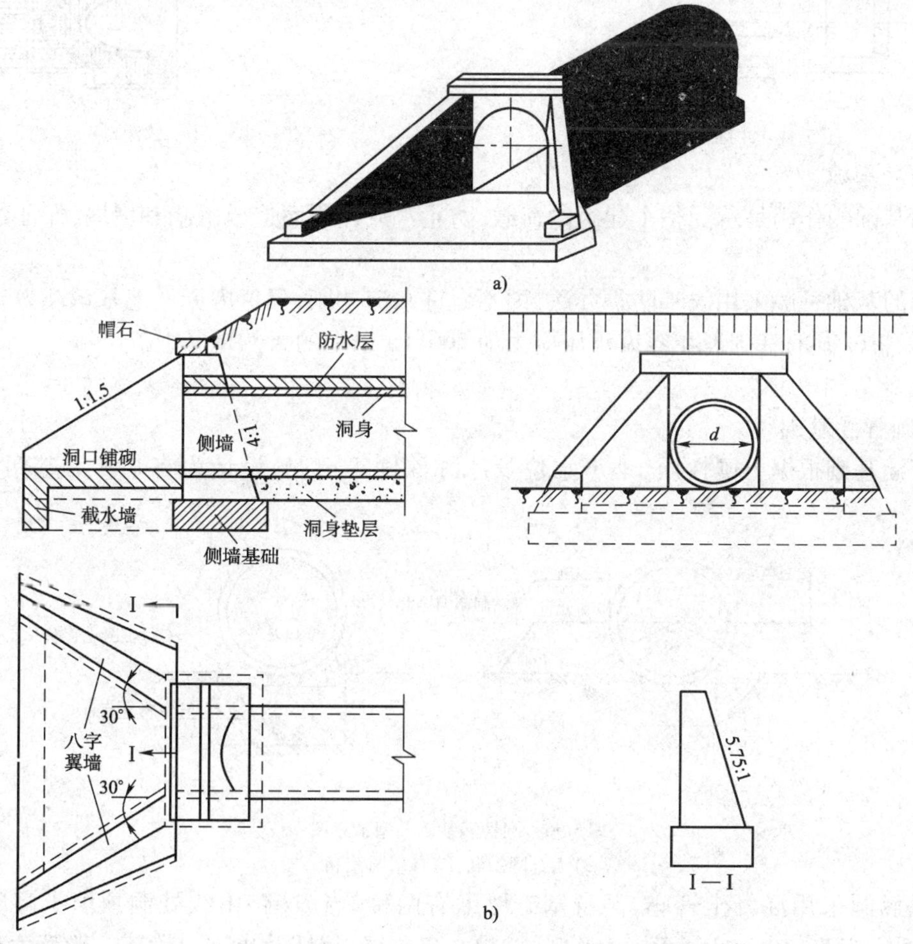

图 5-92　八字式洞口

有时为了缩短翼墙长度，将端部折成与线路平行的雉墙，雉墙前设锥体护坡，如图 5-93 所示。

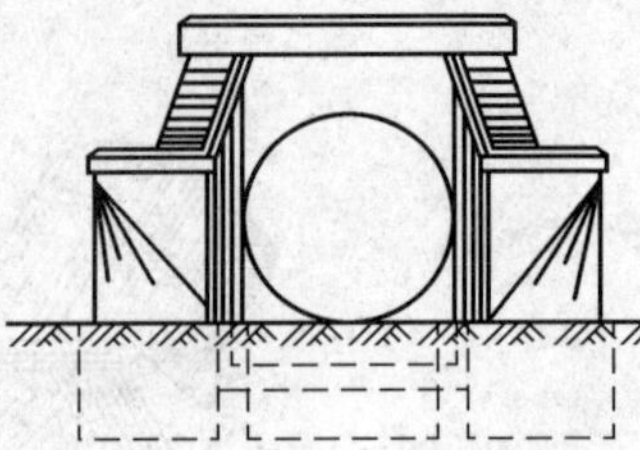

图 5-93　带雉墙的八字式洞口

八字翼墙的泄水能力较端墙式好，多用于较大孔径的涵洞。当洞身底低于路基边沟（河沟）底时，进口可采用井口式洞口。水流汇入井内后，再经涵洞排走。倒虹吸管涵的进出口都是井式洞口，如图 5-94 所示。

(3)平头式

平头式洞口又称领圈式，如图 5-95 所示。常用于混凝土圆管涵，因为需要制作特殊的洞口管节，所以模板耗用较多。但它较八字式洞口可节省材料 45% ~85%，而宣泄能力仅减少 8% ~10%。

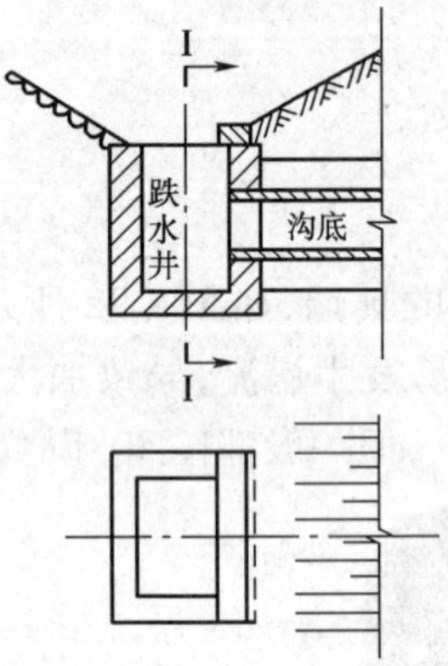

图 5-94　井口式洞口

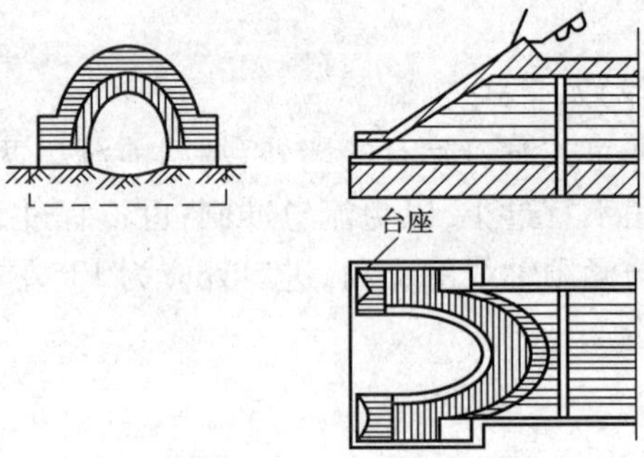

图 5-95　平头式洞口

3. 涵洞基础

涵洞基础的作用是承受整个建筑的荷载，防止水流冲刷而造成沉陷和坍塌，保证建筑物的稳定和牢固。

涵洞的基础一般采用浅基防护办法，即不允许水流冲刷，只考虑天然地基承载力。除石拱涵外，一般将涵洞的基础埋在容许承压应力为 200kPa 以上的天然地基上。

1)洞身基础

(1)圆管涵基础

圆管涵基础根据土壤性质，地下水位及冰冻深度等情况，设计为有基和无基两种，如图5-96所示。

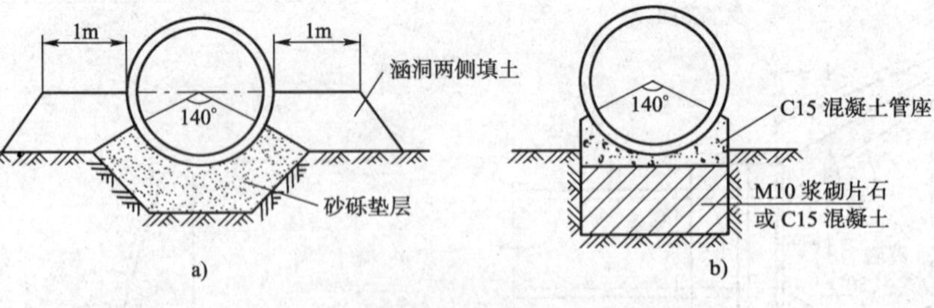

图 5-96　圆管涵基础类型示意图

a)无基圆管涵；b)有基圆管涵

有基涵洞采用混凝土管座，洞身基础厚度有两种，当 H（路中线处洞顶填土高度）≤5m 时，为 0.5m；当 5m < H≤15m 时，为 0.7m。出入口端墙、翼墙及出入口管节一般都为有基。

有下列情况之一者，不得采用无基：

①岩石地基外,洞顶填土高度超过5m者;

②最大流量时,涵前积水深度超过2.5m者;

③经常有水的河沟;

④沼泽地区;

⑤沟底纵坡>5%。

(2)拱涵基础

拱涵基础根据地基承载力的大小可分为整体式基础、非整体式基础和板凳式基础3种,如图5-97所示。整体式基础是在两座涵台的下面和孔径中间使用整块的混凝土浇筑的基础;两座涵台的下面为独立的现浇混凝土或浆砌片石基础,两者之间不相连接的称为非整体式基础;两座涵台下面的混凝土基础之间用较薄的混凝土或钢筋混凝土板在顶部连接,一起浇筑,形似板凳,故称板凳式基础。

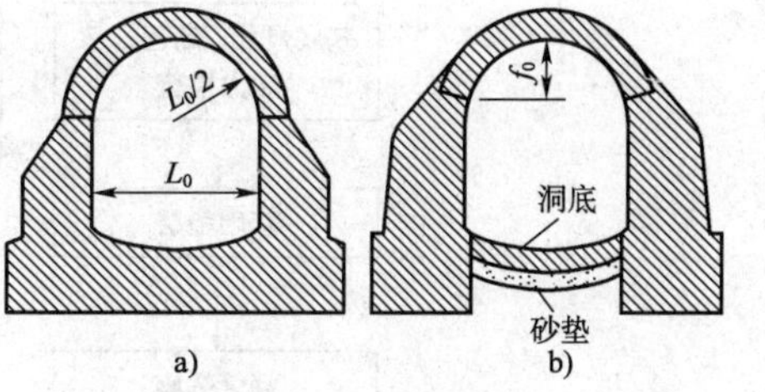

图5-97 拱涵基础

a)整体式;b)非整体式

(3)盖板涵基础

盖板涵基础用等级强度M10水泥砂浆砌筑片石,一般都采用整体式基础,当基岩表面接近于涵洞流水槽面标高时,孔径等于或大于2m的盖板涵,可采用分离式基础,其流水槽面用砂浆抹平或用片石砌流水坡。

(4)箱涵基础

箱涵基础分为有圬工基础和无圬工基础两种。两种基础的构造和尺寸如图5-98所示。

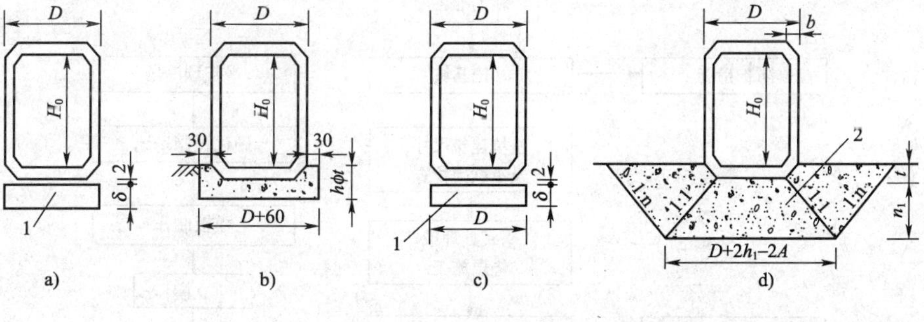

图5-98 箱涵基础类型

2)洞口建筑基础

一般来说,涵洞出入口附近的河床,特别是下游,水流流速大并易出现漩涡,为防止洞口基底被水淘空而引起涵洞毁坏,进出口宜设置洞口铺砌层用以加固,并在铺砌层末端设置浆砌片石截水墙(垂裙)来保护铺砌部分,如图5-99所示。

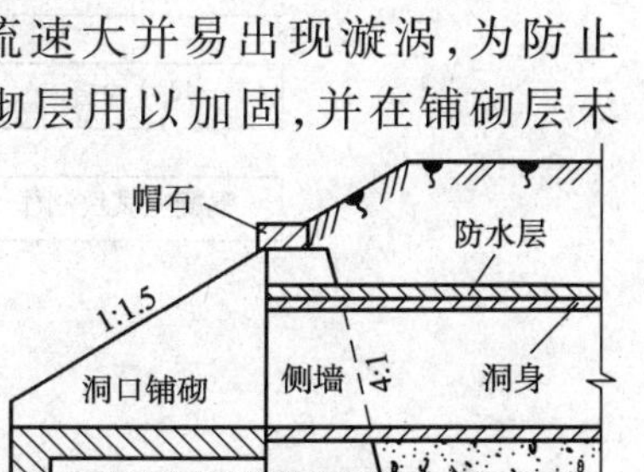

图5-99 洞口建筑基础

三、公路常用涵洞的施工工艺流程

1. 圆管涵施工工艺流程

工艺流程见图5-100。

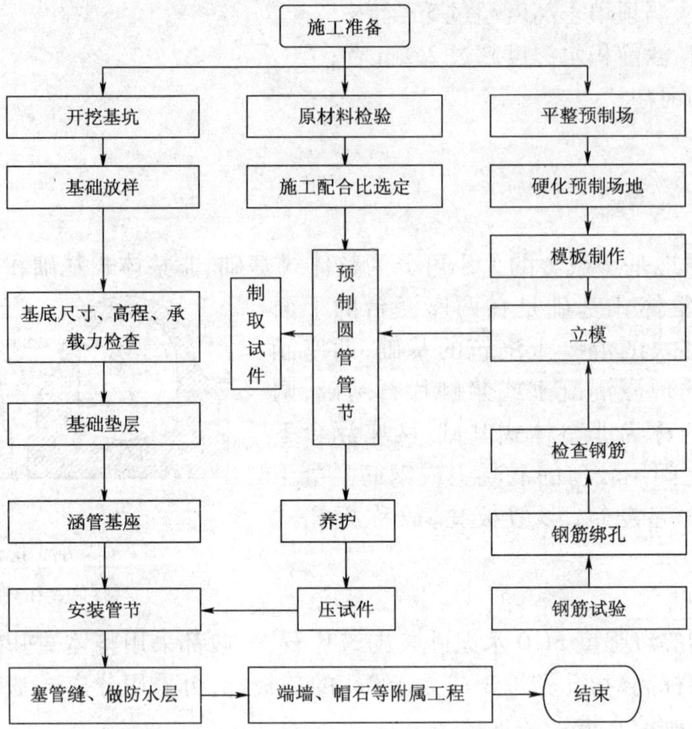

图 5-100　圆管涵施工工艺流程

2. 盖板涵施工工艺流程

工艺流程见图 5-101。

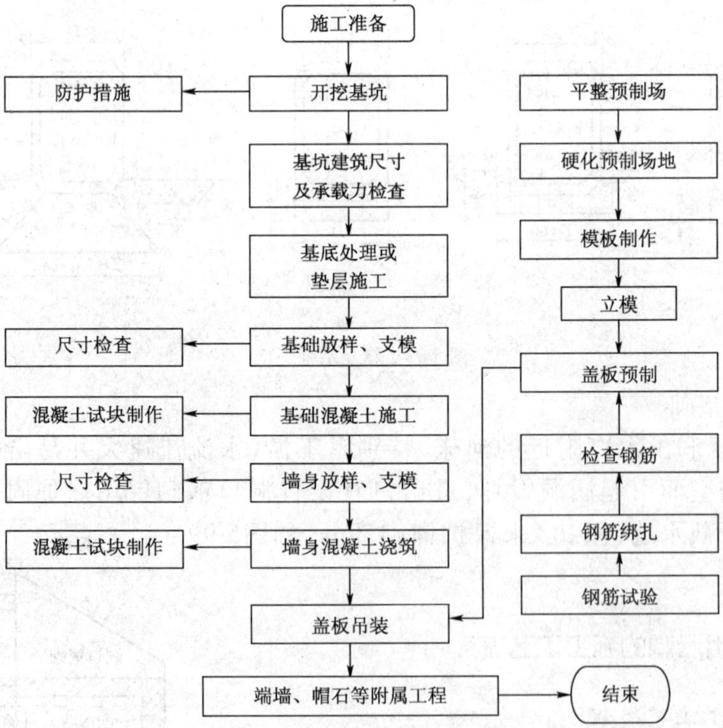

图 5-101　盖板涵施工工艺流程

3. 钢筋混凝土箱涵施工工艺流程

工艺流程见图 5-102。

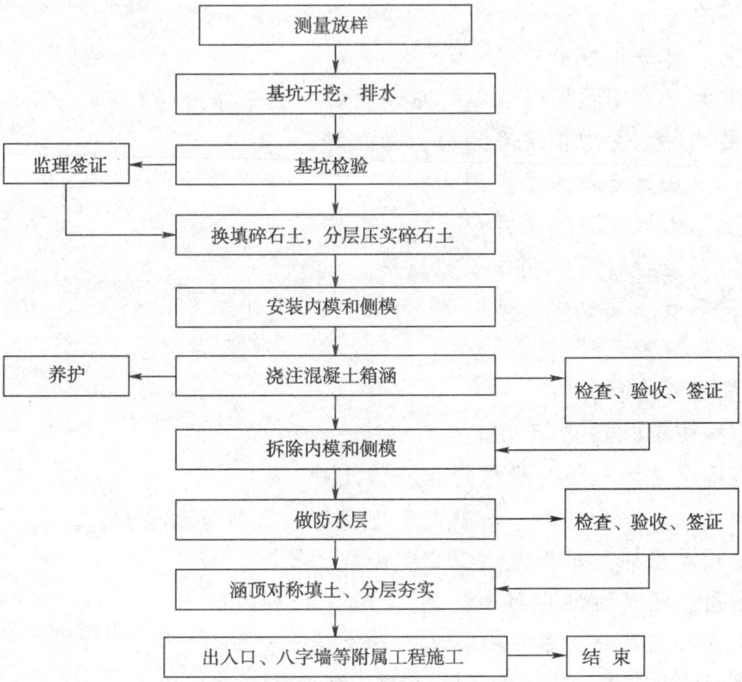

图 5-102　钢筋混凝土箱涵施工工艺流程

4. 钢筋混凝土拱涵施工工艺流程

工艺流程见图 5-103。

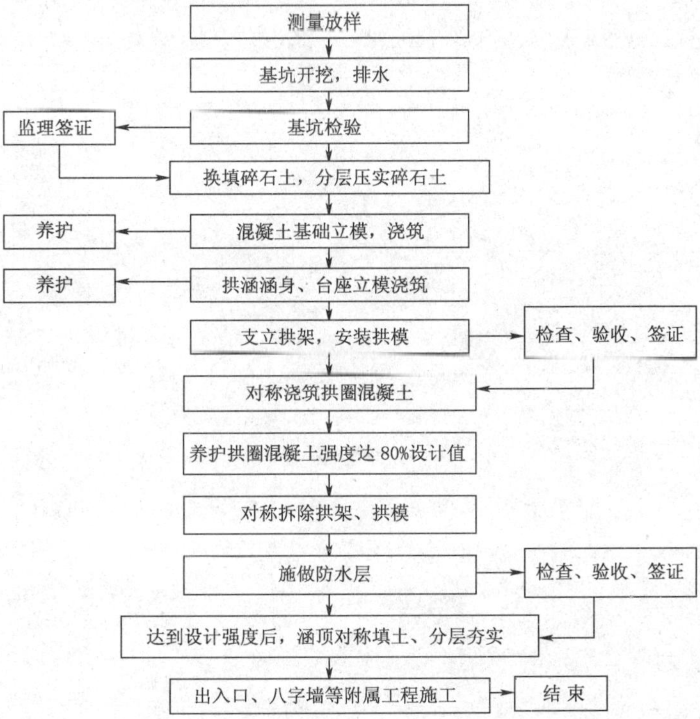

图 5-103　钢筋混凝土拱涵施工工艺流程

复习思考题

1. 桥梁是由哪几部分组成的?
2. 桥梁的主要尺寸有哪些? 什么是标准跨径? 什么是净跨径?
3. 桥梁按主要构件的受力情况可划分为哪几类?
4. 在选择施工方法时要考虑哪些因素?
5. 钢筋混凝土空心板分为哪几类?
6. 写出钢筋混凝土空心板的制作工艺流程。
7. 预应力钢筋混凝土梁板内钢筋有哪几种?
8. 常用的伸缩缝有哪几种?
9. 常用的支座有哪几种?
10. 梁桥重力式桥墩(台)由哪几部分组成?
11. 梁桥轻型桥墩有哪几种? 轻型桥台有哪几种?
12. 什么是地基? 什么是基础? 地基与基础有什么区别与联系?
13. 什么是钻孔灌注桩? 写出其施工工艺流程。
14. 什么是涵洞? 涵洞由哪几部分组成?
15. 涵洞按构造形式可分为哪几类? 各有什么特点?
16. 简述圆管涵的构造,有哪些跨径的圆管涵可直接查用标准图?
17. 简述圆管涵、盖板涵、箱涵的施工工艺流程。

单元六　公 路 交 叉

知识点：

1. 公路与公路平面交叉的类型及适用条件；
2. 公路与公路立体交叉的类型及适用条件。

技能点：

识别平面交叉的类型、立体交叉的类型。

公路与公路或公路与铁路等相交部位称为交叉口。相交公路在同一平面上的交叉称为平面交叉，如图6-1所示；相交的公路分别在不同平面上的交叉称立体交叉，如图6-2所示。

图6-1　公路平面交叉实例

路线交叉包括的种类有公路与公路交叉、公路与铁路交叉、公路与乡村道路交叉以及公路与其他管线交叉等。本单元只介绍公路与公路交叉。

图 6-2　公路立体交叉实例

课题一　公路与公路平面交叉

在平面交叉口上，不同方向的车流和行人互相影响干扰，不但会降低车速、阻滞交通、降低通行能力，而且容易发生交通事故。平面交叉口是公路的重要组成部分，是公路交通的咽喉部位，它直接影响到公路的使用质量，所以必须予以足够的重视，公路的交叉规划和设计，必须符合安全、经济、合理、舒适和美观的要求。

一、平面交叉的基本要求

(1)保证公路的使用质量、通行能力和交通安全。

(2)交叉口的形式和规模，应根据交通量的大小及交叉口的地形等情况选定。

(3)平面交叉的交角宜为直角。当必须斜交时，其锐角应不小于70°；受地形条件或其他特殊情况限制时，应不小于60°。

(4)平面线形：平面交叉范围内两相交公路应正交或接近正交，且平面线形宜为直线或大半径圆曲线，不宜采用需设超高的圆曲线。

(5)视距要求：驾驶员应能看清交叉路口各条岔道上的交通情况。保证左右侧岔道必须满足视距条件，通视三角形范围内，应保证通视，如图6-3所示。

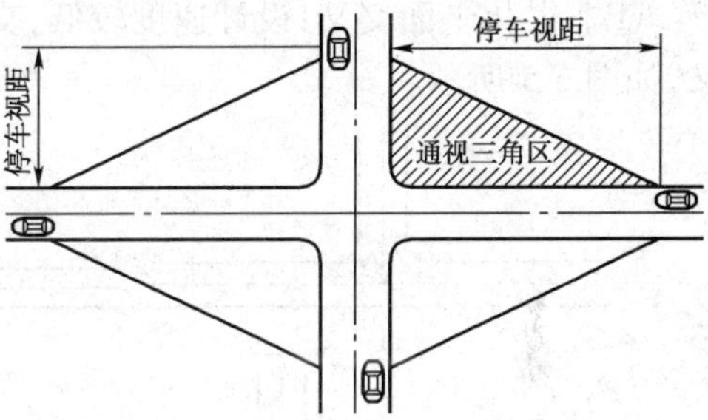

图6-3　平面交叉视距三角形

二、平面交叉的类型、适用条件

(1)平面交叉应根据公路的功能、等级、交通量等确定交通管理方式，交通管理方式可分为主路优先交叉、无优先交叉和信号交叉3种。

①主路优先交叉：公路等级和交通量有明显差别的两条公路相交，或交通量较大的T形交叉，应采用主路优先交叉，次要公路上采用让行管理。

②无优先交叉：一般适用于相交公路的等级均较低且交通量较小时，应采用无优先交叉。

③信号交叉：满足下列条件时，应采用信号交叉，如图6-4所示。

图6-4　信号交叉

a. 两条交通量均大,且功能、等级相同的公路相交,难以用“主路优先”的规则管理时;

b. 两相交公路虽有主次之别,但交通量均较大(主要公路双向交通量大于或等于 600 辆/h,次要公路单向交通量大于或等于 200 辆/h),采用“主路优先”交通管理方式会出现较频繁的交通事故和过分的交通延误时;

c. 主要公路交通量相当大(主要公路双向交通量大于或等于 900 辆/h),而次要公路尽管交通量不大,但采用“主路优先”交通管理方式,次要公路上的车辆由于难以遇到可供驶入的主流间隙而引起不可接受的交通延误,或出现冒险驶入长度不足的主流间隙而危及安全时;

d. 两相交公路的交通量虽未能达到上述程度,但由于有相当数量的行人和非机动车穿越交叉而引起交通延误,甚至造成阻塞或交通事故时;

e. 环形交叉的入口因交通量大而出现过多的交通延误时,则入口应采用信号管理。

(2)平面交叉按其组成的不同可分为渠化交叉和非渠化交叉。

①非渠化平面交叉:设计速度较低,交通量较小的双车道公路相交,可采用非渠化平面交叉,如图 6-5 所示。

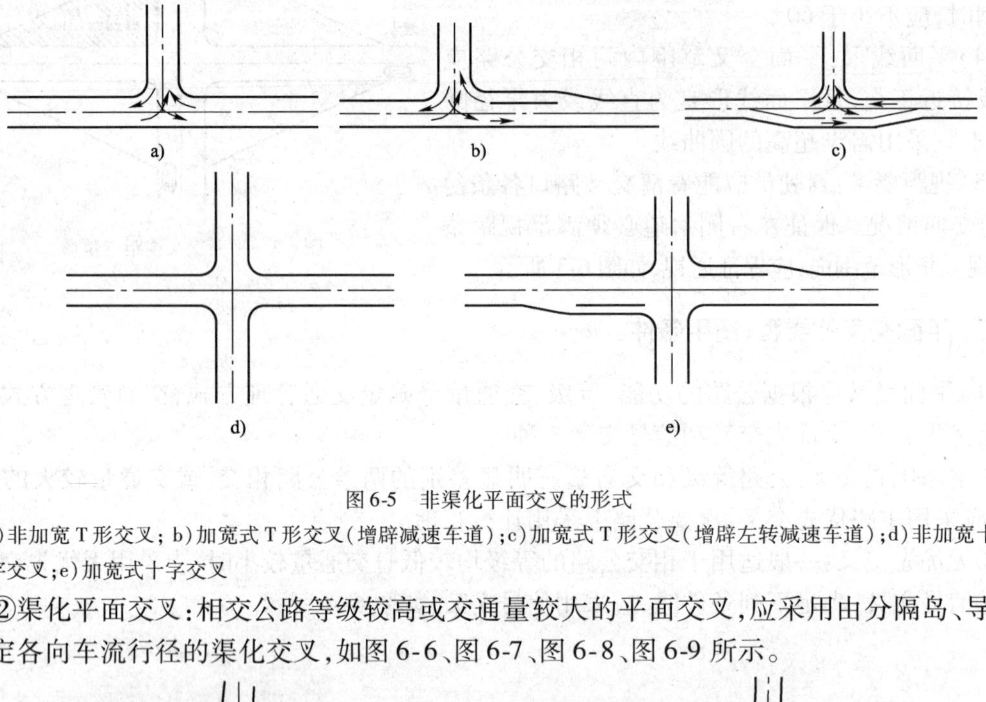

图 6-5　非渠化平面交叉的形式

a)非加宽 T 形交叉; b)加宽式 T 形交叉(增辟减速车道);c)加宽式 T 形交叉(增辟左转减速车道);d)非加宽十字交叉;e)加宽式十字交叉

②渠化平面交叉:相交公路等级较高或交通量较大的平面交叉,应采用由分隔岛、导流岛来指定各向车流行径的渠化交叉,如图 6-6、图 6-7、图 6-8、图 6-9 所示。

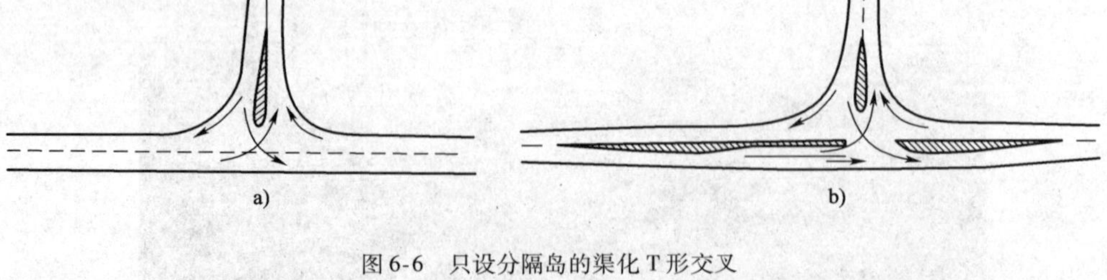

图 6-6　只设分隔岛的渠化 T 形交叉

(3)公路平面交叉按交叉形式可分为十字形交叉、T 形交叉、X 形交叉、Y 形交叉、错位交叉和环形交叉等,如图 6-10 所示。

①十字形交叉是常见的交叉口形式,适用于相同或不同等级公路的交叉,构形简单,交通组织方便,城镇街角建筑容易处理,如图 6-10f)所示。

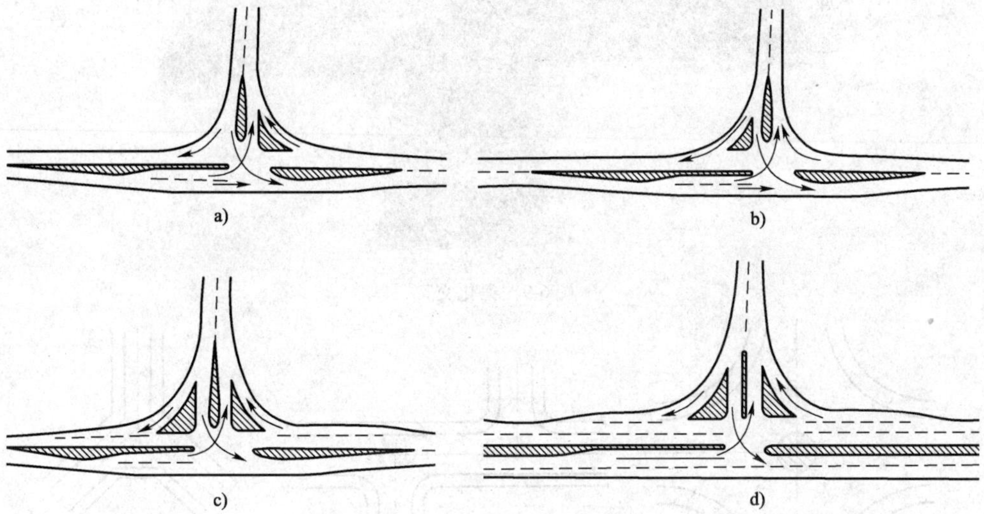

图 6-7　设导流岛的渠化 T 形交叉

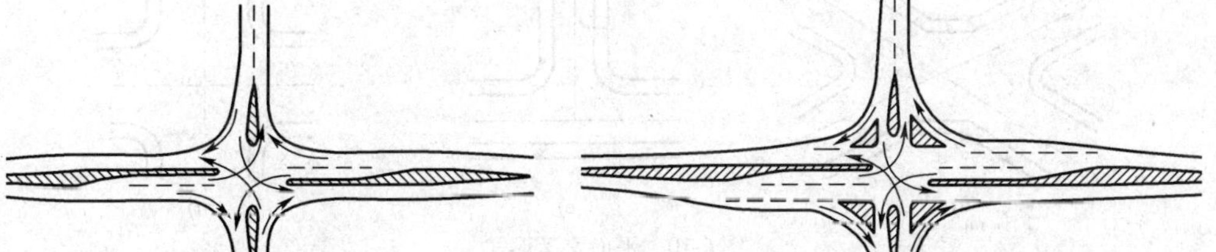

图 6-8　渠化十字交叉

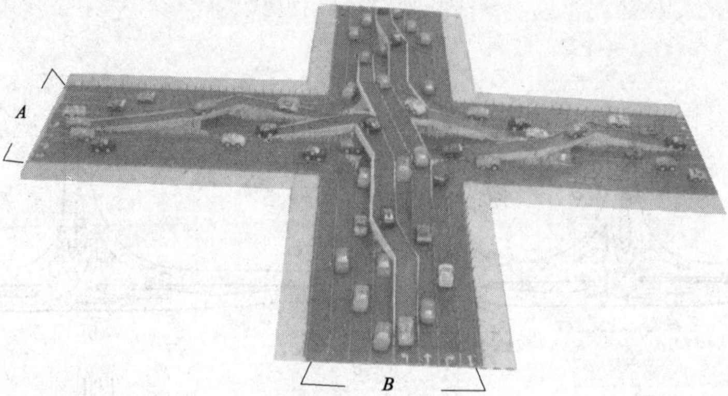

图 6-9　渠化交叉

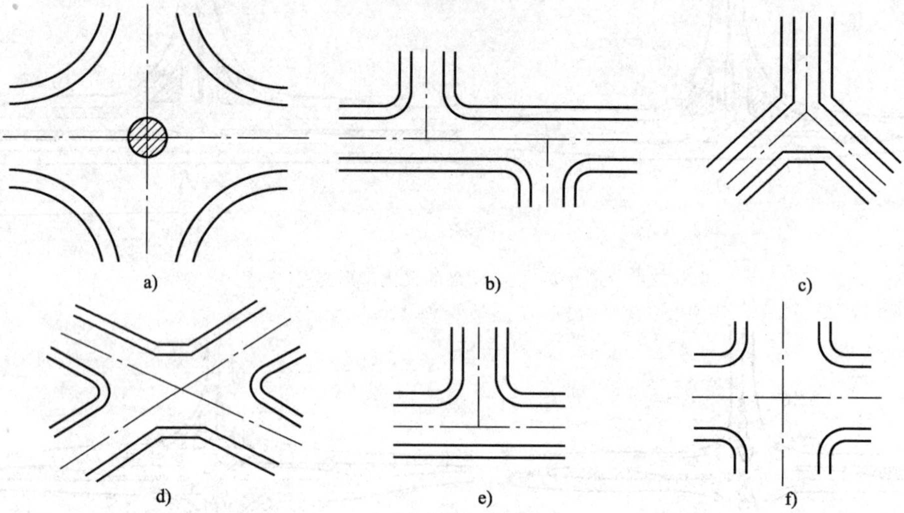

图 6-10　平面交叉形式

②T 形交叉，适用于次干路连接主干路或尽头式干线连接主干线的交叉口，如图 6-10e）所示。

③X 形交叉为两路斜交，一对角为锐角，另一对角为钝角，转弯交通不便，锐角太小时此种形式不宜采用，如图6-10d）所示。

④Y 形交叉是路线分叉的结果，如图 6-10c）所示。

⑤错位交叉是两个相距不太远的 T 形交叉相对拼接，由斜交（X 形交叉）改造而成，如图 6-10b）所示。

⑥环形交叉是用中心岛组织车辆按逆时针方向绕中心岛单向行驶的一种形式，如图6-10a）、图 6-11 所示。

图 6-11　环形交叉

课题二　公路与公路立体交叉

一、概述

立体交叉是两条或多条路线在不同平面上相互交叉的连接人工构造物。互通式立体交叉是两条道路在不同平面上相互交叉，并用匝道连接起来的人工构造物，如图 6-12 所示。

公路与公路立体交叉，通过在交叉处建立立交桥（或地道）和匝道把相交公路的交通流从空间上加以分离,可使交叉公路的直行车辆畅通无阻,消除和减少它们在平面交叉时出现的冲突点和交织点,从而提高交叉口处的通行能力、行车速度以减少延误,为高等级公路的快速、安全、经济、舒适提供了保证。但立体交叉技术复杂,占地面积大,造价高,因此,立体交叉一般在下列情况下设置:

(1)高速公路与其他公路相交时,必须采用立体交叉。

(2)一级公路同交通量大的其他公路交叉时,宜采用立体交叉。

(3)二、三级公路间的交叉,在交通条件需要或有条件的地点,可采用立体交叉。

二、互通式立体交叉组成

互通式立体交叉分为主体部分和附属部分,如图 6-12 所示。

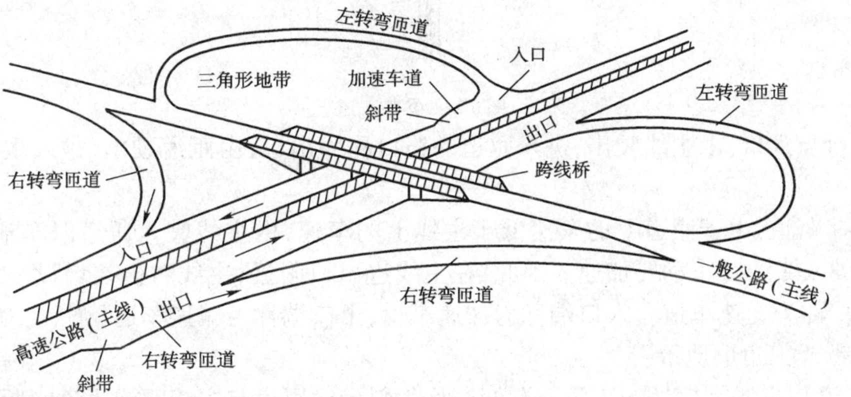

图 6-12　互通式立交的组成

1. 主体部分

包括跨线构造物、主线、匝道。

(1)跨线构造物主要有跨线桥和跨线地道两种,是实现交通流线空间分离的设施,是形成立交的基础。

(2)主线是指相交道路的直行车道,有上线和下线之分。

(3)匝道是指供相交道路转弯车辆转向使用的连接道。它使空间分离的两条主线互相连接,形成互通式结构。有匝道连接的立交称为互通式立交,反之,称为分离式立交。

匝道由 3 个部分组成:①驶出道口,即由主线进入匝道的路口;②行经路段,即匝道的中间路段;③驶入道口,即有匝道进入主线的路口。

2. 附属部分

包括出口、入口、变速车道、集散车道、三角地带及立交范围内其他一切附属设施,如图 6-13、图 6-14 所示。

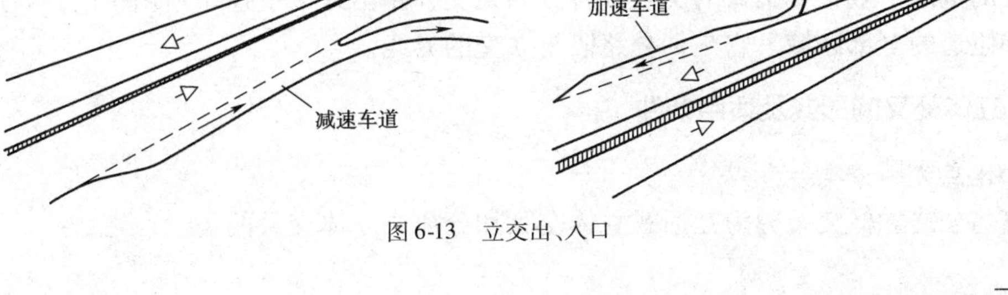

图 6-13　立交出、入口

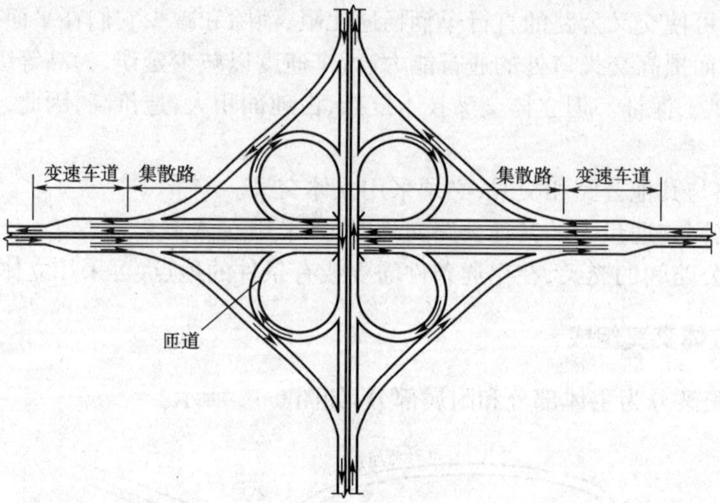

图 6-14 集散车道

(1)出口与入口:由主线驶出,进入匝道的路口称为出口;由匝道驶出,进入主线的路口称为入口。

(2)变速车道:由于匝道上的车速低于主线上的车速,由主线驶入匝道时车辆要减速,反之,由匝道驶入主线时车辆要加速。因此,在主线进出口附近,主线右侧要增设一条改变车速的附加车道,称为变速车道。入口端称为加速车道,出口端称为减速车道。

(3)斜带或三角形地带

变速车道与主线衔接处的三角形渐变段称为斜带。匝道与主线间或匝道间所围成的地区统称为三角形地带。三角形地带可用作交叉口的绿化、美化和照明设施的布置用地。

(4)集散道路

集散道路位于城市附近交通繁忙的高速公路立交内,为使车流进出紧贴主线的交织路段和出入口处不致干扰主线交通,在高速公路两侧设置的与主线并行而又隔开供车辆出入的专用道路,称为集散道路,如图 6-15 所示。

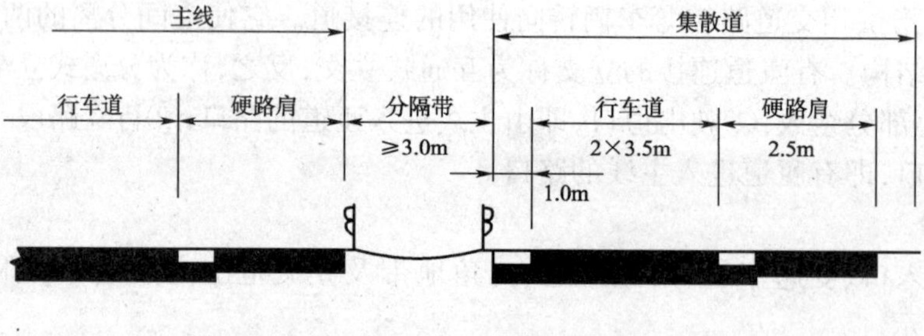

图 6-15 集散道路

(5)立交的范围

立交的范围一般指交叉口的交点到各方向相交公路出入口变速车道斜带的顶点间所包围的主线和匝道的全部区域。它是划分路段与立交的界线。

三、立体交叉的形式及适用条件

1. 立体交叉的分类

公路与公路立体交叉分为互通式立体交叉和分离式立体交叉两类。

（1）分离式立体交叉是在交叉口处设一座跨线桥，彼此间无匝道连接，车辆不能互通往来的立体交叉方式，如图 6-16 所示。

图 6-16　分离式立交

（2）互通式立体交叉是在交叉口处设有匝道且各向车流经主线和匝道完全相互沟通、四通八达、无平面交叉的立交方式。它是互通式功能齐全，安全最高的立交，如图 6-17、图 6-18 所示。

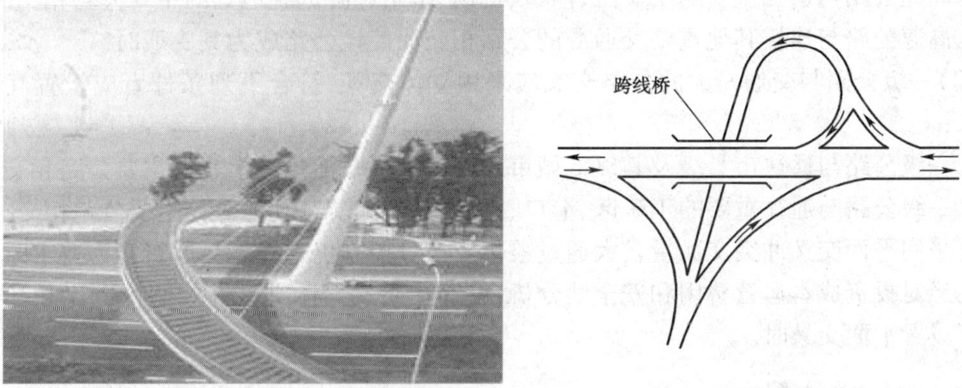

图 6-17　互通式立交

图 6-18　互通式立交实例

2. 立体交叉的适用条件

1）分离式立体交叉

分离式立体交叉的设置应根据公路网规划、相交公路的功能等级、交通量、地形和地质条件、经济与环境因素等确定。

(1)高速公路与其他公路交叉除已设置互通式立体交叉外,其余均必须设置分离式立体交叉。

(2)一级公路与直行交通量较大的公路相交叉,在不考虑交通转换或地形条件适宜时宜采用分离式立体交叉。

(3)二、三、四级公路间的交叉直行交通量很大,在不考虑交通转换或地形条件适宜时,宜采用分离式立体交叉。

2)互通式立体交叉

互通式立体交叉分为枢纽互通式立体交叉和一般互通式立体交叉两类。

互通式立体交叉的位置应根据公路网规划、相交公路状况、地形和地质条件、社会与环境因素等确定;互通式立体交叉的形式应根据相交公路的功能等级、交通量及其分布、收费制式等,并综合考虑用地条件、经济与环境因素等确定。

(1)高速公路与各级公路交叉必须采用立体交叉,符合下列条件者应设置互通式立体交叉:

①高速公路与通往市县级及其以上城市或其他重要政治经济中心的主要公路相交时;

②高速公路与通往重要的工矿区、港口、机场、车站和游览胜地等的主要公路相交时;

③高速公路与连接其他重要交通源的公路相交而使该公路成为其支线时。

(2)一级公路与交通量大的公路交叉应采用立体交叉,符合下列条件者应设置互通式立体交叉:

①一级公路与通往市县级及其以上城市或其他重要政治经济中心的主要公路相交时;

②一级公路与通往重要的工矿区、港口、机场、车站和游览胜地等的主要公路相交时;

③采用平面交叉冲突交通量较大通过渠化或信号控制仍不能满足通行能力要求时;

④经对投资成本运营费用和安全性分析,设置互通式立体交叉的效益投资比和社会效益等大于设置平面交叉时。

四、公路净空高度规定

《公路工程技术标准》(JTG B01—2003)规定:

(1)高速公路、一级公路、二级公路的净高应为5.0m;三级公路、四级公路的净高应为4.5m。

(2)通行拖拉机、畜力车时净高应大于或等于2.7m;通行农用汽车时净高应大于或等于3.2m;人行通道净高应大于或等于2.2m。

净高实例见图6-19。

图6-19 净高实例

复习思考题

1. 公路交叉的种类有哪些?
2. 平面交叉的基本要求是什么?
3. 平面交叉的类型有哪些?
4. 立体交叉的主要组成是什么?
5. 立体交叉的类型有哪些?
6. 高速公路与各级公路相交在什么条件下应设置互通式立体交叉?
7. 公路净高如何规定?

参考文献

[1] 中华人民共和国交通部. 公路工程技术标准(JTG B01—2003). 北京:人民交通出版社,2003.
[2] 中华人民共和国交通部. 公路路线设计规范(JTG D20—2006). 北京:人民交通出版社,2006.
[3] 中华人民共和国交通部. 公路路基设计规范(JTG D30—2004). 北京:人民交通出版社,2004.
[4] 中华人民共和国交通部. 公路路基施工技术规范(JTG F30—2006). 北京:人民交通出版社,2006.
[5] 中华人民共和国交通部. 公路路面基层施工技术规范(JTG 034—2000). 北京:人民交通出版社,2000.
[6] 中华人民共和国交通部. 公路沥青路面施工技术规范(JTG F40—2004). 北京:人民交通出版社,2004.
[7] 中华人民共和国交通部. 公路水泥混凝土路面施工技术规范(JTG F30—2003). 北京:人民交通出版社,2003.
[8] 中华人民共和国行业标准. 公路桥涵施工技术规范(JTJ 041 - 2000). 北京:人民交通出版社,2000.
[9] 国家质量技术监督局. 道路交通标志和标线(GB 5768 - 1999). 北京:中国标准出版社,1999.
[10] 中华人民共和国交通部. 公路工程国内招标文件范本. 北京:人民交通出版社,2003.
[11] 中华人民共和国交通部. 公路工程质量检验评定标准(JTG F80/1—2004). 北京:人民交通出版社,2004.
[12] 王文辉. 公路工程基础. 北京:人民交通出版社,2006.
[13] 李朝晖. 公路工程基础. 北京:人民交通出版社,2001.
[14] 高红宾. 公路概论. 北京:人民交通出版社,2005.
[15] 王景峰. 路基路面施工与养护技术. 北京:人民交通出版社,2006.
[16] 熊广忠. 公路工程施工质量监理手册. 北京:人民交通出版社,2003.
[17] 梁富权,刘毓栋. 路基路面工程. 北京:人民交通出版社,1996.
[18] 俞高明. 公路施工技术. 北京:人民交通出版社,2007.
[19] 王明怀. 高等级公路施工技术与管理. 北京:人民交通出版社,2001.
[20] 沙庆林. 高等级公路半刚性基层沥青路面. 北京:人民交通出版社,1998.
[21] 贯宏俊. 建设工程技术与计量. 北京:中国计划出版社,2006.
[22] 白淑毅. 桥涵设计. 北京:人民交通出版社,2008.
[23] 高世清. 桥涵施工与养护技术. 北京:人民交通出版社,2001.
[24] 姚玲森. 桥梁工程. 北京:人民交通出版社,1985.
[25] 交通部第一公路工程总公司. 公路施工手册. 桥涵(上、下册). 北京:人民交通出版社,2000.
[26] 刘吉士,阎洪河,李文琪. 公路桥涵施工技术规范实施手册. 北京:人民交通出版社,2001.
[27] 王常才. 桥涵施工技术. 北京:人民交通出版社,2006.
[28] 李新梅. 桥涵施工与养护技术. 北京:人民交通出版社,2006.
[29] 孙大权. 公路工程施工方法与实例. 北京:人民交通出版社,2005.
[30] 杨广庆. 公路路基施工要点与质量控制. 北京:人民交通出版社,2004.